Karl Hugo Pruys
DIE BIBLIOTHEK

Karl Hugo Pruys

DIE BIBLIOTHEK

44 Bücher, die man gelesen haben muss

edition q

Die Deutsche Bibliothek – CIP-Einheitsaufnahme

Pruys, Karl Hugo:
Die Bibliothek: 44 Bücher, die man gelesen haben muss /
Karl Hugo Pruys. - Berlin: Ed. q, 2001
ISBN 3-86124-542-6

2. Auflage 2002

Covergestaltung: Barlo Fotografik, Berlin
Druck und Bindung: Ebner Ulm
Printed in Germany

ISBN 3-86124-542-6

Die Glücklichen sind neugierig.

Friedrich Nietzsche

Alle oder fast alle geistige Bewegung [...]
ist heute auf das Buch gegründet,
und jene einverständliche, über
das Materielle erhobene Lebensgestaltung,
die wir Kultur nennen,
wäre undenkbar ohne seine Gegenwart.

Stefan Zweig

Inhalt

Ouverture

Lesen und lesen lassen, das wäre ein Berufsmotto für Pädagogen, die sich mit Sprachunterricht und Literatur beschäftigen. Leser aus Lust, und auch jene, denen wir womöglich verlorene Freude am Lesen zurück geben können, würden sich mit dem zweiten Teil des unvollständigen Satzes begnügen: sie lesen, und lesen...

Aber was? Die Frage ist nicht jederzeit und unter allen Umständen mühelos zu beantworten. Nur eines scheint über jeden Zweifel erhaben: Der kluge Leser greift nach einem Titel, der zu seiner Stimmungslage und Situation passt. Dabei verlangt er nach Auskunft u n d Zerstreuung. Beliebigkeit behagt dem Bücherfreunde nicht. Er verschafft sich einen Überblick über seinen aktuellen Büchervorrat, surft vielleicht eine Weile im Internet, um sich von berufener Stelle die nötigen Informationen zu holen oder kramt ein wenig in der Hausbibliothek. Zuweilen vermisst man Orientierungshilfe, ein anderes Mal kommt uns der Instinkt für das Richtige entgegen.

Seit es Bücher als Serienprodukt gibt, also seit Gutenberg, fühlen sich alle, die Bücher zu ihrer Unterhaltung zur Hand nehmen oder als Informationsquelle nutzen, bei der Lektüre niemals ganz allein. Lesen wirkt auf unerklärliche Weise gemeinschaftsbildend. Dies mutet natürlich paradox an, da man beim Lesen für gewöhnlich jegliche Gesellschaft meidet. Trotzdem ist diese Behauptung nicht aus der Luft gegriffen. Denn nur im unwahrscheinlichsten Falle wäre man Exklusiv-Leser. Weder Verleger noch Autoren legen den geringsten Wert auf derlei Exklusivität.

Sie kennen den Witz: Begegnet ein Schriftsteller seinem Konkurrenten. Der prahlt: „Ich habe die Zahl meiner Leser verdoppelt.“ Fragt der andere zurück: „Seit wann sind Sie denn verheiratet?“ Die Bücher solcher Autoren stehen auf den folgenden Seiten nicht zur Diskussion. Eine Literatur ohne Leser, das wäre wie ein Stammtisch, dem die treuesten Gäste unversehens fern bleiben. „Das wahre Leben, das einzige von uns gelebte Leben, ist doch die Literatur“ – diese Botschaft war spätestens von Marcel Proust um die Jahrhundertwende 1899/1900 empfangen worden; und abermals hatte sie ihren Weg von dem französischen Romancier hinaus in die literarische Welt genommen. Sie klingt ein wenig übertrieben, aber durchaus verlockend. Wäre sie wörtlich zu nehmen, hätte Hermann Hesse freilich ein Leben aus zweiter Hand gelebt, nämlich keines geringeren als des Weimarer Großmeisters der Dichtkunst: Johann Wolfgang Goethe. Ihm widmete Hesse im Alter ein über 200 Seiten starkes Opus. Titel: Mein Dank an Goethe. Wofür? Ganz einfach: für ungezählte Anregungen, Entlehnungen und Verwandlungen aus dem schöpferischen Genie des Ersten Klassikers der deutschen Nation. Doch Hesse hat seinerseits mit dem Pfunde gewuchert; und er zählt heute zu den erfolgreichsten und meist übersetzten Autoren deutscher Sprache.

Lass doch der Jugend, der Jugend ihren Lauf...

Schon nähern wir uns der entscheidenden Frage: Gibt es denn Bücher, die man kennen und gelesen haben sollte, vielleicht gar gelesen haben m u s s, um am Arbeitsplatz, in der Schule und an der Universität, in Gesellschaft und auf Reisen mitreden zu können? Orientierung suchte so mancher bereits in der Jugend. Ich selbst stopfte als vierzehnjähriger Bub mein noch völlig ungeordnetes Wissen über Literatur, Kunst und Geschichte zunächst in ein selbst verfertigtes

Autorenlexikon. Dazu diente mir praktischer Weise eine der üblichen Kladden, die man zur Aufzeichnung von Hausaufgaben benötigte. Leider ist sie mir verloren gegangen. In ihr fanden die deutschen Literaturheroen von Gotthold Ephraim Lessing bis Thomas Mann mit jeweils zehn bis zwanzig Zeilen einen Ehrenplatz, freilich ohne jede Rangfolge und unter Einschluss meines damaligen Lieblingsautors Karl May. Über den Schöpfer so populärer Figuren wie Winnetou und Old Shatterhand war ich als Gymnasiast auf dem Weg zur Mittelstufe zwar schon hinaus. Mir gefiel aber eine zu Herzen gehende Bemerkung im Einleitungssatz der Kurzbiographie von Karl May so gut, dass ich von ihr nicht lassen wollte. Sie lautete: „Sohn blutarmer Webersleute..." Das klang unfreiwillig komisch, denn ein gesundheitlicher Mangel war kaum gemeint. Vermutlich hatte ich mit der verrutschten Metapher so viel sagen wollen wie „arm bis aufs Blut". Mit neunzehn, als mir der Lehrer (Deutsch und Philosophie) eine Jahresarbeit über Jean Paul Sartres Streitschrift „Ist der Existentialismus ein Humanismus" aufbrummte, hatte ich mit den ebenso edelmütigen wie tapferen Rothäuten in den vielen Büchern des sächsischen Romandichters längst meinen Frieden gemacht. Sie gehörten nun der Vergangenheit an.

Der Begriff K a n o n bedarf der Erläuterung. Das dem Spätlateinischen, ursprünglich Griechischen entlehnte Wort meint: Glaubensregel, Richtschnur oder Maßstab. Es bezeichnet den verbindlichen Leitfaden klassischer Werke der Literatur und Wissenschaft, Rhetorik und Philosophie. Er meint dies auch heute noch, unter inzwischen erweiterten historischen und gesellschaftlichen Aspekten. Das heißt: Wir nehmen in diesen Kanon unterdessen neue Werke auf und halten viele literarische und philosophische Hervorbringungen der Alten Welt für entbehrlich – oder durch neuzeitliche Titel ersetzt. Als Lied hat der Kanon eine höchst interessante, auf unser Thema zielende Funktion.

Ich werde sie zu beschreiben versuchen: Beim Kanon nach Noten handelt es sich um eine meist sehr kleine Komposition, bei der in bestimmten Abständen zwei oder mehrere Stimmen nacheinander mit der Melodie einsetzen, so dass ein mehrstimmiger Gesang anhebt. Er endet in Harmonie, und zwar in der Weise, dass alle Stimmen beim Refrain schließlich zusammenkommen. (Ein beliebter Kanon wird auf den Text gesungen: „Lass doch der Jugend, der Jugend ihren Lauf...")

Auf den Literatur-Kanon angewendet heißt dies: In zeitlichem Abstand auftretende Wiederholungen althergebrachter Motive verweisen immer wieder auf die Urbilder. Deshalb erscheint es lohnend, auf solche Phänomene bei der Festlegung von bedeutsamen Intervallen der Literaturgeschichte zu achten, um daraus den Kanon jener Schriften zusammenzustellen, die man gelesen haben sollte. Sie vornehmlich versetzen uns in die Lage, die buntscheckige Vielzahl der literarischen Münzen zeitlich einzuordnen und zu würdigen, die jenen Prägungen abgewonnen wurden, die wir mustergültig oder eben klassisch nennen. Sie enthalten den Kern der Dinge, folglich alles, was man wissen muss. Oder sie weisen zumindest den Weg dorthin.

Doch vorerst genug davon. Ich will Ihnen eine kleine Geschichte erzählen.

Sie handelt von meinem Großonkel Joseph. Da er mütterlicherseits französische Ahnen hatte, liebte er es, sich mit entsprechendem Akzent beim Vornamen nennen zu lassen – also „schosääf". Erzählt hat mir die Geschichte des hochbetagten „schosääf" der mit ihm befreundete Romancier Hippolyte Le Maitre, der übrigens ganz zu Unrecht beinahe völlig in Vergessenheit geraten ist. Ihr verdanke ich womöglich die Idee zu meinem Buch, das ich zu schreiben beginne, ohne auch nur im mindesten das Finale absehen zu können. Als der Alte zu ahnen begann, dass es mit ihm binnen Jahresfrist zu Ende gehen würde, wählte er aus seiner für Nichtkenner unübersehbar großen Bibliothek rund 40 Bände aus. Eine post mortem vorgenommene Zählung ergab 44 Titel, von denen sich der Sterbenskranke nicht mehr hatte trennen wollen, um einen nach dem andern durchzulesen.

Als Großonkel schließlich ins Krankenhaus gebracht wurde, um sich einer nicht länger aufschiebbaren Operation zu unterziehen, ließ er sich die letzten, noch nicht gelesenen dreizehn Bücher einpacken. Er las sie, sobald er aus der Narkose erwachte, zielstrebig durch, als suche er etwas in ihnen, was er bisher nicht hatte finden können. Als der Sterbende beim Titel Nummer 13 angelangt war, räumte die Stationsschwester das schon beiseite gelegte Dutzend Bücher in vorauseilender Sorgfalt in einen Karton. Abschiedsstimmung lag über dem Krankenzimmer, während der Greis unablässig in dem Buche las, das ihm als unwiderruflich letztes seiner Wahl verblieben war. Es waren die alttestamentarischen PSALMEN in einer Übertragung des bedeutenden Gelehrten Leopold Zunz (1794 - 1886), der zu den großen Meistern jüdischer Bibelkritik im 19. Jahrhundert zählt. Was aber behandelten die vorausgegangenen 43 Bücher, die – wie die Lücken in Großonkels Bibliothek erkennen ließen – den unterschiedlichsten Gebieten der Literatur (und Wissenschaft) entstammten? Ich will versuchen, diese Frage zu beantworten, auf meine ganz subjektive Weise. Ob sich dabei ein Weg zu objektiven Begründungen eines Bücherkanons zeigen wird, wer weiß? Eine Wahrheit, an die mehr als einer glaubt, so hört man den Zyniker spotten, ist keine Wahrheit. Oder ließe sich in der Literatur am Ende doch ein verbindlicher Katalog ästhetischer Bewertungsmaßstäbe, des Formenreichtums und der für das Leben des Menschen wichtigen philosophischen Einsichten zusammenstellen? Eine Art „Hitliste" unentbehrlicher Bestandteile dessen, was Literatur und Wissen, in Kombination, für das Leben des Menschen bedeutet? Die Glücklichen, so meinte Friedrich Nietzsche, sind neugierig. Recht hatte er. Schließen wir uns diesen Neugierigen an.

In die Welt der Bücher einzudringen, bleibt allemal ein Wagnis. Es steht nicht im Widerspruch zu dieser Feststellung, dass ein Gewinn garantiert wird. Ob er schätzenswert ausfällt, muss jeder für sich herausfinden. Alle, die mir bis hierher folgten, mögen sich dazu aufgerufen fühlen, an dem Experiment teilzunehmen. Großonkel und einer versunkenen Epoche zu Liebe, in der man des Lesens niemals müde wurde. Wann kommt ihresgleichen?

Außer Talent braucht der Mensch Freunde

Manche Leute halten überhaupt nichts von so genannten „Bestenlisten", von Zusammenstellungen ausgewählter oder gar „mustergültiger" Schriften der Literatur. Sie greifen nach Büchern zur Freizeitlektüre, wie man einen guten Wein zu einem erlesenen Menü auswählt. Dagegen ist überhaupt nichts einzuwenden. Es widerspricht hingegen nicht dem Bestreben dieses Buches, einen Literaturkatalog aufzustellen. Vor etwas mehr als zwei Jahrzehnten hat das Hamburger Wochenblatt DIE ZEIT einen solchen Versuch unternommen. Das Echo war vielfältig und widersprüchlich. Vielen Lesern sind die Rezensionen der hundert wichtigsten Romane der Weltliteratur als ein interessantes Zeitungsprojekt bis heute unvergessen. Die Beiträge zur ausschließlich erzählenden Literatur entstammten den unterschiedlichsten Federn. Sie gehörten einer Reihe zum Teil bekannter Autoren. SPIEGEL-Herausgeber Rudolf Augstein nahm sich der Bibel an! Und Golo Mann setzte sich mit Don Quijote auseinander. Für gewöhnlich würgt man seine Klassiker hinunter, ohne ihnen auch nur den geringsten Geschmack abzugewinnen. Nicht so in der ZEIT-Bibliothek. Die war für Gourmets bestimmt.

Unverständlich nur, dass der überaus gescheite (und

gelehrte) Fritz Raddatz später in einem Vorwort zum Sammelband der Buchbesprechungen – oft waren es nur vorzüglich formulierte Lobpreisungen – sich peinlichst bemüht zeigte, nur ja nicht den Verdacht aufkommen zu lassen, man habe der Welt einen „Kanon" aufnötigen wollen. Nein, um alles in der Welt, nur das nicht! Dabei hatte Raddatz völlig unbekümmert die Namen jener gestandenen Feuilletonisten und Literaturprofessoren aufgelistet, aus denen sich die „Jury" zusammensetzte, welche die Auswahl (!) der zur Rezension angebotenen Bücher traf. Also doch ein Kanon! Wer eine beschränkte Zahl von Werken anpreist, und dies mit unzweifelhaft pädagogischem Hintersinn, ist dabei, einen Kanon aufzustellen. Was denn sonst? Dass jede Epoche ihren eigenen Kanon neu mischen und zusammenstellen kann und sollte, will ich hier nur am Rande erwähnen.

Einige Jahre später rief das Blatt im übrigen zu einer Diskussion über die Frage auf, ob es noch einen verbindlichen Kanon der Deutschlektüre an höheren Schulen geben könne? Damit bejahte DIE ZEIT ohne jegliche Hemmungen endlich die grundsätzliche Berechtigung einer Liste mustergültiger Schriften. Die Reaktionen glichen einem bunten Strauß teilweise exotischer Blüten. Im entscheidenden Punkt aber stimmte man fast durchgehend darin überein: Ein Kanon ist nicht überholt, sondern (wieder einmal) geboten.

Kehren wir zurück zu den Lesern, denen eine Literaturliste prinzipiell fragwürdig erscheint. Sie gehören vermutlich zur Mehrheit derer, denen die freie Auswahl ihres Lesestoffs heilig ist. Dieses private Tabu will im Ernst auch niemand antasten. Ein Kanon bleibt ein Experiment, bis sich genügend Leute finden, die seine Berechtigung akzeptieren. Ein Kanon ist keine Vorschrift, sondern eine Orientierungshilfe, und immer auch ein Versuch, sich auf die Standards einer Entwicklungsstufe zu besinnen, die eine Kultur gerade erklommen hat. Die Geschichte der Zivilisation lehrt, dass Kultur und Gesittung stets den Märkten voraus gingen. Angesichts der leider oft nur ökonomisch betrachteten Globalisierung haben wir gerade derzeit allen Grund dazu, auf eine wenigstens schrittweise Anpassung geistiger Prozesse im Weltmaßstab zu achten. Ein Bekenntnis zum Kanon gehört dazu.

„Alle guten Worte dieser Welt stehen in Büchern", sagt ein chinesisches Sprichwort. Aber in welchen? Was ist gute Literatur, was schlechte? Welche Bücher tragen zur Vermehrung des Vorrats an Wissen und Erfahrung bei, welche sind überflüssig? Welche Bücher unterhalten und belehren, welche hingegen vertreiben uns nur die Langeweile? Joseph Conrad, der aus Polen stammende Meister der neueren englischen (!) Romanliteratur, stellte mit galligem Humor fest, das Glück unserer Erde hätten wohl nur Kochbücher vermehrt. Ein Kochbuch wird in meiner BIBLIOTHEK nicht vorkommen. Das mögen einige Leser bedauern. Doch Kochbücher besprechen am besten jene, deren Gaumen besser geschult sind als der meinige. Kochen ist fraglos eine Kunst; die ihm gewidmeten Bücher dagegen selten.

Wer entscheidet eigentlich, was ein gutes Buch ist? Natürlich der Leser. Er kann sich an den PSALMEN, die streng genommen nicht einmal ein abgeschlossenes Werk darstellen, sondern Teil des Alten Testaments sind, ebenso erfreuen oder erbauen wie an einer der vielen rührseligen Liebesgeschichten der populären Schriftstellerin Hedwig Courths-Mahler. Je länger man an einem Buche Freude hat, desto besser. Sie bedarf keiner besonderen Begründung. Im umgekehrten Fall wird freilich kein Schuh daraus. Eine mit persönlichem Widerwillen begründete Ablehnung eines Buches, das vielleicht millionenfach geliebt wird und sich möglicherweise über Jahrhunderte als Standardlektüre gehalten hat, verdient weniger Verständnis. Wenn beispielsweise der Held oder die Heldin des Romans, der Ballade oder eines Dramas ihn oder sie an einen unliebsamen Zeitgenossen erinnert, dem man am besten aus dem Wege geht. Das wäre ein sachfremder Einwand gegen ein Buch, aber keine glaubhafte Kritik. So hörte ich eine Leserin über den Helden in Milan Kunderas Erfolgsroman „Die unerträgliche Leichtigkeit des Seins“ schimpfen, dieser sei ein widerlicher Draufgänger und Sexualprotz (und deshalb sei das Buch abzulehnen!). Da wurde mir umgehend klar, dass ich es mit einer überempfindlichen, vielleicht ehegeschädigten Frau zu tun hatte. Als letztere konnte sie auf mein Mitgefühl zählen. Als Literaturkennerin kaum.

Es liegt nahe, ein Buch nach seinem Inhalt zu bewerten. Doch was heißt das: Inhalt? Die Literaturwissenschaft unterscheidet seit eh und je zwischen dem, was wir wohl unter Inhalt verstehen, und der Form, die Sprache, Stil und Wortwahl meinen kann. Ganz scharf voneinander abgrenzen lassen sich diese Begriffe nicht. „Das ist ja alles ziemlich akademisch“, werden jetzt einige meiner Leser aufstöhnen. Doch eine Begriffsklärung erscheint mir unentbehrlich für das Verständnis von Gedrucktem. Zurück zum Inhalt, und natürlich zur Form. Verständlicher ist vielleicht das Gegensatzpaar: Stoff und Substanz. Oder doch nicht? Es handelt sich nicht um den „Stoff, aus dem die Träume sind“, und *diese* Substanz läßt sich auch nicht rein genießen wie bei einem alkoholischen Getränk. Stoff meint nicht Brokat oder Velours, aus dem sich Kleider und Anzüge schneidern lassen.

Stoff und Substanz einer Dichtung sind von subtilerer Art, nicht fassbar und doch vorhanden. Ob man mit den Begriffen Gestalt und Gehalt besser fährt?

Ich weiß es nicht. Aber ich empfehle jedem, darüber einen Augenblick nachzudenken. Der Gehalt (= Substanz) könnte den Kern der Sache bezeichnen. Auf die Dichtkunst bezogen hieße das: die Botschaft, die eine Erzählung, ein Roman, ein Gedicht übermitteln möchte. Damit ist aber noch keine Geschichte erzählt oder eben die story, wie man in den englisch sprechenden Ländern sagt, und mittlerweile auch bei uns. Beides gehört folglich in einen untrennbaren Zusammenhang. Über ein literarisches Werk nach Stil und Substanz kategorisch getrennt zu urteilen, wie das zuweilen geschieht, ist – vorsichtig ausgedrückt – nicht hilfreich. Das gilt, nebenbei gesagt, auch für wissenschaftliche Schriften.

Und überhaupt: Ein Buch gut zu finden, nur weil einem die Story gefällt, bei der man womöglich Parallelen zum eigenen Leben ziehen könnte, mag zwar amüsant und aufschlussreich sein. Über den Wert des Buches wird damit noch nichts gesagt. Die sprachliche Form eines Werkes der Literatur ist im besten Falle untrennbar mit dem Inhalt verbunden. Ob ein Buch gut geschrieben und zugleich wichtig für den Leser ist, darüber entscheidet der jeweilige Grad der Annäherung an die Einheit von Form und Inhalt.

Über diese innige Verschmelzung des Gegenstandes, über den geschrieben wird, mit der sprachlichen Form, in der er ausgedrückt werden soll, hat sich der französische Romancier Gustave Flaubert (1821 - 1880) in klassischer Weise in einem Brief an seine Geliebte Louise Colet geäußert: „Was mir schön erscheint und was ich machen möchte, ist ein Buch über nichts, ein Buch ohne äußere Bindung, das sich selbst durch die innere Kraft seines Stils trägt ... ein Buch, das fast kein Sujet [also keine „story"] hätte, oder bei dem das Sujet zumindest fast unsichtbar wäre, wenn das möglich ist. Die schönsten Werke sind jene, die den geringsten Anteil Materie aufweisen; je mehr der Ausdruck sich dem Gedanken nähert, je enger das Wort daran haftet und in ihm aufgeht, um so schöner ist es." Wäre dies anders, könnte man auch ein Telefonbuch zur Literatur rechnen. Außer der alphabetisch geordneten Namensliste mit den dazugehörigen Fernsprechanschlüssen enthält das fraglos viel benutzte Buch allerdings keinerlei weiterführende Informationen oder gar ästhetische Reize.

Allzuviele, die sich mit unserem Thema beschäftigen, weichen dem Kanon beinahe ängstlich aus. Um die Auswahl einiger Buchtitel kommt man bei dieser Aufgabe jedoch nicht herum, so einfach ist das. Wer auswählt, muss anderes notwendig weglassen. Das mag vielen schmerzlich und ungerecht erscheinen, ist aber nun einmal bei derlei Prozeduren nicht zu umgehen. Ein Kanon besitzt unzweifelhaft seine Vorteile. Er schafft Klarheit ohne Gerechtigkeit. Letztere hat in der Literatur ohnehin keinen Platz; eher schon bei den naturwissenschaftlichen Errungenschaften und ihrer Vermarktung in der Literatur. In Poesie und Epik geht es um Ästhetik, um sonst nichts. Ein Buch ist gut geschrieben oder eben schlecht. Weitere Anforderungen an die Literatur sollten wir nicht stellen.

Oder vielleicht doch? Um ein wenig mehr geht es bei allem schon. Es gilt herauszufinden, ob und in welcher Weise Werke der Weltliteratur stilprägende Funktionen für eine bestimmte Sparte oder thematische Richtung der Literatur übernahmen. Im idealen Falle handelt es sich um die „kopernikanische Wende", die ein solches Werk im Laufe der Zeiten markiert. Wenn bei solcher Betrachtung vielen Büchern keine Chance der Berücksichtigung eingeräumt wird, heißt dies nicht, dass sie schlecht seien. Doch ihren Autoren fehlte, ihrem oft betörenden Genie zum Trotz, jene nicht leicht zu benennende, inspirierte Selbstvergessenheit, ja Tollkühnheit: Deshalb schreckten sie im letzten Augenblick davor zurück, den Wendekreis zu überschreiten, jenseits dessen neue Zeitalter des Geschmacks, fundamentaler Einsichten oder revolutionierender Eingriffe in Denk- und Lebensgewohnheiten eingeleitet werden. Meist abwartend pflegen solche Autoren diesseits der Grenze zu verweilen, die man nicht ohne ernste Risiken missachtet. Vielleicht beruht dies auf angeborener Furchtsamkeit oder schlicht auf Berechnung; man könnte ja das konventionelle Publikum verfehlen! Was daraus auch entstehen mag: bezahlt wird dieses zögerliche Verhalten mit dem Verlust der Einzigartigkeit oder dem Verzicht auf die wagemutige Tat einer Grenzüberschreitung.

Zwar lassen sich immer auch Entwicklungsstränge nachweisen, die auf literarische Höhepunkte hindeuten, die von den Zeitgenossen als einzigartig, neu und angeblich noch nicht dagewesen empfunden werden. Doch es unterliegt keinem Zweifel, dass schließlich die Nachwirkungen großer Bücher das eigentliche Phänomen darstellen.

Dabei kann umgekehrt die Entstehung außergewöhnlicher Bücher auf ganz banale Ursachen zurückgehen. Als Gustave Flaubert seine MADAME BOVARY schrieb, konnte er nicht ahnen, dass daraus eine Literaturrichtung entstehen würde, die sich unter Verwendung des bürgerlichen Namens seiner Heldin als Bovarismus (frz. „Bovarysme“) durchsetzte. Und das kam so: Nachdem der junge Romancier seine Kollegen mit Lesungen aus seinem Manuskript über die „Versuchung des heiligen Antonius“ offenbar tödlich gelangweilt hatte, rieten sie ihm zu einem publikumswirksameren Thema. Sie schlugen Flaubert vor, sich mit dem „Fall“ einer jungen Frau zu beschäftigen, von deren Selbstmord in den Zeitungen zu lesen war. Flaubert folgte dem Rat und begründete mit der daraufhin in Angriff genommenen „Madame Bovary – Ein Sittenbild aus der Provinz“ seinen Weltruhm. Außer Talent braucht man offensichtlich Freunde, zur rechten Zeit und am rechten Ort.

Wer sich selbst und andre kennt...

Wie ist der Untertitel des vorliegenden Buches – er ist natürlich der eigentliche Haupttitel – zu verstehen: „44 Bücher, die man gelesen haben muss“? Aus dieser Frage ließe sich übrigens die ziemlich nahe liegende Schlussfolgerung ableiten, dass, wer die 44 Bücher tatsächlich gelesen hat, bei vielen Gelegenheiten würde mitreden können. Darüber hinaus war es mein Plan gewesen, den Untertitel um die Bemerkung zu erweitern: „... um sich selbst und die Welt zu verstehen“. Diese Frage zu beantworten hätte allerdings bedeutet, ein weiteres, überflüssiges Angebot zur Lösung der Welträtsel zu machen. Ich ließ den Gedanken rasch wieder fallen.

Mitreden möge man nicht nur in der Art eines mehr oder weniger sinnvollen Beitrags zu einer Unterhaltung bei geselligen Anlässen verstehen. Mitreden heißt, neben vielem anderen, dem Gang eines Gesprächs zu folgen, eine Tätigkeit am Arbeitsplatz, im Büro, vor dem Bildschirm, im Seminar an der Universität, bei Konferenzen oder meinethalben auf Reisen zu vollenden, und mit dem Ergebnis zufriedener zu sein als man vielleicht erwartet hatte.

Bliebe die prinzipielle Frage zu klären, die natürlich in einige Dutzend weitere Fragen mündet, welche Bücher man denn gelesen haben muss, um auf diese Weise mitreden zu können? Abschließend wird diese Frage im lexikalischen Teil der BIBLIOTHEK beantwortet, durch Anmerkungen zu jenen Werken, die zur Lektüre dringend empfohlen werden. Nicht nur deutsche Leser, sondern ebenso die in den Klassikern bewanderten, deutsch sprechenden und lesenden Gäste des Landes werde ich möglicherweise enttäuschen, indem ich ihnen mitteile: Es ist nicht vorgesehen, Goethes FAUST der hunderttausendsten Kurzanalyse zu unterziehen. Doch warum verweigert sich dieses Buch dem FAUST? Weil er es etwa nicht wert ist, im Rahmen der literarischen Weltbesten behandelt zu werden? Weil er zu umfangreich und vielschichtig ist und daher auf fünf bis sechs Seiten nicht darstellbar wäre? Keineswegs. Aus einem ganz einfachen Grunde soll Goethes Meisterwerk nicht noch einmal durch ein Opus außerhalb seiner eigenen Werke geistern: Weil es nach Text und Deutung hinlänglich bekannt ist. Ich setze den FAUST – vor allem seinen ersten Teil – beim Leser, der das vorliegende Buch zur Hand genommen hat, voraus, wie der Doktor die Halsentzündung, wenn der Patient mit unüberhörbarem Husten seine Praxis betritt. Und sollte es tatsächlich mal einen halbwegs Ahnungslosen treffen, dann wird sich dieser beim Besuch einer „Faust"-Inszenierung spätestens nach drei Minuten allseits vernehmlich über „lauter bekannte Zitate" wundern, wie in dem bekannten Treppenwitz. Das heißt, auch der angeblich Ahnungslose kennt den FAUST, ohne ihn gelesen zu haben.

Unter Goethes Schriften von dauerndem Wert wäre der WEST-ÖSTLICHE DIVAN an vorderster Stelle zu nennen. Das lyrische Alterswerk Goethes nebst ungemein aufschlussreicher Auseinandersetzung in Prosa mit dem poetischen Genie des Ostens wurde in dieser Schönheit und Klarheit nicht wieder erreicht. Wer würde wohl unter den Bedingungen des 21. Jahrhunderts dem Weimarer Meister widersprechen, wenn er dichtet:

> Wer sich selbst und andre kennt,
> wird auch hier erkennen:
> Orient und Okzident
> sind nicht mehr zu trennen.

Diese Verse weisen so weit nach vorn, wie es deren Autor vor bald zweihundert Jahren nicht ahnen konnte, aber wohl erhoffte. Heute – im Zeitalter der Globalisierung auch der Gefühle – eine Selbstverständlichkeit? Mitnichten. Aber ein wundervolles Credo, nach dem sich leben und lieben lässt. Tausende poetischer Werke mag man ruhigen Gewissens und ohne ihnen größere Beachtung zu schenken beiseite legen. Ästhetisch überwältigende Genüsse werden uns dabei nicht entgehen. Für den DIVAN gilt das nicht; ihn muss man gelesen haben.

Bücher haben ihre Schicksale, sagt man von den bedeutenderen unter ihnen. Menschen sind daran nicht unbeteiligt. Denn wie Leser auf Bücher reagieren und ob Nachahmer unter den literarischen Konkurrenten auftauchen, ist für die Akzeptanz eines Buches und sein Fortleben im Gedächtnis einer Kulturgemeinschaft von größter Bedeutung. Deshalb muss die Geschichte von Büchern immer wieder neu geschrieben werden. Wie die der bereits erwähnten PSALMEN aus dem Alten Testament, dem Buch der Bücher, und selber im engeren Sinne doch keines.

Wie weit der Zauber der Lieder von König David oder Salomo reicht – und dies beinahe gleichmäßig über alle Jahrhunderte hinweg –, beweist uns die Parodie des deutschen Lyrikers Robert Gernhardt (Jahrgang 1937), die ich, dem Thema voraus eilend, zitieren möchte. Hier ist das fünfstrophige Gedicht:

PSALM

Bei dem Tanz ums goldene Kalb
Gab es unschöne Szenen.
Ich möchte hier nur dreieinhalb
Der unschönsten erwähnen.

David beispielsweise trat
Aaron auf die Zehen,
was er mit dem Satz abtat,
es sei gern geschehen.

Oder Saul, der plötzlich schrie,
er sei Gottes Enkel,
denn er trage seine Knie
unterhalb der Schenkel.

Oder Habakuk, der Hirt,
der beim Tanz so patzte,
daß sein Leitbock sich verwirrt
an den Leisten kratzte.

Oder Moses, der das Kalb,
statt es zu erschießen –
doch das sind schon dreieinhalb
Szenen. Ich muß schließen.

Die Bibliothek

Wir sind nun bei der Kanonbildung im eigentlichen Sinne angelangt. Ein literaturgeschichtlicher Abriss bleibt uns dabei nicht erspart.

Man unterschied von Alters her zwischen

– den als anerkannt geltenden religiösen Schriften, die als Teil der Bibel angesehen werden, im Unterschied zu den so genannten Apokryphen (= versteckte, nicht in den Kanon aufgenommene Bücher des Alten und Neuen Testaments),

– den anerkannt authentischen Werken eines Autors, auch des profanen,

der in der Literatur als allgemeingültig und dauerhaft verbindlich erachteten Auswahl vorbildlicher poetischer, epischer oder rhetorischer Leistungen beispielhafter Autoren.

Bei unserem Vorhaben steht allein die dritte Gruppe zur Diskussion. Sie bildet unausgesprochen die Grundlage jeglicher literarhistorischer und -ästhetischer Forschung. Man kann nicht oft genug hervorheben, dass eine Literaturliste nach Geschmack, Wertung und zugemessener Bedeutung als notwendig zeitbedingt zu betrachten ist. Jede Epoche erzeugt ihre Kunstideale und ihr philosophisch tonangebendes System. In ihm müssen sich die ausgewählten Hervorbringungen des Geistes behaupten. Im Vergleich mit den Zeiten der Vergangenheit sind hierbei unterschiedliche Zusammenstellungen von Bücherlisten nicht nur denkbar, sondern naheliegend. Ein Kanon begründet vor allem keinen Ausschließlichkeitsanspruch der aufgeführten Werke; das wäre absurd. Wer die in diesem Buche behandelten Werke gelesen h a t, verfügt über den Vorteil eines höheren Informationsgrades, wohl auch eines fester gegründeten Wissensfundus als der Durchschnitt der erwachsenen Bevölkerung. Aber die eigentlichen Wege können erst begangen werden, n a c h d e m man sich einen sicheren Platz erobert hat, von dem aus sich das weitläufige Gelände des Geistes und der Literatur besser überblicken lässt! Es ist wie bei der Jagd: Ohne den Hochsitz zu erklimmen, wird man schwerlich einen sicheren Treffer landen.

Ein Wissenskanon, der sich in Buchtiteln ausdrücken ließ, hatte im Mittelalter noch überwiegend religionsgeschichtlichen, ja in wesentlichen Teilen wohl auch dogmatischen Charakter. Das ist heute völlig anders. Mit dem Beginn der Neuzeit, also seit rund 500 Jahren, wünscht sich der Leser von der Literatur (im weitesten Sinne) Aufklärung über sein Dasein im Verhältnis zum Rest der Welt. Aber wo, bitte schön, bleibt dann der Spaß, wo die Unterhaltung? Eine übereilte Reaktion, sollte sie unterstellen, unsere Urväter und -mütter hätten die angenehmeren Dinge des Lebens entbehren müssen. Der Unterhaltungsfaktor, den die meisten Mitmenschen einer neueren Entwicklung zuschreiben, ja für eine Erfindung unserer Zeit halten, hatte bereits in der Antike eine beherrschende Funktion. Die alten Griechen kannten deftige Komödien; ihre Schauspieler feierten noch deftigere Phallusorgien im Freilichttheater. Das Mittelalter darf man sich desgleichen nicht ganz so finster vorstellen wie manche Geschichte uns lehren möchte. Nicht spielend lernen wir aus Büchern. Doch in den besten von denen, die den Kanon bilden, wird der Leser auf Kurzweil nicht verzichten müssen.

Wie geht man an zweckmäßigsten bei der Aufstellung eines Kanons vor? Welche unterste Marge des Spektrums ist zu beachten, und wie groß darf die Zahl der Listenplätze äußerstenfalls sein? Diese Frage muss sich jeder vorlegen, der einen Kanon aufstellen möchte.

Zwei Argumente sprechen für eine strenge Begrenzung der Literaturliste, für die ich mich entschieden habe:

1. Überschaubarkeit der Titel
2. Greifbarkeit der Themen.

Zu 1) Ein Kanon, gebildet aus etwa hundert oder mehr Büchern, würde die zu treffende Auswahl empfehlenswerter, um nicht zu sagen: mustergültiger Bücher dem Leser überlassen. Damit kann er nicht einverstanden sein, weil er ja gerade vom Kanon Orientierungshilfe erwartet; selbstverständlich ausreichend begründet.

zu 2) Eine zu breit gefächerte Themenpalette würde entweder die Beschäftigung mit konkreten, in Büchern gestellten und beantworteten Fragen erschweren oder infolge ihrer Vielzahl unmöglich machen.

Wir kommen um einen Literaturkanon nicht herum

Wir wollen zwar systematisch vorgehen, doch ohne uns hierbei mit allzu viel Bildungsballast zu beschweren. Werfen wir zunächst einen Blick auf die Autorenliste, noch ohne von den ausgewählten Werken Notiz zu nehmen. Wer will, könnte sich freilich umgehend einem Test unterziehen und im Text voraus eilen, um schon jetzt zu erfahren, auf welches der Bücher dieses oder jenes Autors die Wahl gefallen ist. Ich rate gleichwohl zur Geduld. DIE BIBLIOTHEK will ein Buch der Muße sein.

Autoren philosophischer Schriften und Herrschaftstheorien

Empedokles (483/82 - 424/23 v. Chr.)
Seneca (4 v. Chr. - 65 n. Chr.)
Niccolo Machiavelli (1469 - 1527)
Charles de Montesquieu (1689 - 1755)
Blaise Pascal (1623 - 1662)
Jean Jacques Rousseau (1712 - 1778)
Immanuel Kant (1724 - 1804)
Arthur Schopenhauer (1788 - 1860)
Friedrich Nietzsche (1844 - 1900)
Georg Simmel (1858 - 1918)
Oswald Spengler (1880 - 1936)
Karl Raimund Popper (1902 - 1994)
Günther Anders (1902 - 1992)

Psychologie, Biologie, Geschichte, Kulturgeschichte

Charles Darwin (1809 -1882)
Egon Friedell (1878 - 1938)
Sigmund Freud (1856 - 1939)
Konrad Lorenz (1903 -1989)
Marshall McLuhan (1911 - 1980)
Ernst H.Gombrich (geb. 1909)
Golo Mann (1909 - 1994)

Epik und Poesie

Miguel de Cervantes Saavedra (1547 - 1616)
William Shakespeare (1564 - 1616)
François Marie Arouet, gen. Voltaire (1694 - 1778)
Laurence Sterne (1713 - 1768)
Johann Wolfgang Goethe (1749 - 1832)

Georg Friedrich Philipp v. Hardenberg,
gen. Novalis (1772 - 1801)
Marie Henri Beyle, gen. Stendhal (1783 - 1842)
Heinrich Heine (1797 - 1856)
Iwan Alexandrowitsch Gontscharow (1812 - 1891)
Fjodor Michailowitsch Dostojewski (1821 - 1881)
Gustave Flaubert (1821 - 1880)
Charles Marie Baudelaire (1821 - 1867)
Lewis Carroll (1832 - 1898)
Robert Louis Stevenson (1850 - 1894)
Oscar Wilde (1854 - 1900)
Marcel Proust (1871 - 1922)
Thomas Mann (1875 - 1955)
Hermann Hesse (1877 - 1962)
Vladimir Nabokov (1899 - 1977)
George Orwell (1903 - 1950)
Annelies Marie Frank (1929 - 1945)

Hinter drei bedeutenden Werken, die in diesem Buche behandelt werden, steht vermutlich jeweils ein Autoren „kollektiv", das nicht verlässlich zu ermitteln ist. Es sind die PSALMEN, die EVANGELIEN DES NEUEN TESTAMENTS und die gesammelten orientalischen Märchen in TAUSENDUNDEINE NACHT.

Nachdem wir diese Namen gelesen haben, wird sich alsbald die Frage nach jenen stellen, die weggelassen wurden. Und: Warum wurden sie weggelassen? Da wir mit diesen Fragen nicht so bald fertig werden dürften, lassen wir sie zunächst auf sich beruhen und wenden uns einigen Buchtiteln zu, die auf das Konto genannter Autoren gehen.

In der BIBLIOTHEK der 44 wird man vielen wohl bekannten Titeln begegnen, und das ist gut so. Es kann nicht die Aufgabe eines Kanons sein, mit einer Fülle überraschender Bücher aufzuwarten, um den Leser um jeden Preis zu verblüffen. Auf der anderen Seite wird sich auch das eine oder andere weniger vertraute Werk der Klassik – Antike u n d Neuzeit betreffend – finden lassen. Es kam mir darauf an, jeweils das Buch herauszufinden, das sich am ehesten mit der Definition des Kanons, wie ich sie auf den ersten Seiten der BIBLIOTHEK gegeben habe, in Einklang bringen lässt. Sie erinnern sich vielleicht: In zeitlichem Abstand auftretende Wiederholungen althergebrachter Motive verweisen immer wieder auf die Urbilder... Darauf kommt es mir an; die Urbilder ausfindig zu machen und womöglich zu enträtseln. Die zur Entschlüsselung herangezogenen klassischen Werke sollten jeglichen Anschein von Beliebigkeit vermissen lassen. Sagen wir es platt: Es geht nicht um unsere Lieblingsbücher, selbst wenn wir uns gern MADAME BOVARY zuwenden würden. Wenn man diese Prämissen annäherungsweise akzeptiert, kommen wir uns vielleicht ein bisschen näher. Ich weiß um die Widerstände gegen die Aufstellung von Literaturlisten. Es scheint mir unumgänglich, sie für diesen einen Augenblick zu ignorieren.

Ein Beispiel für die hier anzuratende Vorgehensweise: Das Lehrgedicht ÜBER DIE NATUR, verfasst von dem legendären Wunderheiler und Dichter Empedokles von Agrigent auf Sizilien, wäre ein solcher, vielen Lesern nicht auf Anhieb geläufiger Buchtitel. Doch hat eben dieser aus dem Dunkel der Frühzeit griechischer Geistesgeschichte herausragende Dichter-Philosoph – er soll sich nach einem ruhelosen Leben in den Ätna gestürzt haben – seinen bedenkenswerten Weg durch beinahe zweieinhalb Tausend Jahre Kulturgeschichte genommen; dieser Weg scheint noch nicht beendet zu sein. Seine rätselhafte Gestalt hat Friedrich Hölderlin zu einem Drama inspiriert, das unvollendet blieb, wie so manches in der Romantik. Und Friedrich Nietzsche schien dieser Denker des fünften vorchristlichen Jahrhunderts näher zu stehen als die weitaus berühmteren Weisheitslehrer der alten Welt, Sokrates oder dessen Schüler Plato etwa; für den Dichter des ZARATHUSTRA offenbar nur wenig erträgliche Tugendbolde. Noch Gottfried Benn setzte sich in den vierziger Jahren des 20. Jahrhunderts mit dem großen Naturphilosophen auseinander. Er, wie Empedokles Arzt und Dichter übrigens, bekannte sich mit anderen zu einer Weltanschauung, die besser zu den Erkenntnissen des Atomzeitalters zu passen schien als die eher keimfreien Lehren der Denker in der Nachfolge des Empedokles. Dessen Aktualität scheint ungebrochen; vielleicht ist er nicht einmal ganz verstanden, sein Weltbild vollständig erfasst und ausgeleuchtet. Er rang damit, dem Wesen der Natur auf den Grund zu gehen und dieses Wesen unerschrocken anzuschauen.

An den genannten Beispielen erkennen Sie sofort, dass der neuzeitliche Literaturkanon nicht Poesie und Erzählkunst allein berücksichtigt, sondern in angemessenem Umfang philosophische Texte einbezieht. Mit den PSALMEN werden zugleich religionsgeschichtliche Motive aufgenommen. Aus der Gliederung der Autorenliste kann man ersehen, dass Herrschafts- und Gesellschaftstheorien, Psychologie und Psychoanalyse, Kunst- und Kulturgeschichte nicht ausgeklammert wurden. Auf diese Weise entsteht ein Wissenskanon, der über den herkömmlichen Begriff der Literatur hinaus geht. Ein Werk wie Oswald Spenglers UNTERGANG DES ABENDLANDES gehört notwendig zur Weltliteratur, ohne freilich die herausragenden erzählerischen Vorzüge von Thomas Manns ZAUBERBERG aufzuweisen. Stattdessen glänzt Spengler mit einer Geschichtstheorie, die in den ersten Jahrzehnten des 20. Jahrhunderts größtes Aufsehen erregte und uns bis heute beschäftigt. Desgleichen durfte Sigmund Freuds TRAUMDEUTUNG nicht fehlen. Der Begründer der Psychoanalyse wies mit diesem Epoche machenden Werk den Weg in die Abgründe der menschlichen Seele. Und Schopenhauers APHORISMEN ZUR LEBENSWEISHEIT als literarisches Spätprodukt und Quintessenz seines Lebenswerks, dem er den Titel gab: DIE WELT ALS WIL-

LE UND VORSTELLUNG gilt manchen als akademische Philosophie, anderen wiederum als ein Juwel der Dichtung mit religiösen Untertönen, die dem Buddhismus entlehnt wurden.

Die „ungebundene" Bibliothek

Der Vorhang ist aufgezogen. Nennen wir die zur Diskussion gestellten Bücher eines nach dem andern beim Namen. Vorläufig nur bei ihrem Haupttitel; Inhaltsangaben, Interpretationen, Deutungsversuche und Nutzanwendungen, sofern letztere angezeigt sind, folgen im Teil mit den 44 Einzeldarstellungen: Bücher, die man gelesen haben muss. In „ungebundener" Form gewissermaßen, d. h. in Kurzfassungen einschließlich Wertung und Wirkunsgeschichte. Die „ungebundene" Bibliothek also. Eine Aufzählung der Buchporträts, die ungefähr die Chronologie des Erscheinens einhält, bietet sich an. Natürlich wären auch andere Reihungen denkbar. Doch bei diesem Thema kann man getrost bei vielen Lesern die Neigung unterstellen, in historischen Dimensionen zu denken. So habe ich im Beisein anderer oft Reaktionen wahrgenommen, die schon bei einer Lesung aus Schopenhauers Werken von „alter Sprache" redeten. So alt ist sie nun auch wieder nicht. Diese wie anderer Autoren Sprache bedarf einer gewissen Leseübung. Wer die ersten Hemmungen überwindet, wird um so reichlicher belohnt. Über deutsche Philosophie, obwohl sie anerkanntermaßen zu den großen kulturellen Leistungen zählt, ist wegen der Kompliziertheit ihrer Sprache – ich mache bei Schopenhauer eine Ausnahme – häufig gelästert worden. Etwa von Mark Twain, dem bedeutenden amerikanischen Humoristen. Er wurde gefragt, was er von Hegel halte? Darauf Twain: „Das kann ich beim besten Willen nicht sagen. Ich habe drei Bände von ihm gelesen; die Satzaussage steht im vierten."

Die Liste der BIBLIOTHEK

	DIE PSALMEN
Empedokles	LEHRGEDICHT ÜBER DIE NATUR
Seneca	VOM GLÜCKLICHEN LEBEN
	DIE EVANGELIEN DES NEUEN TESTAMENTS
	TAUSENDUNDEINE NACHT
Machiavelli	DER FÜRST
Cervantes	DON QUIJOTE VON LA MANCHA
Shakespeare	SONETTE
Pascal	GEDANKEN
Montesquieu	VOM GEIST DER GESETZE
Voltaire	CANDIDE ODER DER OPTIMISMUS
Sterne	LEBEN UND ANSICHTEN DES TRISTRAM SHANDY
Rousseau	BEKENNTNISSE
Kant	VOM EWIGEN FRIEDEN
Novalis	HYMNEN AN DIE NACHT
Goethe	WEST-ÖSTLICHER DIVAN
Heine	BUCH DER LIEDER
Stendhal	ROT UND SCHWARZ
Schopenhauer	APHORISMEN ZUR LEBENSWEISHEIT
Flaubert	MADAME BOVARY
Baudelaire	DIE BLUMEN DES BÖSEN
Gontscharow	OBLOMOW
Carroll	ALICE IM WUNDERLAND
Dostojewski	SCHULD UND SÜHNE
Darwin	DER AUSDRUCK DER GEMÜTSBEWEGUNGEN BEI DEM MENSCHEN UND DEN TIEREN
Nietzsche	MORGENRÖTE. GEDANKEN ÜBER DIE MORALISCHEN VORURTEILE
Stevenson	DR. JEKYLL UND MR. HYDE
Wilde	DAS BILDNIS DES DORIAN GRAY

Freud	DIE TRAUMDEUTUNG
Simmel	PHILOSOPHIE DES GELDES
Proust	AUF DER SUCHE NACH DER VERLORENEN ZEIT
Spengler	DER UNTERGANG DES ABENDLANDES
Th. Mann	DER ZAUBERBERG
Friedell	KULTURGESCHICHTE DER NEUZEIT
Hesse	DAS GLASPERLENSPIEL
Popper	DIE OFFENE GESELLSCHAFT UND IHRE FEINDE
Frank	DIE TAGEBÜCHER DER ANNE FRANK
Orwell	1984
Gombrich	DIE GESCHICHTE DER KUNST
Nabokov	LOLITA
Anders	DIE ANTIQUIERTHEIT DES MENSCHEN
G. Mann	DEUTSCHE GESCHICHTE IM 19. UND 20. JAHRHUNDERT
Lorenz	DAS SOGENANNTE BÖSE
McLuhan	THE GLOBAL VILLAGE. DER WEG DER MEDIENGESELLSCHAFT INS 21. JAHRHUNDERT

Ein Drittel der aufgeführten Schriften wurde vor 1800 geschrieben und veröffentlicht. Mit zwei Dritteln der Bücher befinden wir uns folglich noch in annähernd genealogischer Nachbarschaft zu unseren Ur-Ur-Großvätern.

Diese Bücher stellen eine Mischung aus so genannter „schöner" Literatur (Belletristik) und wissenschaftlichen Schriften unterschiedlicher Fachrichtungen dar. In der Summe repräsentieren sie einen Querschnitt des derzeit leicht zugänglichen Allgemeinwissens.

Ausdrücklich verzichtet wird auf Beispiele ebenso glanzvoller wie inhaltsreicher dramatischer Weltliteratur. Ihre Zahl ist wie die der Romane kaum ermittelbar. Wer ein Stück von William Shakespeare, Friedrich Schiller oder meinethalben Tennessee Williams zu sehen und zu hören wünscht, geht ins Theater. Zur Lektüre eignet sich die Dramenliteratur weniger.

Die am Ende zustande gekommene Auswahl mag dem Leser denkbar klein erscheinen. Im Sinne des vorgegebenen Zwecks erschien mir die Straffung auch unter diesem Gesichtspunkt hilfreich. Es heißt bei Goethe zwar: „Wer vieles bringt, wird manchem etwas bringen"; aber auch: „Denn eben die Beschränkung lässt sich lieben, wenn sich die Geister gar gewaltig regen..."

Es gibt so viele Morgenröten, die noch nicht geleuchtet haben...

Dieses der indischen Philosophie entlehnte Motto schickt Nietzsche (1844 - 1900) seinen „Gedanken über die moralischen Vorurteile" voraus. Ich ziehe sein Buch MORGENRÖTE dem viel bekannteren ALSO SPRACH ZARATHUSTRA vor. Doch davon später mehr. Die Philosophie ist in den „magischen Vierundvierzig" überhaupt gut vertreten. Das hat seinen Grund darin, dass von philosophischen Strömungen häufig die nachhaltigsten Wirkungen auf die schöne Literatur ausgingen. Im 19. Jahrhundert vor allem von Schopenhauers und Nietzsches Werken.

Vielleicht wird gerade deshalb mancher den „Philosophen" Karl Marx unter den Klassikern der Herrschafts- und Gesellschaftslehre (siehe Autorenliste) vermissen. Ich vermisse ihn nicht. Ist Marx ein Philosoph gewesen? Oder nicht vielmehr ein wortmächtiger Publizist, der die industriellen Umwälzungen seiner Zeit als Herausforderung begriff, indem er dem arbeitenden Proletariat zurief, es möge sich seines Eigenwerts im ökonomischen Weltgetriebe bewusst werden. Das führte dann zu dem gut gemeinten, doch wenig sinnvollen Appell: „Proletarier aller Länder, vereinigt euch!“ Was aus den Lehren von Marx wurde, ist hinlänglich bekannt; deshalb sind seine von Lenin, Stalin und vielen anderen Diktatoren auf der Welt zur Staatspraxis des Totalitarismus pervertierten Ideen keineswegs nachahmens-, wenn auch bis zum Abgewöhnen nachdenkenswert.

Die Sache des Kommunismus hat sich damit weitgehend von selbst erledigt. Allenfalls für Historiker ist sie ein Thema. Lehren können wir kaum aus den Büchern von Marx ziehen, weil man bekanntlich aus der Geschichte nur lernt, dass man nichts aus ihr lernt. Als ich zur Jahreswende 1966/67 meinem tschechischen Pressekollegen in Bonn, Vilem Fuchs, glaubte sagen zu sollen, bei Marx finde sich bei genauem Hinsehen vielleicht doch etwas überzeitlich Gültiges, erwiderte der Vorkämpfer des „Prager Frühlings“ kurz angebunden: „Ja, aber nichts Gutes!“ Wenige Monate darauf walzten sowjetische Panzer den Aufstand des kommunistischen Bruderstaates brutal nieder. Vilem Fuchs hatte tragischer Weise Recht behalten: Ideal und Wirklichkeit waren und blieben unvereinbar.

Das Märchen spielt in der Weltliteratur eine überragende Rolle. So mögen die Erzählungen aus „Tausendundeine Nacht“ im vorliegenden Kanon für die Literatur des Orients insgesamt stehen, zu der wir Europäer sonst nicht leicht den rechten Zugang finden. Die umfangreiche Sammlung abenteuerlicher und erotischer Erzählungen wurde zu Anfang des 19. Jahrhunderts in populären Übersetzungen auch in Deutschland bekannt. Sie bildet einen wesentlichen Teil des heutigen Wissens vom Leben und Denken der Menschen in der arabischen Welt, des Ostens überhaupt.

Die wissenschaftlichen Bücher habe ich, ungeachtet der herausragenden Bedeutung ihres Gegenstandes, auch nach dem Gesichtspunkt ihrer Lesbarkeit für den zeitgenössischen Literaturfreund ausgewählt. Das gilt vor allem für Sigmund Freuds „Traumdeutung“. Die Sprache dieses Werkes und einiger anderer Bücher des Begründers der Psychoanalyse veranlassten Thomas Mann, Freud für den Goethe-Preis der Stadt Frankfurt vorzuschlagen. Die Philosophen Schopenhauer und Nietzsche gelten in der Literatur – eine Auszeichnung fürwahr – zugleich als Dichter. Sie sondern sich schon deshalb von den Vertretern der rein akademischen Philosophie (Leibniz, Kant, Fichte, Hegel u. a.) ab, weil sie stilistisch bis heute gültige Maßstäbe gesetzt haben. So hielt Gottfried Benn den Autor der „Morgenröte“ und des „Zarathustra“ für das größte deutsche Sprachgenie der nachgoethischen Epoche.

Muss man Hölderlin lieben?

Zu einem Kanon mustergültiger Schriften führen mindestens zwei Wege. Der erste ist darin zu sehen, die nach erzählerischen und ideengeschichtlichen Maßstäben vollendeten Werke namhaft zu machen. Der zweite Weg weist auf das Ziel hin herauszufinden, inwieweit Bücher der Dichtkunst oder Gelehrsamkeit, Poesie oder Wissenschaft die Mythen der Völker spiegeln.

Hierbei dürfen die Auffälligkeiten nicht unterschlagen werden, durch welche die den verschiedenen Nationen eigentümlichen Talente hervortreten. Bleiben wir zunächst in Europa. Da scheint unübersehbar, dass unter den geistigen und künstlerischen Leistungen der Deutschen – von der Musik einmal abgesehen, in der sie vermutlich die größten überhaupt hervor gebracht haben – die der Wissenschaft, und dort vornehmlich jene der Philosophie, die herausragenden sind. Man mag über diese These streiten wollen bis ans Ende aller Tage; das Phänomen selbst können wir nicht hinweg diskutieren. Der niederländische Schriftsteller Harry Mulisch (Jahrgang 1927) hat darauf aufmerksam gemacht, dass beispielsweise in Frankreich, das bekanntermaßen so sehr mit sich selbst beschäftigt ist, dem deutschen Philosophen Martin Heidegger (1889 - 1976) ein Status zugemessen wird, für den man ein französisches Pendant in Deutschland vergeblich suchen würde. Das ist kein Anlass zu nationaler Arroganz auf deutscher Seite. Es handelt sich nur um eine Beobachtung, die von jenseits der deutschen Grenzen vorgenommen wird, und die wir akzeptieren sollten, ob wir die These nun bejahen oder nicht. Heidegger wäre zwar im Rahmen dieser 44 Bücher nach meiner Einschätzung kaum vermittelbar, sein Ruf aber rechtfertigte hohe Beachtung. Die deutsche Philosophie trägt nicht von vornherein ein Gütesiegel. Sie ödet viele Menschen auch ganz einfach an, meist wegen ihrer absoluten Praxisferne und anderer offensichtlicher Mängel. Ihre Faszination, ein Wunder fast, büßt sie dadurch nicht ein.

Eine Merkwürdigkeit dagegen bleibt, dass umgekehrt einige poetische Leistungen von Teilen des deutschen Publikums ganz eindeutig überschätzt werden. Das trifft vor allem auf Friedrich Hölderlin zu, von dem – zum großen Verdruss des Literaturkritikers Marcel Reich-Ranicki – vielfach behauptet wird, man müsse ihn lieben. Dass es auch anders geht, hat eben dieser Kritiker in einer Rede anlässlich der Verleihung des nach dem Autor des „Hyperion" benannten Literaturpreises eindrucksvoll-respektlos dargetan. Viele, allzu viele von Friedrich Hölderlins großen Bewunderern übersehen geflissentlich die beträchtliche Zahl deutsch-nationaler und penetrant kriegsverherrlichender Gedichte des Klassikers („Tod fürs Vaterland" u. a.). Ergo lässt sich die Frage, ob man „Hölderlin lieben muss" ohne zu erröten mit einem glatten Nein beantworten. Man kann ihn lesen und für ihn schwärmen. Aber lieben?

Auf der anderen Seite ist Lyrik nicht die schlechteste Wahl bei der Aufstellung eines Kanons. Goethes DIVAN, Heines BUCH DER LIEDER und Shakespeares SONETTE vertreten in dieser Liste eine Literatursparte, von der neuerdings Pädagogen behaupten, sie eigne sich besser für den

Deutschunterricht als Prosatexte. Lyrik sei psychologisch eher problembezogen und komme der Neigung junger Menschen zur Selbstfindung entgegen, was sie im Ganzen attraktiver erscheinen lasse.

Eine letzte Erklärung vielleicht, weshalb der viel gerühmte „Roman des 20. Jahrhunderts" des irischen Autors James Joyce, ULYSSES, nicht in den Kanon aufgenommen wurde. Das Buch hat für heftigsten Literaturstreit gesorgt, seinen Leserkreis jedoch über den Typus des Experten hinaus nicht erweitern können. Der ULYSSES bleibt das Geheimnis der Eingeweihten und seines Verfassers; seine Sprache ist allzu kryptisch, verschlüsselt und vieldeutig, um allgemein verstanden zu werden. Das Buch gehört folglich nicht in diese BIBLIOTHEK.

Die 44 Bücher: Einzeldarstellungen

DIE PSALMEN

Was wir heute noch von ihnen wissen müssen:

Psalmen sind Lieder zum Saitenspiel religiösen Inhalts mit Abschweifungen ins Weltliche. Sie sind Bestandteil des Alten Testaments (AT). Ihr Echo in der Literatur ist bis zum Eintritt in das 21. Jahrhundert vernehmbar. Die Autoren der insgesamt 150 Psalmen sind unbekannt; Mutmaßungen weisen in Richtung der israelitischen Könige David und Salomo, sowie anderer gelehrter Männer in alttestamentarischer Zeit. König David allein werden 73 Lieder zugeschrieben.

Entstanden sind die PSALMEN zwischen dem 10. und 3. Jahrhundert vor Christi Geburt. Ihre Sammlung ergab dann den so genannten PSALTER. Beide Bezeichnungen finden sich erstmals in der griechischen Übersetzung des AT. Der hebräische Originaltext reiht die Lieder zum Saitenspiel unter die Rubrik LOBGESÄNGE (= tehillim).

Die Sammlung der PSALMEN nahm folglich einen langen, unübersichtlichen Weg. Die Lieder beschreiben in poetischer Form, doch in unmissverständlicher Sprache Leben und Leiden des Volkes, das sich in einer unter den Völkern der damals bekannten Welt herausragenden Stellung wähnte, nämlich ein „von Gott auserwähltes Volk" zu sein. Die in den PSALMEN zum Ausdruck kommenden Heilserwartungen der Israeliten waren nicht auf ein Jenseits gerichtet, von dem man nicht wissen konnte, was es dem Einzelnen bringen würde. Das Streben der Juden war höchst irdischer Natur. Die Ewigkeit schien ihnen unendlich fern, das Dasein in der Zeit vordringlich.

Aus diesem Umstand erklären manche Interpreten der PSALMEN auch die darin häufig vorkommenden, extremen Ausfälle gegen die Feinde Israels. Die tatsächlichen Feinde in Vergangenheit und Gegenwart werden demnach immer auch als die Feinde Gottes verfolgt, oft mit sehr deutlichen Worten. Damit herrschen in den PSALMEN jeweils klare Verhältnisse. Das Thema lautet in einer doppelten Gegensätzlichkeit: Hier Mensch, da Gott. Hier Gerechter, da Frevler. Es handelt sich um unversöhnliche Gegensätze, die nur in wenigen der überlieferten Texte aufgehoben oder gemildert werden.

Betrachten wir einmal zwei Beispiele, die nach ihrer Nummerierung im PSALTER weit auseinander liegen, die aber beide den gleichen Ton anschlagen, sowohl gegen äußere als auch „innere“ Feinde (Frevler), also jene Leute, die dem eigenen Volke angehören.

25. Psalm

Zu dir, o Gott, erhebe ich meine Seele.
Mein Gott, auf dich vertraue ich,
lass mich nicht zuschanden werden,
dass nicht jubeln meine Feinde über mich.
Und alle, die deiner harren,
mögen nie zuschanden werden,
zuschanden werden nur,
die treulos werden
um nichtige Dinge.

So lautet nach dem Beispiel des 25. Psalms – Gerechter auf der einen / Frevler auf der anderen Seite – in gesteigerter Form der 94. Psalm:

Rächende Macht, o Gott,
rächende Macht erscheine!
Erheb dich, Richter der Erde,
vergilt den Übermütigen.
Bis wann sollen Frevler, o Gott!
Bis wann sollen
Frevler triumphieren?
Freche Reden sprudeln,
Übeltäter sich rühmen?
Dein Volk, o Gott, unterdrücken sie,
und dein Erbe quälen sie.
Witwe und Fremdling würgen sie,
und Waisen morden sie.
Und sprechen: Gott sieht nicht,
darauf merkt er nicht...
Merkt auf, ihr Unvernünftigen im Volke,
ihr Toren, wann werdet ihr zur Einsicht kommen?
Der das Ohr pflanzt, sollte nicht hören?
Der das Auge bildet, sollte nicht sehen?
Der die Völker züchtigt, sollte nicht strafen?

Wenn diese Dichtungen von anonymen Schreibkundigen des Volkes Israel stammen, was wahrscheinlich ist, stellen sie gleichwohl keinen Akt nur privater Besinnung auf religiöse Fragen und deren Beantwortung im Diesseits dar. So weit reichte die Individualisierung im Altertum nicht. Jene Autoren, die zur Erweiterung der Liedersammlung des jüdischen Volkes beitrugen, taten dies zweifelsfrei im Bewusstsein der Auserwähltheit eben dieses Volkes. Und sie teilten dieses Empfinden mit vielen anderen. Die Anrufung Gottes stand im Dienste der gemeinsamen Sache der israelitischen Stämme, die sich seit ihrem Auftreten in der Geschichte einem ständigen Daseinskampf ausgesetzt sahen. Den natürlichen Feinden wurde kein Pardon gegeben. Gleichzeitig sorgten sich die Autoren um das Vertrauen ihrer Stammesgenossen in den Allmächtigen, und darin, dass er in besonderer Weise „sein“ Volk beschützen werde.

Aus den PSALMEN könnte man, ungeachtet ihrer archaischen Sprache, mancherlei Parallelen zur jüngeren Vergangenheit und Gegenwart der Juden herauslesen. Das Gedächtnis der Welt ruht im „Buch der Bücher“ (Bibel), dem die PSALMEN entstammen. Und niemals waren Lob und Klage, Hilferuf und Verdammung so nah beieinander wie in diesen oft inbrünstigen Liedern. Es herrscht ja nicht nur der unversöhnliche Gegensatz von „gerecht“ und „frevelhaft“ in ihnen. Es sind da auch die Danklieder, in denen jenseits von Weltschmerz und Resignation Verse zu lesen sind wie dieser im 73. Psalm:

... dennoch ist Gott voll Güte gegen den Frommen.

Das Ich hat durchaus seinen Platz in dieser Dichtung, die nicht die älteste der Welt, doch womöglich die reifste in so früher Zeit ist. Etwa wenn in Psalm 142 Einsamkeit sich in die resonanzlose Klage flüchtet, die so gegenwärtig klingt wie dies nur sein kann:

Niemand fragt nach mir!

Die PSALMEN erfahren auf diese Weise den beständigsten Widerhall in allen Gestalten der Poesie und prosaischen Dichtung, im Kirchenlied wie in der Umgangssprache, und dies nahezu bruchlos durch alle Jahrhunderte.

Man beachte: Noch vor der ersten nachchristlichen Jahrtausendwende wurden die PSALMEN in fast alle europäischen Volkssprachen übertragen. Germanisten haben darauf hingewiesen, dass zahlreiche bildhafte Ausdrücke und Redewendungen im Deutschen den Übersetzungen der PSALMEN aus dem hebräischen Urtext zu verdanken sind. Zum Beispiel die sprichwörtliche Redensart: „Wer andern eine Grube gräbt, fällt selbst hinein“. Oder: „auf Herz und Nieren prüfen“. In Deutschland haben sich im 18. Jahrhundert Moses Mendelssohn und Johann Gottfried Herder um neue Übersetzungen der PSALMEN verdient gemacht; im 20. Jahrhundert dann der große jüdische Gelehrte Martin Buber. Ebenso der bedeutende Judaist Zunz, aus dessen

Übertragung nach dem Urtext nun der klagende Psalm 102 auszugsweise zitiert sein soll:

Gebet eines Armen, der verschmachtet und vor Gott ausschüttet seine Klage. Gott höre mein Gebet,
und mein Geschrei lass zu dir dringen.
Verbirg nicht dein Antlitz vor mir, am Tage meiner Angst neige mir dein Ohr, am Tage, da ich dich rufe, eile, erhöre mich.
Denn dahingeschwunden in Rauch sind meine Tage, und mein Gebein verzehrt sich wie Brand.
Versengt wie Gras und welk ist mein Herz,
denn ich vergesse mein Brot zu essen.
Vor lautem Wehklagen klebt mein Gebein an meinem Fleische.
Ich gleiche dem Pelikan in der Wüste,
ich bin wie die Eule in den Trümmern.
Ich bin immer wach wie der einsame Vogel auf dem Dache. Den ganzen Tag schmähen mich meine Feinde…
Denn Asche esse ich wie Brot und meinen Trank mische ich mit Tränen. Ob deinem Zorn und deinem Grimm,
denn du hebst mich auf und schleuderst mich fort.
Meine Tage sind ein langgedehnter Schatten – ich selbst welke dahin wie Gras.
Du aber, o Gott, bleibst ewiglich, und dein Gedenken durch alle Geschlechter.
[…]

So spreche ich: Mein Gott, du wirst mich wegnehmen in der Hälfte meiner Tage, du, dessen Tage dauern für und für.

Einstens hast du die Erde geschaffen, und das Werk deiner Hände, den Himmel. Sie schwinden, aber du bleibst, und sie alle veralten wie Gewand; wie ein Kleid wechselst du sie, und sie wechseln. Du aber bist, und deine Jahre enden nimmer. O, so mögen die Söhne deiner Knechte bleiben, und ihr Samen vor dir bestehen!

Hier klagt ein ICH gegen ein anderes ICH, wiewohl ein erhabenes, unerreichbares.

Das ist etwas unerhört Zeitgemäßes, unserer Zeit gemäß – nicht jenen im Dunkeln liegenden Zeiten der Alten. Der Gott der Juden erscheint an vielen Stellen der PSALMEN nicht nur als ein ungnädiger Rachegott, am liebsten dann, wenn es um die Vernichtung oder wenigstens Bestrafung der Feinde geht. Nein, er ist auch einer, dem man seine Ewigkeit nicht gönnt: „Du aber, o Gott, bist ewiglich" – während wir dahinwelken wie Gras. Wie ungerecht! Doch welch absurder Vorwurf, den man aus diesen Klagen heraus zu hören meint!? Als wäre dies nicht selbstverständlich: hier Sterblichkeit des Menschen, dort Ewigkeit des Allmächtigen. Noch einmal: Das Volk der Juden definierte seinen Glauben als eine praktische Bewältigung des Daseins. Gott stand für alle Segnungen, aber auch für jegliche Hemmnisse und Widrigkeiten des Lebens. Er ist Tröster und Richter, Erbauer und Verderber in einem. Die PSALMEN künden davon wie sonst keine Überlieferung von diesem hohen Rang. In klaren, einfachen Worten, die mal hymnisch klingen, und ein andermal von schmerzenden Wunden der Knechte Gottes zeugen, wie sie sich zuweilen nannten. Immer aber sind sie wirklich und wahrhaftig; unwandelbar wie das Leben selbst. Immer dringen sie an unser Ohr, als wäre es gestern gewesen, wovon da gesprochen wird. Das macht sie zu einem unersetzbaren, unentbehrlichen, spirituellen Schatz der Vergangenheit, den wir Nachlebenden in die Gegenwart holen können – wenn wir wollen. Denn die Fragen, die in den PSALMEN aufgeworfen werden, sind unsere Fragen, mögen wir sie heute auch ein wenig anders ausdrücken.

Übersetzungen wie Nachdichtungen der PSALMEN sind Legion. Martin Luther (1483 - 1546) erledigte sein Psalmen-Pensum weitgehend mit der Bibelübersetzung ins Deutsche. Jedem Protestanten vertraut ist daneben Luthers Liedgedicht „Ein feste Burg ist unser Gott" (nach dem 46. Psalm). Es enthält die Mut machenden Verse:

Und wenn die Welt voll Teufel wär'
und wollt uns gar verschlingen,
so fürchten wir uns nicht so sehr,
es soll uns doch gelingen…

Die Barockdichter Martin Opitz (1597 - 1639) und Paul Fleming (1609 - 1640) griffen gleichermaßen freizügig die Motive auf und dichteten die archaischen Lieder im literarischen Geschmack ihrer Zeit nach. In der Schweiz beschäftigte sich neben anderen Goethe-Freund Johann Caspar Lavater (1741 - 1801) intensiv mit den PSALMEN; in neuerer Zeit schloss sich ihm der Religionsphilosoph und Schriftsteller Romano Guardini (1885 - 1968) an.

Eigenständige Vertonungen existieren seit dem 15. Jahrhundert, vor allem für den kirchlichen Gebrauch. Im 20. Jahrhundert schuf Igor Strawinsky (1882 - 1971) seine „Psalmen"-Symphonie für vierstimmigen Chor und großes Orchester.

Fast dreitausend Jahre haben der alttestamentarischen Liedersammlung also nichts anhaben können. Ihre Themen wurden, wie bereits in der Einleitung zu diesem Buch dargetan, selbst zu Parodien herangezogen.

Ausgaben

Drucke der PSALMEN sind, auch außerhalb der Bibel, in großer Zahl verfügbar; auch die interpretierende Literatur ist unübersehbar. Wer also tiefer in das Thema eindringen möchte, dem empfehlen wir:

P. H. Neumann (Hg.), Zur neueren Psalmenforschung. 1976
K. Seybold, Die Psalmen. 1986
Die Psalmen. Mit Meisterwerken des Mittelalters und der Renaissance. Nebst Einführung in den biblischen Zusammenhang der Psalmendichtung. Reichlich illustriert. 1997

Die Zitate im obigen Text sind dem handlichen, kleinformatigen Büchlein DIE PSALMEN, hebräisch und deutsch, in der Übersetzung von Leopold Zunz (1794 - 1886) entnommen. Sinai-Publishing Tel Aviv, 1985.

Empedokles (483/82 - 424/23 v. Chr.)
ÜBER DIE NATUR
(Originaltitel: Peri physeos)
Entstanden 460/450 v. Chr.

Die Geburt des Empedokles liegt zeitlich, sein Tod vor allem der Art nach im Dunkeln. Die Legende will wissen, dass er sich im Alter von etwa 60 Jahren in den Krater des Ätna stürzte. Der Philosoph entstammte einem vornehmen Geschlecht aus Akragas (dem heutigen Agrigent) auf Sizilien, das in jener Zeit das westliche Zentrum griechischer Kultur war. Er praktizierte als Arzt und Wunderdoktor, lehrte als Philosoph und zog, von seinen Schülern und Anhängern wie ein Gott verehrt, durch die Lande. Empedokles schrieb sich selbst magische Kräfte zu, seine Auftritte in der Öffentlichkeit gaben zu den abenteuerlichsten Spekulationen über seine Herkunft Anlass.

Das Werk selbst steht in einer Ahnenreihe identisch betitelter Lehrgedichte u. a. von Heraklit, Parmenides und Xenophanes, die sämtlich in nicht mehr genau zu bestimmender Zeit um das Jahr 500 v. Christi gelebt haben.

Friedrich Hölderlin (1770 - 1843) widmete dem Philosophen ein unvollendetes Drama mit dem bezeichnenden, auf die Legende anspielenden Titel DER TOD DES EMPEDOKLES; Friedrich Nietzsche (1844 -1900) übernahm von dem Dichterphilosophen des archaischen Zeitalters griechischer Weltdeutung die Lehre von der ewigen Wiederkunft des Gleichen. Aristoteles kritisierte des Empedokles Dichtung in einem Vergleich mit der ODYSSEE des Homer; denn mit ihm habe das große Naturgedicht allenfalls das Versmaß gemein. Zugleich soll er Empedokles als den „Erfinder der Rhetorik" bezeichnet haben. Vielleicht meinte er dies nicht einmal schmeichelhaft.

Heute gilt uns Empedokles als einer der sprachgewaltigsten, mindestens aber als einer der redegewandtesten griechischen Philosophen. Und eines gilt als unstrittig anerkannt: das ursprünglich aus 2000 Hexametern (klassisches sechshebiges Versmaß) bestehende Lehrgedicht ÜBER DIE NATUR – es sind wenig mehr als 330 Verse erhalten – steht am Beginn eines unerhört neuen Denkens in der Antike. Nach Empedokles gibt es im eigentlichen Sinne kein Entstehen und Vergehen, sondern nur Mischung und Entmischung, Trennung von unveränderlichen, unentstandenen und unvergänglichen Elementen. Vier zählt der Philosoph auf: Feuer, Luft, Wasser, Erde. Seine Deutung der Weltentstehung und der ständigen Veränderung der Daseinszustände ist die folgende: Aus einem Urzustand der absoluten Mischung, in dem keine Einzeldinge existieren, entwickelt sich allmählich ein Zustand der absoluten Trennung der Elemente, aus diesem wieder der Zustand der Mischung und so fort bis ins Unendliche.

Wie Parmenides (540 - 480 v. Chr.) gehört Empedokles der Epoche der so genannten Vorsokratiker an, deren Denken noch in den archaischen Tiefen des mythischen Griechenland wurzelt. Für Neuzeit und Gegenwart aber gewinnen die vorsokratischen Denker zunehmend an Faszination und Bedeutung, wie schon anhand der Erwähnung der Bearbeitung biographischer Facetten durch Hölderlin einerseits und Nietzsches Auslegungsversuchen andererseits deutlich wird.

Empedokles selber setzte sich mit seinem unmittelbaren philosophischen Vorläufer Parmenides nicht streitend, sondern interpretierend auseinander, und sagt:

Dass Nichtseiendem etwas entwachse, ist nimmer
vollführbar, und dass Seiendes gänzlich vergehe,
unmöglich und deshalb unwahr. Immer wird es dort sein,
wo ihm die Stelle gewiesen.

In einem der überlieferten Bruchstücke seines Lehrgedichts heißt es außerdem:

Weiter will ich dir sagen: Geburt ist nirgends, bei keinem aller irdischen Dinge, noch Ende im schrecklichen Tode, sondern nur Mischung ist und wechselnder Tausch des Gemischten…

Das Wort „Geburt“ meint hier: das Entstehen aus einem vorher schlechthin Nichtvorhandenen. Und das eben ist unmöglich, was einsichtig sein dürfte.

Überhaupt haben für den Schöpfer der Naturphilosophie Begriffe wie „entstehen“ und „vergehen“ einen lediglich konventionellen Sinn, jedoch keinerlei reale Bedeutung:

„Sie bezeichnen nur Momente in einem Prozess, ohne in ihrem Ausdruck diesem Prozess inhaltlich zu entsprechen. Man darf die üblichen Bezeichnungen zwar verwenden, muss aber dabei bedenken, dass sie keinen Rückschluss auf die Natur der Dinge erlauben. So spricht auch Empedokles selbst immer vom ‚Entstehen‘ der Elemente. Gemeint ist damit freilich nicht, dass sie, gegen alle Gesetze der Ontologie (= Seinslehre), aus einem Nichts entstehen, sondern lediglich, dass sie als Seiendes in Verbindungen eingehen. Die Verbindung entsteht tatsächlich und auf Zeit, die ewigen Elemente machen mit, ohne sich zu ändern oder zu vergehen. Die Natur der Dinge erkennen heißt also, die Elemente und ihre Verhaltensweise zu erkennen.“ (Die Vorsokratiker II, Universalbibliothek Reclam)

Die Kosmologie, also Weltentstehungstheorie, seines Vorläufers Parmenides aufgreifend, bei dem bereits eine Göttin die Verbindungen der Elemente bewirkt, fügt Empedokles dieser verbindenden Instanz ein ebenbürtiges Gegenstück hinzu, das für die Trennung verantwortlich ist!

Seine Lehre behauptet: Es sind Liebe und Hass, die den großen Zyklus beherrschen, indem sie im All abwechselnd die Oberhand gewinnen; denn das All ist die Summe der kombinierten beziehungsweise geschiedenen Elemente. In entsprechender Weise sind Liebe und Hass Ursache der ‚Entstehung' und des ‚Vergehens' jedes einzelnen Lebewesens. Der kleine Zyklus entspricht dem großen, dieselben Gesetze beherrschen das Leben des Alls und das Leben des Einzelnen. Mikrokosmos und Makrokosmos sind folglich, ungeachtet ihrer so außerordentlichen Unterschiedlichkeit in der Ausdehnung, wesensgleich. Für Astrologen und Astrologiegläubige übrigens eine der Grundbedingungen für die erhoffte Akzeptanz ihrer Deutungspraxis. Sie können sich auf Empedokles berufen.

In der deutschen Philosophie und Dichtung (etwa bei Goethe) fanden die Ideen des Empedokles großen Anklang. Goethe spricht mehr als zweitausend Jahre nach dem Griechen von „Dauer im Wechsel", was einer Kurzformel der Philosophie des Empedokles gleichkommt. Es gibt kein Verschwinden ins Nichts, nur ständige Veränderung und Bewegung. Die wirkenden Kräfte dieser Weltauffassung nennt der Philosoph Liebe und Hass, Freundschaft und Zwist, Anziehung und Abstoßung. Für diesen ersten Magier des freien und zugleich seine Vorgänger integrierenden Denkens in der Frühzeit Griechenlands sind die genannten Elemente und Wirkungskräfte nicht abstrakte Prinzipien, sondern reale, wirkende Urgestalten des Seins.

Wer sich mit Empedokles beschäftigt, verschafft sich nach all dem hier Gesagten oder zumindest Angedeuteten einen vorerst ausreichenden Überblick über die wesentliche Thematik in der Antike entwickelten philosophischen Denkens. Es ist in fast allen seinen Teilen aktuell geblieben, und hat darüber hinaus spätere naturwissenschaftliche Erkenntnisse bestätigen können.

Wirkung in der Neuzeit

Friedrich Nietzsche erwähnt Empedokles an über hundert Stellen seines umfänglichen Werkes. Begnügen wir uns mit einem Zitat aus seiner Schrift UNZEITGEMÄSSE BETRACHTUNGEN, darin das Kapitel „Schopenhauer als Erzieher“:

„Das Urteil der alten griechischen Philosophen über den Wert des Daseins besagt so viel mehr als ein modernes Urteil, weil sie das Leben selbst in einer üppigen Vollendung vor sich und um sich hatten und weil bei ihnen nicht wie bei uns das Gefühl des Denkers sich verwirrt in dem Zwiespalt des Wunsches nach Freiheit, Schönheit, Größe des Lebens und Triebes nach Wahrheit, die nur fragt: was ist das Leben überhaupt wert? Es bleibt für alle Zeiten wichtig zu wissen, was Empedokles, inmitten der kräftigsten und überschwänglichsten Lebenslust der griechischen Kultur, über das Dasein ausgesagt hat; sein Urteil wiegt schwer, zumal ihm durch kein einziges Gegenurteil irgend eines andern großen Philosophen aus derselben großen Zeit widersprochen wird.“

Ausgaben

Zu empfehlen: Die Vorsokratiker II / Universalbibliothek Reclam, 1986

Lucius Annaeus Seneca (ca. 4 v. Chr. - 65 n. Chr.)
VOM GLÜCKLICHEN LEBEN
(Originaltitel: De vita beata)

Um das Jahr 58 nach Christus hat der römische Philosoph Seneca diese kaum 40 Seiten lange Anleitung zum Glücklichsein verfasst. Das Büchlein ist dabei alles andere als eine abstrakte Erörterung. Ganz lebensnah beschreibt der Autor, wie man den Irrungen und Wirrungen des Daseins entkommen und mit sich und der Welt in Einklang leben kann.

DE VITA BEATA erinnert in vielen Passagen an heutige Lebenshilfe- und Ratgeberliteratur, verzichtet dabei aber auf jede Psychologie. Es geht um Ethik, um das Glück der Weisheit, nicht darum, möglichst viel Spaß zu haben. *Glücklich* nennt Seneca *eine Seele, [...] die frei ist und aufrecht und unerschrocken und standhaft, die jenseits von Furcht, jenseits von Begierde steht, für die das einzige Gut die Sittlichkeit, das einzige Übel die Unsittlichkeit ist, das Übrige aber ein wertloser Haufen von Dingen, der dem glücklichen Leben weder etwas entzieht noch ihm etwas hinzufügt.* (4.3)

In vielfältigen Variationen umkreist Seneca das Ziel seiner Philosophie, das „summum bonum". *Das höchste Gut,* schreibt er im neunten Kapitel, *ist die unzerbrechliche Festigkeit der Seele, ihre Voraussicht, Erhabenheit, Gesundheit, Freiheit, Harmonie und Schönheit.* (9.4) Noch kürzer formuliert heißt es an anderer Stelle: *Das höchste Gut ist seelische Harmonie.* (8.6) Wie gelangt man nun zu diesem Zustand, wo man mit sich, den Menschen, der Natur und Gott in Einklang lebt?

Seneca rät zunächst, ... *dass wir nicht wie das Vieh der Herde der Vorausziehenden folgen und unseren Weg nicht dorthin nehmen, wohin man gehen muß, sondern wohin man geht.* (1.3) Der Mut zur Individualität, zum eigenen Weg ist so der erste Schritt zum Glück: *Wir werden geheilt werden, wenn wir uns nur von der Masse absondern.* (1.4)

Abseits des Mainstreams gilt es dann, den schönen Schein vom wirklich Wichtigen zu unterscheiden. Wie mit Blick auf die heutigen Popstars, auf Status, Pomp und Jetset misstraut Seneca dem äußeren Glanz: *Den Augen traue ich, wo es um den Menschen geht, nicht; ich habe ein besseres und sichereres Auge, um vom falschen das Wahre zu unterscheiden: den Wert der Seele muss die Seele ausfindig machen.* (2.2) So sucht er stetig nach dem wahren Wert, nach einem *Gut, das ich empfinden, nicht eines, das ich vorzeigen kann.* (2.4)

Die alles entscheidende Frage auf dem Weg zum Glück ist wohl die nach dem Umgang mit dem Pech. Wie kann man wahrhaft glücklich werden, wenn man arm ist, von Schicksalsschlägen gebeutelt und womöglich auch noch krank wird? Seneca selbst war dagegen ein vom Schicksal äußerst begünstigter und steinreicher Mann, überall angesehen und Berater des Kaisers. Was weiß ein solcher Philosoph vom Unglück?

Die Antwort gab er selbst, als er nach der Aufdeckung einer Verschwörung zum Selbstmord aufgefordert wurde und ihn in großer Seelenruhe auch ausführte. Der Schlüssel liegt in der Bescheidenheit. *Nichts anderes verschafft uns Freiheit als Gleichgültigkeit gegenüber dem Schicksal* (4.5), schrieb er im vierten Kapitel VOM GLÜCKLICHEN LEBEN. Und *glücklich ist, wer mit den Umständen – wie immer sie sind – zufrieden und sich angefreundet mit seinen Verhältnissen* (4.2). Beweisen muss sich diese Haltung natürlich vor allem im Unglück, gegenüber Misserfolg und Schmerzen. *Was immer aufgrund der Beschaffenheit der Welt erduldet werden muss,* schreibt Seneca, *nehme man erhabenen Sinnes auf sich. Auf diesen Fahneneid sind wir eingeschworen worden: das Menschliche zu ertragen und sich nicht durch das verwirren zu lassen, was zu vermeiden nicht in unserer Macht steht. In einem Königreich sind wir geboren: Gott gehorchen ist Freiheit.* (15.7)

Genauso viel Platz wie der Darstellung des Tugendweges zum Glück widmet Seneca dem Abweg des Lustprinzips. Das hat nicht nur mit der dekadenten Gier nach Sex und üppigen Gelagen seiner Zeit zu tun, sondern ist auch eine Auseinandersetzung mit der Philosophie des Epikur (341 - 271 v. Chr.). Es ärgerte Seneca offensichtlich, dass viele seiner Zeitgenossen sich auf den Griechen und seine sinnenfrohen Ideen beriefen, um ihre eigenen Ausschweifungen zu rechtfertigen. Sein Glück aber im Lustgewinn zu suchen, bei Gelagen zu schlemmen und auch sonst kurzweiligen Spaß zu suchen, ist für Seneca keine Option. Denn selbst wenn es einem Menschen in dieser Hinsicht gut gehen mag, macht er sich abhängig, wird letztlich unfrei. *Im übrigen,* heißt es dazu im 14. Kapitel, *haben nicht sie selbst die Lust, sondern die Lust hat sie: Entweder werden sie von ihrem Ausbleiben gequält oder von ihrer Fülle erstickt.* (14.1) Anders gesagt, man *kauft doch nicht die Lüste für sich, sondern verkauft sich den Lüsten.* (14.4) Mit dem Ideal des innerlich freien Menschen, der beständig und gelassen das Leben genießt, hat das natürlich nichts zu tun. Wer dem Genuss hinterher rennt, wird zum Sklaven seiner Begierden.

Dabei ist Seneca kein Kostverächter oder Asket. Er selbst führte einen üppigen Haushalt mit vielen Gästen und genoss die Annehmlichkeiten des Lebens. Er leugnet auch keinesfalls den Vorteil seines Reichtums. Wichtig ist für ihn aber vor allem, dass man aus dem Reichtum Freiheit schöpft und keine Angst hat, ihn wieder zu verlieren. Im Grunde ist es immer wieder der gleiche Gedanke, den Seneca variiert und auf vielfältige Fragen anwendet. Alles ist darauf ausgerichtet, frei zu werden von den Urteilen anderer, sich an nichts Äußerliches zu klammern, sondern der Natur und den Göttern ihren Lauf zu lassen. Nur durch diese geistige Unabhängigkeit wird der Mensch frei und kann glücklich werden. Reichtum ist dabei lediglich eine Zugabe, eine angenehme Begleiterscheinung. In der pointierten Bildersprache des römischen Philosophen klingt das dann so: *Reichtum nämlich befindet sich bei einem weisen Mann in der Stellung eines Sklaven, bei einem törichten in der eines Herrn.* (16.1)

Angestrebt wird also Gelassenheit, nur sie verheißt wahres Glück. Seneca rät, sich nicht zu ärgern über das, was der Nachbar tut, was einem alles Böses widerfahren ist und dass es auch noch regnet. Der Weise, schreibt er, *lebt nämlich, über das Gegenwärtige froh, um das Zukünftige ohne Sorge.* (16.4) Letztlich steckt in diesem Zitat wieder eine Definition des wahren Glücks. Es ist kein rauschhafter Zustand von kurzer Dauer, sondern ein haltbares Empfinden von wahrer Zufriedenheit. Die Schrift heißt nicht von ungefähr: Vom glücklichen *Leben.* Es geht nicht um das Glück, oder das Glücklichsein. Ein ganzer Lebensweg steht hier zur Debatte, nicht nur ein kleiner Ausschnitt oder ein kurzfristig einlösbarer Wunsch.

So wird alles als Einheit gesehen. Seneca erweist sich damit als typischer Stoiker. Die auf den Griechen Zenon von Kition (um 354 - 262 v. Chr.) zurückgehende Philosophie der Stoa propagierte ein rechtschaffenes, moralisches Leben, das ohne Mut, Gerechtigkeit, Mäßigung und Klugheit nicht denkbar ist. Die Tugend ist kein Selbstzweck. Sie wird auch nicht mit der Aussicht auf den Himmel oder der Warnung der Hölle vorgeschrieben. Tugend ist ein Weg zum inneren Frieden, zu Einheit und Harmonie. Die Früchte kann der Mensch in der römischen Ethik also noch auf Erden genießen, auch wenn Seneca in anderen Werken gelegentlich vom Jenseits schwärmt. Das Leben ist für ihn keine Prüfung vor Gott, sondern eine Prüfung seiner selbst.

Die sittliche Vollkommenheit, die Seneca anstrebt, ist dabei ein ideales Ziel. Der Philosoph weiß sehr wohl, wie schwer es zu erreichen ist. Deshalb spricht er von ihm in Bescheidenheit: *Fordere von mir daher nicht*, schreibt er, *dass ich den Besten gleich, sondern daß ich besser als die Schlechten sei. Dies ist mir genug: täglich etwas von meinen Fehlern zu beseitigen und meine Irrtümer zu tadeln.* (17.3) So war Seneca denn auch kein

Heiliger. Lange Zeit unterstützte er als Berater den Kaiser Nero (37 - 68 n. Chr.), der unter anderen seine Mutter, seinen Stiefbruder und seine Ehefrau töten ließ.

Obwohl nicht von der Liebe zu Gott oder den Menschen gesprochen wird, wie die Ethik Senecas generell kaum religiös begründet ist, unterscheidet sie sich in den Konsequenzen nicht gänzlich von christlichen Idealen. Die Bemühung etwa, *dass keines Menschen Freiheit durch mich gemindert worden, am wenigsten meine eigene,* fußt auf der Rücksicht gegenüber dem Nächsten (20.5). Noch deutlicher wird dies, wenn Seneca bestimmt: *Wo immer ein Mensch ist, da ist für eine Wohltat Gelegenheit.* (24.3) Ganz ähnlich hätte dies auch ein Christ sagen können, obwohl der im Jahre 4 vor Christus in Cordoba geborene Seneca als Zeitgenosse Jesu noch kaum etwas von der neuen Lehre wissen konnte. Denn die Christen tauchen erstmals nach dem Brand Roms 64 n. Chr. ins öffentliche Bewusstsein der Römer. Senecas Schrift ist auch viel eher eine Reaktion auf die innere Krise des römischen Imperiums. Als Erzieher und späterer Berater von Kaiser Nero hatte Seneca einen guten Einblick in die innere Verfassung des römischen Machtapparates, der mehr und mehr durch politische Morde und Intrigen bestimmt wurde. Kurz nach Abfassung der VITA BEATA suchte der Autor den Rückzug ins Private, um sich seine innere Freiheit zu erhalten. Er gab seine von Nero geschenkten Reichtümer an den Kaiser zurück, konnte sich aber letztlich doch nicht ganz entziehen, als er 65 n. Chr. verdächtigt wird, an einer Verschwörung teilzuhaben und zum Selbstmord gezwungen wird. Dabei ereilt ihn ein ähnliches Schicksal wie das seines Dichterkollegen Petronius (gestorben 66 n. Chr.), dessen feierlicher Selbstmord im Historienschinken „Quo Vadis" so genüsslich dargestellt wird und der den von Peter Ustinov gespielten Nero zur Weißglut treibt.

Seneca ist auch als Dichter und Dramatiker hervorgetreten. Neun Tragödien sind von ihm erhalten. Daneben hat er eine Reihe philosophischer Schriften und umfangreiche naturwissenschaftliche Studien hinterlassen, die bis weit ins Mittelalter als Lehrbücher dienten.

Als Form für seine philosophische Schrift VOM GLÜCKLICHEN LEBEN wählte er den fiktiven Dialog. Der anfangs angesprochene Gallio dient dabei lediglich als Fiktion eines interessierten Zuhörers, der einer Art Lehrvortrag des Philosophen folgt, dessen Ende leider verloren gegangen ist. Aufgelockert werden die Erörterungen immer wieder durch selbst gestellte Fragen, Bilder und praktische Beispiele. Ideen werden geschickt zu Sentenzen verdichtet, klare Gegensätze betont. Aufbau und Stil zeugen deutlich von Senecas perfekter rhetorischer Schulung. So findet sich bei ihm alles, was beim Lesen Wirkung erzeugt und Spaß macht, antike Rhetorik eben.

Natürlich spürt man als heutiger Leser bei jedem Satz, dass der Text fast 2000 Jahre alt ist. Er ist fast generell glasklar und weit weniger kompliziert formuliert als die Philosophie unserer Tage. Die Ratschläge sind außerdem noch immer zeitgemäß und finden sich in Variationen auch in heutigen psychologischen Ratgebern. Kaum ein Text der Antike ist so einfach zu lesen und doch so reich. Kaum ein Text dieser Zeit mag einem auch schneller und präziser ein Bild machen, wie in der Antike über das Glück und damit über den Sinn des Lebens gedacht wurde. DE VITA BEATA ist ein pointierter Vortrag, der einem die wunderbare Welt der römischen Stoiker offenbart.

Ausgaben

Die von Manfred Rosenbach für die Wissenschaftliche Buchgesellschaft vorgelegte Übersetzung klingt manchmal sperrig und altertümlich („Vom glückseligen Leben"). Völlig ausreichend erscheint dagegen die zweisprachige Reclam-Ausgabe, übersetzt und herausgegeben von Fritz-Heiner Mutschler. Das Nachwort ist dabei leider nur eine wissenschaftliche Pflichtarbeit für alle jene Leser, die auch Nachsitzen in der Schule gern hatten.

DIE EVANGELIEN DES NEUEN TESTAMENTS

Die Evangelien kennt fast jeder, auch wenn man sie dafür nicht selbst gelesen haben muss. Ihre Verbreitung findet auch heute noch vornehmlich durch das Vorlesen im christlichen Gottesdienst statt. Dabei waren die Evangelien nicht von Anfang an für den ständigen Gebrauch in der gesamten Kirche gedacht, sondern dienten frühchristlichen Gemeinden als Stütze der mündlichen Überlieferung. Beschrieben werden Stationen des Lebensweges von Jesus von Nazareth, eines von Gott gesandten Predigers und Wunderheilers, der wegen angeblicher Gotteslästerung hingerichtet wurde und vom Tode auferstand. Das Besondere dieser Heilsgeschichten liegt nicht nur darin, dass sie der Kirche als „Heilige Schrift" gelten und in vier kanonisierten und mehreren weiteren ‚Versionen' vorliegen. Die Bibel ist auch das am besten erforschte und am häufigsten gedeutete Buch überhaupt.

Wort für Wort, Satz für Satz kann die theologische Forschung mittlerweile unterscheiden, was die Autoren der Evangelien selbst schrieben und was sie an überliefertem Textmaterial vorgefunden haben. Denn keiner der vier Evangelisten war selbst dabei, als Jesus predigte. Das wahrscheinlich älteste Evangelium von Markus ist erst um das Jahr 70 nach Christus verfasst worden, als Jerusalem nach einem Aufstand der Juden gegen Rom zerstört wurde. Kurz danach müssen die Evangelien entstanden sein, die Lukas, Matthäus und Johannes zugeschrieben werden. Bei Johannes nimmt man die Jahre um 100, bei Matthäus den Zeitraum bis 110 n. Chr. als Entstehungszeit an. Die Urschriften sind dabei in keinem Fall erhalten geblieben. Überliefert sind lediglich zahlreiche Abschriften aus verschiedenen Zeiten und von unterschiedlicher Qualität.

Erst im vierten Jahrhundert wählte die Kirche die vier

Evangelien aus, die bis heute als Anfang des Neuen Testaments tradiert sind. Andere Evangelien, die damals nicht in den Kanon aufgenommen wurden, nennt man seitdem ausgesonderte, also „apokryphe“ Texte.

Geschrieben wurden die Evangelien auf Griechisch, genauer gesagt in einer damals im östlichen Mittelmeerraum verbreiteten umgangssprachlichen Form, dem Koine-Griechisch. Auch wenn die Texte zum Teil hebräische und aramäische Färbungen aufweisen, sind Jesu Worte nicht in seiner eigenen Sprache überliefert, sondern erst ins Griechische übersetzt worden. Jesus selbst sprach aramäisch. Zuerst gedruckt wurden die Evangelien bzw. das Neue Testament auf Griechisch von Erasmus von Rotterdam 1516. Wenige Jahre später entstand die deutsche Übersetzung von Martin Luther.

Der heutige Leser nimmt die Evangelien also durch mehrere sprachliche Filter wahr, was das Verständnis zentraler Begriffe, wie „Reich Gottes“, „Menschensohn“ oder „Sünde“ nicht gerade leicht macht.

Über die Autoren ist so gut wie nichts bekannt. Zunächst wurden die Evangelien auch ohne Verfassernamen überliefert. Fest steht lediglich, dass sie keine Augen- und Ohrenzeugen der Geschehnisse waren. Zum Teil wird das schon im Text sichtbar, wenn etwa Jesu Gebet im Garten Gethsemane geschildert wird, bei dem er ausdrücklich allein gewesen sein soll.

Der Autor des Johannes-Evangeliums stellt sich zwar als Jünger dar. Aber dies ist nur eine nachträgliche Fiktion, um dem Text mehr Gewicht zu geben. Nichts zu tun hat Johannes auch mit dem gleichnamigen Autor der Apokalypse. Sprache und theologische Gedanken sind bei beiden Autoren nämlich deutlich verschieden. Umgekehrt lässt sich durch einen Vergleich feststellen, dass Lukas wohl auch der Verfasser der Apostelgeschichte im Neuen Testament ist. Aber auch über Lukas wissen wir nichts, außer dass er Palästina wohl ebensowenig kannte wie Markus. Die von ihnen beschriebenen Reiserouten erscheinen beim Blick auf eine Landkarte nämlich als völlig widersinnig. Markus war, anders als Matthäus, auch selbst kein Jude, da er sich in Sitten und Gebräuchen offensichtlich nicht auskannte.

So lässt sich also über die Autoren der Evangelien kaum etwas sagen. Ihre Namen sind auf jeden Fall erfunden, sie waren keine Augenzeugen, sondern Redakteure vorgefundener Quellen. Auffällig sind dabei die weitreichenden Parallelen in den Texten von Matthäus, Markus und Lukas. Lange wurde spekuliert, wie diese drei Evangelien zusammenhängen. Kannten die Autoren die Texte der anderen? Schöpften sie alle aus einem Ur-Evangelium? Am wahrscheinlichsten ist, dass das Markus-Evangelium Matthäus und Lukas vorgelegen hat und dass alle drei eine weitere Quelle bearbeiteten, die kurz vor der Zerstörung Jerusalems im Jahre 70 n. Chr. entstanden sein muss. Noch schwieriger ist die Frage zu klären, woher Johannes seine Informationen hatte. Offensichtlich lagen ihm andere Texte vor als den drei anderen Evangelisten. Dabei hatte Johannes wohl keinen Zugang zu den vielen Gleichnissen, die Jesus gebrauchte, denn keines von ihnen findet sich in seinem Text.

Obwohl jeder Christ die Geschichte von der Krippe in Bethlehem kennt, zu der die heiligen drei Könige kommen, um das Baby zu ehren, findet sich bei Markus und Johannes kein Wort davon. Nur Lukas und Matthäus erzählen die Weihnachtsgeschichte, die klar machen soll, dass Jesus nicht ein Lehrer unter vielen, sondern eine Ausnahmeerscheinung ist.

Lukas und Matthäus wählen dabei ganz bewusst Bethlehem als Geburtsort, um eine Prophezeihung aus dem Alten Testament zu erfüllen. Markus und Johannes dagegen nennen Nazareth als Geburtsort. Dafür spricht auch vieles; es wäre logisch, sogar zwingend. Denn Lukas und Matthäus konstruieren eine historisch nicht belegte Steuererhebung, die Jesu Eltern nach Bethlehem treibt, obwohl eine solche Volkszählung viel einfacher und effizienter am Wohnort durchgeführt werden konnte. Die Legendenbildung wird dann durch die drei Weisen aus dem Morgenland weiter ausgeführt, während Markus und Johannes im Kern erst mit dem erwachsenen Jesus beginnen, der von Johannes dem Täufer erkannt und damit praktisch in die Öffentlichkeit eingeführt wird. Vorgeschaltet wird bei Johannes unter anderem eine lyrische Schöpfungsgeschichte der Welt („Im Anfang war das Wort"), die den großen Zusammenhang deutlich machen soll, in dem sich das Erzählte abspielt. Alle Evangelisten bemühen sich also auf die eine oder andere Weise darum, Jesus als den prophezeiten Gottessohn zu rechtfertigen. Matthäus liefert dafür sogar einen 39 Generationen umfassenden Stammbaum Jesu, der bis zurück zu Abraham reicht. Denn der Autor des Matthäus-Evangeliums war wahrscheinlich Jude und bemühte sich deshalb durch viele Zitate aus dem Alten Testament, die neue Lehre als die von Gott angekündigte Fortsetzung der Offenbarung darzustellen.

Die Evangelisten verfolgten unterschiedliche Absichten. Außerdem hatten sie kontroverse Ansichten vom Verhältnis der neuen Lehre zum Judentum. So liest man bei Matthäus viel über Hölle und Teufel, während Gott bei Johannes sehr milde erscheint. *Gott*, heißt es bei ihm, *hat seinen Sohn nicht in die Welt gesandt, dass er die Welt richte, sondern dass die Welt durch ihn gerettet werde.* (Joh. 3.17-18)

Allen Evangelisten gemeinsam ist, dass sie keinen historischen Bericht abliefern wollten. Sie waren weder Wissenschaftler noch unbefangene Journalisten. Aber sie waren auch keine Dichter. Sie schrieben in volkstümlicher Sprache und Form. Allenfalls Lukas brachte literarisches Talent ein. Eine Biographie von Jesus wollte keiner von ihnen schreiben. Alle verzichten sie auf eine Charakterisierung der Person, die genauen politischen und religiösen Umstände interessierten sie nicht. Durch die Berichte von Wundern,

Predigten, Gesprächen und Lebensstationen wollen sie eine spirituelle Botschaft verkündigen.

Dabei schufen sie mit den Evangelien eine neue literarische Gattung, die zuvor unbekannt war und seitdem auch nicht nachgeahmt wurde. Die Evangelien, als Berichte von Heilsereignissen, sind für jedermann verständlich, auch wenn ihre Deutung höchst schwierig sein kann. Die Evangelien sind in dieser Hinsicht einzigartig. Das war wohl auch Jesus von Nazareth, von dem einfache „Knechte“ bei Johannes sagen: *Noch nie hat ein Mensch so geredet wie dieser.* (Joh. 7.45-46)

Was und wie Jesus genau geredet hat, lässt sich dabei nur umständlich rekonstruieren. Die Predigten, allen voran die berühmte Bergpredigt, sind Kompositionen der Autoren, auch wenn die einzelnen Teile echt sein mögen. Die Evangelisten nahmen sich die Freiheit, hier und da Episoden zusammenzufügen oder auch an andere Orte zu verlegen. So finden sich etwa Passagen aus Matthäus' Bergpredigt bei Lukas in der Predigt auf dem Felde wieder. Entscheidend ist bei aller redaktioneller Bearbeitung immer der erzählte Inhalt, Jesu Einsicht in den Lauf der Dinge, seine Ethik und sein Trost.

Widerspruch lösen diese Ansichten auch nach knapp 2000 Jahren christlicher Erziehung noch aus. Dabei mag die Bergpredigt noch am weitesten akzeptiert sein, auch außerhalb der Christengemeinde.

Die Aufforderung aber, sich nicht zu sorgen, sondern wie die Vögel blind darauf zu vertrauen, dass alles gut wird, klingt dagegen wie ein ironischer Kommentar zu allen Bemühungen um die Sicherung des Lebensunterhalts, ganz zu schweigen von den Sorgen, die man sich um die Rente macht. Wer kann also zu der folgenden Passage aus dem Matthäus-Evangelium uneingeschränkt Ja sagen?

Niemand kann zwei Herren dienen: entweder er wird den einen hassen und den andern lieben, oder er wird an dem einen hängen und den andern verachten. Ihr könnt nicht Gott dienen und dem Mammon.

Darum sage ich euch: Sorgt nicht um euer Leben, was ihr essen und trinken werdet; auch nicht um euren Leib, was ihr anziehen werdet. Ist nicht das Leben mehr als die Nahrung und der Leib mehr als die Kleidung?

Seht die Vögel unter dem Himmel an: sie säen nicht, sie ernten nicht, sie sammeln nicht in die Scheunen; und euer himmlischer Vater ernährt sie doch. Seid ihr denn nicht viel mehr als sie?

Wer ist unter euch, der seines Lebens Länge eine Spanne zusetzen könnte, wie sehr er sich auch darum sorgt?

Und warum sorgt ihr euch um die Kleidung? Schaut die Lilien auf dem Feld an, wie sie wachsen: sie arbeiten nicht, auch spinnen sie nicht.

Ich sage euch, dass auch Salomo in aller seiner Herrlichkeit nicht gekleidet gewesen ist wie eine von ihnen.

Wenn nun Gott das Gras auf dem Feld so kleidet, das doch heute steht und morgen in den Ofen geworfen wird: sollte er das nicht viel mehr für euch tun, ihr Kleingläubigen?

Darum sollt ihr nicht sorgen und sagen: Was werden wir essen? Was werden wir trinken? Womit werden wir uns kleiden?

Nach dem allen trachten die Heiden. Denn euer himmlischer Vater weiß, dass ihr all dessen bedürft.

Trachtet zuerst nach dem Reich Gottes und nach seiner Gerechtigkeit, so wird euch das alles zufallen.

Darum sorgt nicht für morgen, denn der morgige Tag wird für das Seine sorgen. Es ist genug, dass jeder Tag seine eigene Plage hat.

Wie gerne möchte man dem folgen und wie schmerzlich fühlt man den Widerspruch zu modernem Denken, das statt dessen vorsorgende Planung und einsame Selbstverantwortung gut heißt. Die Botschaft der Evangelien ist gerade in ihrer Kernaussage nur schwer zu entschlüsseln. Denn ganz offensichtlich spricht Jesus nicht von einer Religion, in der man etwas leisten muss. Ganz im Gegenteil stellt er keine

Bedingungen, er verspricht eine ‚Entschuldigung', die man umsonst bekommt. Zum Teil ist das in den Evangelien etwas sperrig formuliert und baut auf schwer einsehbaren Vorstellungen auf. Bei Matthäus (18.3) heißt es etwa: *Wenn ihr nicht umkehrt und werdet wie die Kinder, so werdet ihr nicht ins Himmelreich kommen.* Das klingt nach einer radikalen Aufforderung, alles anders zu machen und zudem noch der modernen Psychologie zu trotzen, die vor Rückschritten in kindliche Verhaltensweisen als gefährliche Abwege warnt. Aber die Aussage lässt sich auch als ein großes Versprechen lesen. Es geht nämlich nicht darum, sich wieder zurück zum naiven Kind zu entwickeln, sondern ein Erwachsener, der logisch denkt und in die Rentenversicherung einzahlt, soll wieder „werden" wie ein Kind. Ein solches ‚gewordenes' Kind aber hat eben noch keine Leistungen vollbracht und gerade ihm wird alles versprochen: das Himmelreich.

Diese Deutung ist natürlich nur eine unter vielen. Aber gerade diese Vieldeutigkeit macht den Reichtum der Evangelien aus. Es handelt sich bei diesen Texten nicht um simple Ethik, der man folgen oder die man missachten mag. Sie sind auch nicht deshalb wichtig, weil sie die Vorstellungen von Recht und Unrecht in der christlichen Welt dominieren und jedem als Kind eingebleut werden. Es sind schwierige Texte, die alle großen Fragen beantworten. Was kann man mehr erwarten?

Wirklich neu waren diese Antworten freilich nicht. Die ersten Christen waren und blieben Juden. Jesus selbst und seine Jünger waren gläubige Juden, die alle Gesetze befolgten; ihre Ethik unterschied sich nicht wesentlich von der jüdischen. Erst die Bekehrung außerhalb Palästinas brachte ein Problem mit sich. Sollten die missionierten Heiden mit Jesus auch das Gesetz der Juden übernehmen, ihre Kinder beschneiden lassen und am Sabbat in die Synagoge gehen? Die Antwort war Nein. Denn die Heilsbotschaft des Neuen Testaments ist „bedingungslos". Bedingung ist, wenn überhaupt, der Glaube.

Erst die Missionierung machte aus dem Glauben an Jesus eine neue Religion, die sich vom Judentum unterschied. In der Folge wurden dann viele Elemente aus anderen Glaubensrichtungen übernommen, die wie die Auferstehung der Toten oder die Marienverehrung im heutigen Christentum eine große Rolle spielen, in den Evangelien als zentrale Quellen des Glaubens aber kaum erwähnt werden. Insofern hat sich eine mächtige Weltreligion entwickelt, obwohl die Evangelien nur einen Teil davon beglaubigen.

Die Wirkung der vier Texte, die sich bequem auf 140 Seiten drucken lassen, ist dabei unerreicht. Schließlich haben sich mit dem Neuen Testament mächtige Kirchen entwickelt, die 2000 Jahre Weltpolitik mitbestimmt haben. Nur das Kommunistische Manifest mag ähnliche politische Brisanz – für eine unterdessen fast abgeschlossene (?) Weltepoche – entfaltet haben. Die Evangelien wurden mit Gewalt und guten Worten über die ganze Welt verbreitet. Sie scheinen überlebensfähig zu sein, gelegentlichem Missbrauch zum Trotz. Die deutsche Sprache hat durch Übersetzung der EVANGELIEN außerdem einen Orientierungspunkt gefunden. Das einheitliche Deutsch hätte sich ohne Luthers Übertragung der Bibel vielleicht anders entwickelt. Unsere Vorstellungswelt ist extrem durch christliche Ideen geprägt. Sprichwörter aus den Evangelien wie „Perlen vor die Säue werfen“, oder „das Licht nicht unter den Scheffel stellen“ sind ein kleiner Ausdruck davon.

Kaum zu überschätzen ist auch die Wirkung der Texte auf die Kunst. Man stelle sich die Architektur des Mittelalters ohne christliche Kirchen vor! Auch die italienischen Meister Leonardo, Michelangelo und Raffael beschäftigten sich vornehmlich mit christlichen Motiven, obwohl uns gerade ihre Epoche, die geprägt ist von der Wiederentdeckung der heidnischen Antike (Renaissance), als eine bedeutsame Wende der Kunst- und Architekturgeschichte erscheint. Von Caravaggio über Rembrandt bis Dali, von

Dante über Thomas Mann bis zum Musical „Jesus Christ Superstar“ haben christliche Themen die Künste bis heute inspiriert, und sie tun dies weiterhin.

Wohl kein Text der Welt kann eine solche Verbreitung und eine solche Wirkung für sich in Anspruch nehmen wie das Neue Testament und insbesondere sein Kern, die Evangelien. Sie sind einzigartig und scheinen die Antwort in sich zu tragen, was die Welt im Innersten zusammen hält: die Liebe.

Laut Johannes (13.34) ist nämlich das Neue an Jesu Botschaft die Aufforderung, *dass ihr euch untereinander liebt, wie ich euch geliebt habe.*

Ausgaben

Ausgaben des Neuen Testaments bzw. der Bibel gibt es fast unüberschaubar viele. Auch Kommentare und Materialbände liegen in allen Variationen vor.

Zum Einstieg empfehlenswert erscheint unter anderem die bei Herder erschienene Bibelausgabe mit der Einheitsübersetzung des Neuen Testaments. Sie ist für beide Konfessionen geeignet. Das Neue Testament liegt auch als Einzelausgabe ohne Altes Testament vor, unter anderem in einer preisgünstigen Ausgabe der Deutschen Bibelgesellschaft Stuttgart.

TAUSENDUNDEINE NACHT
(Originaltitel: Alf Laila Wa-Laila)
Sammlung von über 300 Märchen des Orients, darunter Fabeln, Novellen, Anekdoten und Liebesgeschichten

Ihren Ursprung haben diese Märchen in Erzählungen aus dem alten Indien. Von dort aus gelangten sie im 8. Jahrhundert nach Persien, wo sie in die Landessprache übersetzt wurden. Im 10. Jahrhundert erfolgte eine erste Übertragung ins Arabische. Nach und nach wurde die Sammlung in den folgenden Jahrhunderten erweitert, je nach dem Grad der Berührung Arabiens mit anderen Staaten des Orients.

Europa entdeckte diese umfangreiche Sammlung von Erzählungen erst im 17./18. Jahrhundert. Die Übertragung dieser unerschöpflichen Quelle des Wissens über die orientalische Welt ins Deutsche kam in vollständigem Umfang Anfang des 19. Jahrhunderts zustande.

TAUSENDUNDEINE NACHT ist ein glänzendes Beispiel dafür, wie Märchen die Mythen der Völker bewahren können. Zu den bekanntesten und schönsten gehören die Erzählungen um Sindbad den Seefahrer, Aladin und die Wunderlampe, Ali Baba und die vierzig Räuber. Je nach Umfang der Einzelstücke umfassen die Geschichten aus TAUSENDUNDEINE NACHT bis zu einem Dutzend Bände mit 7-8.000 Seiten Gesamtzahl.

Die Rahmenhandlung, die noch auf die indische Herkunft der Märchen verweist, beginnt mit einem Ehebruch. Da er in den besten Familien vorkommt, bildet im Märchen ein königliches Haus den würdigen Hintergrund für ein ebenso realistisches wie sinnbildliches Geschehen: König Schahseman von Samarkand will zu einer Reise zu seinem königlichen Bruder aufbrechen, der ihn zu sehen wünscht. Im letzten Augenblick entdeckt er, dass das Geschenk für seinen Gastgeber vergessen wurde. Als er noch einmal in den Palast zurückkehrt, überrascht er seine Gemahlin in eindeutiger Situation mit einem anderen Manne im ehelichen Schlafgemach:

Bei diesem Anblick wurde die Welt schwarz vor seinen Augen, und er sprach bei sich: ,Wenn sich das schon zuträgt, bevor ich noch die Stadt verlassen habe, was wird dann diese Dirne erst anstellen, wenn ich eine Weile bei meinem Bruder bin?' Darauf zog er sein Schwert und gab beiden im Bett den Todesstreich.

Schahseman macht sich dann auf den Weg zu seinem Bruder Schahriar. Die jüngsten Vorkommnisse aber kann er auch nach der Ankunft in der Residenz seines Bruders nicht aus dem Gedächtnis verscheuchen. Die Farbe ist aus seinem Gesicht gewichen, weder vermag er etwas zu trinken noch gar zu essen. Die Geschichte fährt dann fort:

Nun befanden sich im Schlosse des Königs Schahriar Fenster, welche auf den Garten hinausgingen. Da sah Schahseman plötzlich, wie sich das Tor auftat und aus ihm zwanzig Sklavinnen und ebenso viele Sklaven heraus traten, in deren Mitte in vollendeter Schönheit und Anmut die Gemahlin seines Bruders einherschritt. Sie begaben sich zu einem Springbrunnen, machten dort halt, legten ihre Kleider ab und setzten sich zueinander. Auf einmal rief die Gemahlin seines Bruders: ,Masud!' Da kam ein schwarzer Sklave herbei und umarmte sie; desgleichen taten die übrigen Sklaven mit ihren Sklavinnen und hörten nicht eher auf, als bis der Tag sich neigte. Als der Bruder des Königs dies sah, sprach er bei sich: ,Bei Gott, mein Unglück ist leichter als dieses hier.' All sein Zorn und Kummer schwand dahin, und er dachte: Dies ist viel schlimmer als das, was mir widerfahren ist.

Die Brüder erzählen einander vertrauensvoll ihre eheliche Leidensgeschichte, und Schahriar wird nun selbst Zeuge des außerehelichen Treibens seiner Gemahlin. Auf allerlei Umwegen erfahren die Brüder, wie es gelegentlich unabhängige Frauen halten. Schariar beschließt daraufhin, Sklavinnen und Sklaven, die ihn durch ihr Verhalten tief verletzt haben, die Köpfe abschlagen zu lassen. Mit Rachegefühlen

„heiratet" der König daraufhin jeden Tag eine andere Frau, um sie nach der Brautnacht hinrichten zu lassen. Das geht über drei Jahre so, bis in jener Stadt kein erwachsenes Mädchen mehr zu finden war. Der König erteilt seinem Wesir den Auftrag, ein Mädchen aufzutreiben, worauf dieser einen unerwarteten Weg eröffnet...

Die Geschichte fährt fort und vollendet den ersten Teil dieser einzigartigen Rahmenhandlung mit der Schilderung folgender Ereignisse:

Nun hatte der Wesir zwei Töchter, beide schön, anmutig, entzückend und von ebenmäßigem Wuchs; der Name der älteren war Scheherazade, der Name der jüngeren Dunjazade. Die ältere hatte viele Bücher und Chroniken, die Lebensbeschreibungen der früheren Könige und die Geschichte der vergangenen Völker gelesen; es wird auch berichtet, dass sie tausend Bücher von den Chroniken, die sich mit den vergangenen Völkern und verstorbenen Königen befassten, und die Werke der Dichter gesammelt hatte. Dieselbe fragte nun ihren Vater: ‚Mein Vater, warum bist du so verändert, so voll Sorge und Kummer?' Darauf erzählte der Wesir ihr von Anfang bis Ende alles, was sich da mit dem König zugetragen hatte. Da sagte sie: ‚Um Gott, mein Vater, vermähle mich mit dem König: Entweder bleibe ich am Leben oder ich opfere mich für die Töchter der Moslems auf und werde die Ursache ihrer Errettung aus seinen Händen.' Der Wesir antwortete ihr jedoch: ‚Um Gott nimmermehr! Willst du dein Leben aufs Spiel setzen?' Sie erklärte: ‚Es muss sein.'

Da schmückte er sie bräutlich und begab sich zum König Schariar. … Als nun der König ihr Lager teilen wollte, begann sie zu weinen, so dass er sie fragte: ‚Was fehlt dir?' Sie antwortete ihm: ‚Ach, mein König, siehe, ich habe noch eine Schwester, von der ich gern Abschied nehmen möchte.' Darauf ließ sie der König holen, und als sie zu ihrer Schwester gekommen war, umarmte sie sie und setzte sich am Fußende des Lagers nieder. Als nun der König mit Scheherazade geruht hatte und sie sich zum Plaudern setzten, hub die jüngere Schwester zur älteren an: ‚Um Gott, meine Schwester, erzähl uns doch eine Geschichte, dass wir dabei wach bleiben.' Scheherazade antwortete: ‚Recht gern, wenn es mir dieser edle König gestattet.' Der König war hierüber erfreut, da er sich aufgeregt fühlte, und sagte zu ihr: ‚Erzähle.' So begann denn Scheherazade zu erzählen, und ihre Geschichte war so schön und wunderbar, dass der König und die Schwester nicht aufhören konnten, ihr zu lauschen, ohne zu bemerken wie die Zeit verstrich.

Als Scheherazade aber das Morgenlicht dämmern sah, brach sie ihre Erzählung ab. Da rief ihre Schwester: ‚Wie schön ist doch deine Geschichte, wie lieblich und entzückend.' Scheherazade erwiderte jedoch: ‚Was ist dies im Vergleich zu dem, was ich euch in der kommenden Nacht erzählen werde, wenn mich der König am Leben lässt.' Da sprach der König bei sich: ‚Bei Gott, sie soll nicht eher sterben, als ich das Ende ihrer Geschichte gehört habe.'

Wie nun die zweite Nacht anbrach, sagte Dunjazade wieder zu ihrer Schwester Scheherazade: ‚Schwester, erzähle uns doch deine Geschichte zu Ende!' Scheherazade antwortete: ‚Recht gern, wenn es der König gestattet.' Der König sagte: ‚Erzähle!' Und so fuhr sie denn fort. Als sie aber die Erzählung geendet hatte, wusste sie sofort eine neue anzufügen, und da sie beim Morgengrauen abbrach, gab ihr der König abermals Frist. Und so geschah es weiter: Sie verwob ihre Geschichten so kunstvoll ineinander, dass der König niemals müde wurde ihr zuzuhören, und stets mehr zu hören verlangte. So verschonte er ihr Leben von Tag zu Tag, und sie erzählte tausendundeine Nacht hindurch immer neue seltsame Begebenheiten.

Was sagt uns das alles heute noch?

Zunächst, dass die moderne Variante der so genannten FANTASY ohne die klassischen Vorbilder der über Jahrtausende reichenden Märchentradition nicht denkbar wäre. Wenn wir heute John Ronald Reuel Tolkien (1892 - 1973), Michael Ende (1929 - 1995) oder die „Harry-Potter"-Romane der überaus erfolgreichen britischen Autorin Joanne Rowling meist eher verschlingen als nur lesen, haben wir u. a. die Erzählungen aus TAUSENDUNDEINE NACHT im Hinterkopf. Die hervorstechenden Elemente dieser Literatur sind das Wunderbare, Spielerische, die Zauberei und schwerelose Lösung aller irdischen Probleme. Die orientalischen Märchen liefern hierfür einzigartige Beispiele. Zugleich ist ihr kollektiver Charakter, typisch für die Volksmärchen, unverkennbar. Wir lernen aus ihnen mehr, als wir je aus Geschichtsbüchern würden lernen können.

Märchen sind utopische Gegenbilder zum Alltag. Entweder rufen sie in uns eine in die Zukunft projizierte Wunscherfüllung in Traumwelten hervor. Oder sie befriedigen unser Bedürfnis nach Erlösung in der angeblich wunderbaren Vergangenheit. Flucht in die Idylle gehört zu den täglichen Drogen, die wir unserer schmachtenden Seele gönnen. Den oft lehrhaft-pädagogischen Zeigefinger der Märchen pflegen wir hierbei geflissentlich zu übersehen.

Die psychologische Deutung wäre:

Märchen bilden die Realität ab, ohne dass sie ihre Leser auch nur im entferntesten durch die üblichen Altväterhemmungen einengen würden. Insofern spiegeln sie Kinderphantasien, die noch nicht vom Sittenkodex der Erwachsenen in ein „Benimm“ korsett gepresst werden.

Stimmen zu TAUSENDUNDEINE NACHT

„Diese Märchen sind dem Inhalt nach trefflich, der Darstellung nach reizend und von zarter Schönheit. Man kann die glühenden Farben, den Duft einer ungestört blühenden Phantasie, das überall atmende Leben nicht genug loben.“
Jacob und Wilhelm Grimm (1785 - 1863 / 1786 - 1865)

„Man sollte dieses Buch immer wieder völlig vergessen können, um es mit erneuter Lust immer wieder zu lesen.“
Marie Henri Beyle gen. Stendhal (1783 - 1842)

„Diese Märchen sind das ewige Buch.“
Ernst Theodor Amadeus (E.T.A.) Hoffmann (1776 - 1822)

„In den Märchen aus 1001 Nacht ist die kühnste Geistigkeit und die vollkommene Sinnlichkeit in eins verwoben."
Hugo von Hofmannsthal (1874 - 1929)

„Unentbehrlich ist die große Märchensammlung TAUSENDUNDEINE NACHT, eine Quelle unendlichen Genusses, das reichste Bilderbuch der Welt."
Hermann Hesse (1877 - 1962)

Ausgaben

Die Erzählungen aus den 1001 Nächten. Mit einem Vorwort von Hugo von Hofmannsthal. 6 Bände, nach dem arabischen Urtext übersetzt von Enno Littmann. 1923 - 1928.

Zum Kennenlernen bestens geeignet die Taschenbuchausgabe:

Tausendundeine Nacht. Die schönsten Geschichten. Ausgewählt von Silvia Sager. Mit einem Nachwort von Iring Fetscher.

Niccolo Machiavelli (1469 - 1527)
DER FÜRST
(Originaltitel: Il Principe)
Erschienen 1532

Niccolo Machiavelli war in seinem Leben alles Mögliche: humanistisch gebildeter Jurist, Chef der inneren Verwaltung seiner Heimatstadt Florenz, Diplomat in päpstlicher Mission, Organisator einer Bürgermiliz, Komödiendichter und Chronist, Autor zum Ruhme des Hauses Medici. Nur eines war er mit Sicherheit nicht: Machiavellist!

Der Mann, dessen Name für einen in aller Welt geläufigen Begriff der modernen Staatslehre herhalten muss – Machiavellismus –, hat das Erscheinen seiner die folgenden Jahrhunderte bewegenden Schriften selbst nicht mehr erlebt. Machiavellismus als Schlag- und Schimpfwort kam erst eine Generation nach Machiavellis Tod in Umlauf. Die Verursacher einer solchen Missdeutung mussten sich folglich gegenüber dem Autor der bedeutenden Schrift nicht mehr rechtfertigen.

Machiavellis Hauptwerk IL PRINCIPE aber hat ihn überdauert, bis in unsere Tage. Seine Lehre lässt sich bei korrekter Beurteilung eben nicht als „Handbuch für Tyrannen“ lesen, in das sie von Machtpolitikern, Umstürzlern und Diktatoren von Napoleon bis Hitler und Mussolini zum eigenen Vorteil umgedeutet wurde. Man ist geneigt anzunehmen, dass es sich hier wie bei manch anderen berühmt-berüchtigten Schriften (siehe Hitlers „Mein Kampf“ oder Nietzsches „Zarathustra“) um ein zwar weltweit bekanntes, doch wenig gelesenes Buch handelt. Nach der klassischen Staatslehre des Machiavell fehlen Hitler und Mussolini, von ihrer Erfolglosigkeit einmal ganz abgesehen, alle Eigenschaften, die einem Herrscher im Sinne des PRINCIPE zuzuschreiben wären.

Selbst den unbefangenen Leser aber wird Machiavelli gelegentlich in ein Wechselbad widerstreitender Gefühle stürzen, sofern er es unternimmt, dessen Lehre im einzelnen zu studieren und nicht nur flüchtig zur Kenntnis zu nehmen. Mal ist man schockiert, ein andermal wieder fasziniert. Dabei ist das Buch schon nach seinem geringen Umfang, seiner übersichtlichen Gliederung und emotionslosen Sprache leicht verständlich und in seinem kalten Realismus absolut überzeugend. Es ist in 26 Kapitel gegliedert. Das erste Kapitel besteht aus wenigen Sätzen zu den Herrschaftsformen und den Mitteln zur Erwerbung einer Herrschaft; lediglich die genaue Beschreibung einer Situation, wie Machiavelli sie vorgefunden hat. Die Kapitel 2 bis 11 sind den verschiedenen Arten der Herrschaft, ihrer Gründung und Erwerbung, ihre Behauptung und ihrem Verlust gewidmet. Es folgen drei Kapitel über das Heereswesen, wobei das so genannte Volksheer als neuer Typus der Kriegsführung oder Landesverteidigung herausgestellt wird. Er entspricht dem neuen Staatstypus, der sich im 15. Jahrhundert herausgebildet hatte und auf den Machiavelli seine Beobachtungen von der historischen Begründung von Herrschaft stützt. Vom 15. Kapitel an wird es spannend, weil sich von da an der Staatstheoretiker mit dem System der Ausübung von Macht, also der eigentlichen Regierungstätigkeit, beschäftigt. Die Darlegungen zur Machtausübung (bis zum 23. Kapitel) bilden das Kernstück des PRINCIPE. In den restlichen drei Kapiteln legt Machiavelli die Gründe dar, die zum Verlust der von italienischen Herrschern eroberten Staaten geführt hatten.

Seine theoretischen Darlegungen, die aus der Erfahrung seiner Zeit und aus dem in ihr herrschenden Menschenbild abgeleitet wurden, sind von streng analytischem Realismus geprägt.

Machiavellis Thesen:

- Die Welt ist nicht so, wie sie sein sollte. Der politisch Handelnde hat es allein mit der Welt zu tun, wie sie nun einmal ist.
- Herrschaftsgründung und -erhaltung: Um sich ihren Besitz zu sichern, müssen Eroberer das Haus des Fürsten, der sie beherrschte, ausrotten. Die Bevölkerung wird sich ruhig verhalten, wenn man ihr in allem Übrigen die gewohnten Einrichtungen belässt.
- Aber: Man muss wissen, dass es zweierlei Waffen gibt; die des Rechts und jene der Gewalt. Jene sind dem Menschen eigentümlich, diese den Tieren. Aber da die ersten oft nicht ausreichen, muss man gelegentlich zu den anderen greifen.
- Das Menschenbild, das sich schon bei Aristoteles findet: Es gibt dreierlei Köpfe; die einen verstehen von selbst, die zweiten können beurteilen, was andere verstehen, die dritten verstehen weder von selbst noch mit Hilfe anderer. Die ersten sind ausgezeichnet, die zweiten gut, die dritten unbrauchbar.
- Das kosmische Schema, an dem sich Machiavells Lehre der irdischen Herrschaftsverhältnisse orientiert: Voraussetzung für erfolgreiches Herrschen ist beim Fürsten die *virtu*, das Symbol für die „ordnende Kraft". Ein weiteres ist die *occasione*, die Gelegenheit, die sich zur Ergreifung von Macht ergeben könnte, die nicht vorhersehbar ist, auf die man aber vorbereitet sein sollte. *Fortuna* vergleicht der Staatstheoretiker mit einem „reißenden Strom", wenn er wütend überschwillt. Fortuna ist dann groß, „wenn sich keinerlei Gegenwehr zeigt, und die Wogen des Schicksals sich dorthin wälzen, wo sie sicher sind, keine Dämme und Deiche zu finden, die ihnen Einhalt gebieten."

Im Mittelpunkt aller Überlegungen steht bei Machiavelli die selbstbewusst-rational handelnde, womöglich schöpferische Herrscherpersönlichkeit. Er selbst sah darin natürlich einen Feudalherrn seiner Zeit. Dazu heißt es im 4. Kapitel:

Alle Herrschaften, die man aus der Geschichte kennt, werden auf zweierlei Weise regiert: entweder von einem Alleinherrscher, dann sind alle anderen seine Diener und haben ihn als Minister auf Grund seiner Gnade und mit seiner Erlaubnis bei den Regierungsgeschäften zu unterstützen; oder sie werden regiert von einem Fürsten und den Vertretern des Feudaladels, die nicht durch fürstliche Gnade, sondern wegen des Alters ihrer Geschlechter diese Stellung einnehmen. Diese Barone haben eigene Herrschaftsgebiete und eigene Untertanen, die sie als ihre Herren anerkennen und eine natürliche Ergebenheit für sie haben. In den Staaten, die von einem Alleinherrscher und dessen Dienern regiert werden, hat der Herrscher größere Autorität; denn im ganzen Land gibt es keinen, der mehr gilt als er. Und wenn die Untertanen einem andern gehorchen, so tun sie es nicht aus besonderer Zuneigung, sondern eben deshalb, weil er Minister und Beamter ist.

Unter den letzten Kapiteln des etwa hundert Druckseiten starken PRINCIPE fällt das 22. auf. Es handelt von dem zu allen Zeiten aktuellen Thema: „Von vertrauten Mitarbeitern, die die Herrscher in ihrer Umgebung haben“. Da heißt es u. a.:

Der erste Eindruck, den man sich von der Intelligenz eines Herrschers macht, wird durch die Männer seiner Umgebung bestimmt. Von Frauen konnte in diesem Zusammenhang damals noch nicht die Rede sein. Wem käme an dieser Stelle nicht sofort, seliger Zeiten eingedenk, Kanzler Helmut Kohls „Küchenkabinett“ in den Sinn? Spaß beiseite, die Sache war damals ernst gemeint, und sie ist es ja auch heutigen Tags. Entscheidend ist und bleibt für Machiavell der Chef, wer sonst? Sind seine Mitarbeiter ihm treu ergeben, und im übrigen fähig, ihre Arbeit zu tun, muss man den Chef (Herrscher) für klug und überlegen erachten. Denn er hat deren Fähigkeiten erkannt und richtig eingesetzt. Sein erster Fehler wäre demnach, sich mit den falschen Leuten zu umgeben. So einfach ist das.

Im 33. Kapitel geht es um die Schmeichler, die man unbedingt meiden sollte. Erste Regel, in die Sprache unserer Zeit übertragen, würde lauten: Der Chef lässt sich gern beraten, doch nur auf eigenen Wunsch. Danach entscheidet er nach Gutdünken. Nicht genug damit: Er soll jedem den Mut nehmen, sich ihm ungefragt mit einem Rat zu nähern. Der Chef aber soll desungeachtet unentwegt Erkundigungen einziehen, *und bei allem, was er fragt, geduldig die Wahrheit anhören. Und wenn er merkt, dass man sie ihm aus Rücksicht verbirgt, soll er sich hörbar darüber aufregen.*
Machiavells Schlussfolgerung lautet dann:

Wenn auch viele der Meinung sind, dass ein Herrscher, der als klug gilt, diesen Ruf nicht seiner natürlichen Anlage verdanke, sondern den guten Beratern seiner Umgebung, so irren sie sich zweifellos. Denn es ist eine allgemeine Regel, die niemals täuscht: Ein Herrscher, der selber nicht gescheit ist, kann auch nicht gut beraten werden, es gäbe denn der Zufall, dass er sich der alleinigen Führung eines außergewöhnlich gescheiten Mannes unterstellt. In diesem Fall könnte es gut gehen; aber es würde nicht lange dauern, und der tatsächliche Leiter des Staates würde ihm die Herrschaft entreißen. Daraus ist der Schluss zu ziehen, dass gute Ratschläge, woher sie auch kommen mögen, durchweg auf die Klugheit des Herrschers zurückzuführen sind und nicht seine Klugheit auf gute Ratschläge.

Echo und Wirkung der machiavellistischen Thesen zur Staatsführung haben sich im zeitlichen Abstand von nahezu 500 Jahren, die seit ihrem Bekanntwerden vergangen sind, eher noch verstärkt. Während der hoch-emotionelle „Anti-Machiavell“ des Preußenkönigs Friedrich II. (1739), der mit abstrusen Vorwürfen von „verbrecherischer Gesinnung, Schurkerei und Tücke“ operiert, zu den historisch amüsanten Irrtümern zu rechnen ist, fällt die Reaktion wirkungsmächtiger Kreise der noch jungen europäischen Soziologie im späten 19 und frühen 20. Jahrhundert, repräsentiert vor allem von Georges Sorel (1847 - 1922) und Vilfredo Pareto (1848 - 1923), stärker ins Gewicht. Letztere gründeten ihre Ideen vom Verhältnis Führer und Masse, Regierung und Wähler wie vom „Kreislauf der Eliten“ auf die Lehren von Machiavelli.

Einer der jüngeren Übersetzer, Herausgeber und Interpreten des PRINCIPE, Rudolf Zorn, erinnert zudem an Machiavells Vorstellungen von Machtbalance in einem quasi-demokratischen Gemeinwesen, wie er es sich gewünscht hätte, und zitiert den großen Staatstheoretiker unter Hinweis auf dessen letzte Empfehlungen an die Nachwelt: *Vermeidung allzu großer Unterschiede des Besitzstandes, legale und zeitlich begrenzte Amtsübertragung durch Wahlen, Ermöglichung von Rechtsklagen zur Erhaltung der Freiheit ... ja, die Errichtung eines Systems von Wächtern der Freiheit durch reale Balance der entscheidenden innerstaatlichen Machtfaktoren.*

In Deutschland erkannten Dichter, Denker und Historiker wie Johann Gottfried Herder (1744 - 1803), Georg Wilhelm Friedrich Hegel (1770 - 1831), Johann Gottlieb Fichte (1762 - 1814), Leopold von Ranke (1795 - 1886), Jacob Burckhardt (1818 - 1897), Friedrich Nietzsche (1844 - 1900), Wilhelm Dilthey (1833 - 1911) und Heinrich von Treitschke (1834 - 1896) ohne Einschränkung die überragende Bedeutung des Machiavell an. Diese Anerkennung basiert auf der Kenntnis der Geschichte und menschlichen Erfahrung, dass die Interessen des Staates und seine Sicherheit seit je in der Politik den Vorrang vor jedweden ethischen Erwägungen hatten. Dass die Ergebnisse oftmals verhängnisvoll ausfielen, war allen durchaus gegenwärtig. Doch änderte dies nichts an ihrer Diagnose der Politik.

Ausgaben

Empfohlen sei Niccolo Machiavelli: Der Fürst. Übersetzt und herausgegeben von Rudolf Zorn. Kröner, 6. Aufl. 1978

Miguel de Cervantes Saavedra (1547 - 1616)
DER SCHARFSINNIGE RITTER DON QUIJOTE DE LA MANCHA
Meist nur: **DON QUIJOTE VON DER MANCHA**
(Originaltitel: El ingenioso Hidalgo Don Quijote de la Mancha)
Erschienen 1605 (1. Teil), 1615 (2. Teil)

Der „Ritter von der traurigen Gestalt", wie der Dichter den Helden dieses bedeutendsten und selbst uns Heutigen noch lebendigen Romanstoffs der spanischen Literatur gelegentlich nennt, ist zu einer Metapher geworden, die weithin geläufig ist – ob man den Don Quijote nun gelesen oder nur von ihm gehört haben mag. Cervantes – in der Spanisch sprechenden Welt dem deutschen Klassiker Goethe vergleichbar, doch dort angesehener als der Weimarer hierzulande – stellt mit den beiden Hauptgestalten dieses vor bald vierhundert Jahren erschienenen Buches eine Fleisch gewordene philosophische Unvereinbarkeit vor seine Leser hin, die in ihrer prallen Wirklichkeit ihres Gleichen sucht: So verkörpert der zu Beginn des 17. Jahrhunderts nicht mehr ganz zeitgemäße „Ritter" auf der einen Seite weltfremden Idealismus und sein „Knappe" Sancho Pansa auf der anderen das Prinzip der praktischen Vernunft.

Das klingt nur „theoretisch", ist aber bei Cervantes ganz ernst gemeint. Ein Ernst übrigens, bei dem man oft genug unter Tränen lachen muss; zum Mindesten lächeln. An Don Quijote kommt keiner vorbei, der das Leben einmal als ebenso abenteuerlich wie komisch empfinden möchte. Der Roman, ganz Heiterkeit des südlichen Europa, kann uns, wenn wir wollen, zugleich eine Ahnung der Wiederkunft des Goldenen Zeitalters schenken. Denn danach scheint der Landjunker Alonso Quijano, knapp fünfzig Jahre alt und meist in die Lektüre schon leicht angestaubter Ritterromane vertieft, insgeheim Ausschau zu halten. Die Bücher entheben ihn mehr und mehr der Realität. Was er liest, davon beginnt er bald zu träumen; Tagträume werden daraus, und aus den Wahngebilden seiner Phantasie erwächst der Wunsch, als fahrender Ritter es den Gestalten der Romane gleichzutun.

Unvermittelt bricht Alonso Quijano, der sich bald Don Quijote nennen wird, eines Tages auf, um als Beschützer der Witwen und Waisen die Welt von jeglichem Übel zu befreien. Zunächst aber glaubt der wild entschlossene Träumer, er müsse zum Ritter geschlagen werden. Die Illusion wird perfekt; jede Person und jedes Mittel, das sich ihm nun in der Realität entgegenstellt, wird zur Ausfüllung seiner Phantasien umfunktioniert: In einer miesen Dorfpinte lässt er sich, assistiert von zwei Dirnen, vom durchtriebenen Wirt zum Ritter schlagen. Auf seinem Weg in die verständnislose grausame Welt muss der Edle und angeblich Scharfsinnige die ersten herben Niederlagen einstecken. Freunde raten zu einer Bücherverbrennung; denn nur die unverdaulichen Schmöker hätten den alten Mann für ein ordentliches Leben verdorben. Seine Welt wird ausstaffiert mit allem, was nach seiner Meinung zum Leben der fahrenden Ritter notwendig erscheint. Auf diese Weise wird eine platonische Jugendliebe zur Dame seines Herzens, natürlich von Adel, Dulcinea von Toboso; der einfältige, den praktischen Dingen des Lebens zuneigende Landmensch Sancho Pansa hält künftig als „Knappe" und „Statthalter" einer nicht existierenden Insel für den kuriosen Ritter den Buckel hin. Don Quijote, ganz versessen auf gefährliche Abenteuer, begegnen alsbald die schönsten Ungeheuerlichkeiten, die prompt zu dem „ewigem Gedächtnis würdigen Ereignis" (Cervantes) führen, dem wahrhaft unsterblichen Kampf mit den Windmühlen:

Eben entdeckten sie dreißig bis vierzig Windmühlen auf dem Felde, wie man sie in jenen Gegenden findet. Kaum hatte Don Quijote sie erblickt, so sprach er zu seinem Schildknappen: ‚Das Glück führt unser Unternehmen besser, als wir verlangen konnten; denn sieh, Freund Sancho, dort zeigen sich dreißig oder mehr ungeschlachte Riesen, mit denen ich ein Treffen zu halten und ihnen sämtlich das Leben zu nehmen gedenke. Mit ihrer Beute wollen wir den Anfang machen, uns zu bereichern. Es ist ein redlicher Krieg, und es geschieht Gott zu Dienst und Ehren, wenn man solche böse Brut vom Angesicht der Erde vertilgt.' – ‚Was für Riesen?' fragte Sancho Pansa. ‚Die du dort siehst', erwiderte sein Herr, ‚die mit den langen Armen, denn manche haben ihrer, die sind an die zwei Meilen lang.' – ‚Gebt wohl acht, gestrenger Herr, was Ihr tut, denn was wir dort sehen, das sind keine Riesen, sondern Windmühlen, und was Ihr für die Arme haltet, das sind die Flügel, die den Mühlstein treiben, wenn der Wind sie dreht.' – ‚Da sieht man, wie schlecht du dich auf Abenteuer dieser Art verstehst. Und kommt dich etwa Furcht an, so hebe dich weg und bete ein Vaterunser, dieweil ich hingehe, um den kühnen, wenn auch ungleichen Kampf zu bestehen.'

Mit diesen Worten gab er seinem Gaul Rosinante die Sporen, ohne weiter auf den Schildknappen Sancho zu hören, der ihm immer noch nachschrie: es seien gewiss und wahrhaftig Windmühlen und keine Riesen, die er angreifen wollte. Allein die Riesen saßen ihm schon so fest im Kopfe, dass er weder auf Sanchos Rufe hörte, noch sich die Mühe gab, ihr wahres Wesen zu erkennen, so dicht er auch vor ihnen war. Mit lautem Feldgeschrei sprengte er auf sie ein: ‚Flieht nicht, ihr feigen, elenden Geschöpfe, ein einziger Rittersmann kündigt euch Fehde an.' In diesem Augenblick erhob sich ein leichter Wind, der die großen Flügel bewegte. Das sah Don Quijote, und er rief: ‚Ha! Wenn ihr auch mehr Arme ausstrecktet als der Riese Briareus, ihr solltet mir doch die Zeche bezahlen.' Und damit empfahl er sich seinem Fräulein Dulcinea, das er demütig bat, sie wolle ihm in diesem schweren Strauß zu Hilfe eilen, deckte sich mit der Tartsche [Schild], legte die Lanze ein und sprengte mit seinem Rosinante in vollem Galopp auf die erste Mühle los. Als er nun eben wider den einen Flügel einen Stoß führte, drehte der Wind ihn so wütend herum, dass die Lanze in Splitter ging und Gaul und Ritter übel zugerichtet auf das Feld hinaus geschleudert wurden. Sancho eilte, so schnell sein Esel nur laufen konnte, herbei und sah, dass sein Herr sich kaum noch rühren konnte, einen solchen Sturz hatte er getan.

‚Gott steh mir bei', sagte Sancho; ‚hab ich es Euer Gnaden nicht gesagt, Ihr solltet acht geben, was Ihr tut, und es seien nur Windmühlen? Meiner Treu! man muss selber Windmühlen im Kopfe haben, wenn man das nicht sehen wollte.' – ‚Schweig, Freund Sancho', sagte Don Quijote. ‚Das Kriegsglück ist veränderlicher als alles andere. Und sicherlich ist es so, wie ich dir sage; jener weise Zauberer Friston, der mir Kammer und Bücher entführte, hat auch diese Riesen in Windmühlen verwandelt, nur damit er mir nicht die Ehre des Sieges zu lassen brauchte; so heftig ist sein Hass auf mich. Aber sicherlich sollen ihm seine bösen Künste wenig helfen gegen mein Schwert.'

Das Grundmuster, nach dem Cervantes verfährt, wird schon in den ersten „Abenteuern" des ersten Teils seines Romans überdeutlich: Auf der einen Seite der von seinen unheilvollen Phantasien in eine Scheinwelt entrückte Quijote, auf der Gegenseite der derbe Realist, den kein Gedanke und erst recht keine Illusion beirren könnten: Sancho Pansa. Das Gegensätzliche dieser beiden Figuren wird im Laufe des Hauptstrangs der Erzählung immer komischer, vor allem weil Don Quijote durch keinerlei Erschütterung belehrbar, sondern im Gegenteil an seinen Trugbildern festzuhalten entschlossen ist:

‚In Gottes Namen!' sprach Sancho; ‚ich glaube ja alles, wie Euer Gnaden es erzählen. Aber setzt Euch doch ein wenig gerade; mich dünkt, Ihr hängt ganz auf der einen Seite, und das werden wohl die Nachwehen Eures jämmerlichen Falles sein.' – ‚Du hast es getroffen, Freund Sancho!' versetzte Don Quijote; ‚wenn ich mich nicht über Schmerzen beklage, so hat das seinen Grund darin, dass es den fahrenden Rittern nicht ziemt, über eine Wunde zu klagen, und hingen ihm auch die Därme heraus.' – ‚Wenn es so ist, nun, so habe ich nichts zu erwidern', sagte Sancho, ‚aber Gott weiß, wie gern ich's sähe, wenn der gestrenge Herr sich beklagte, wenn ihn etwas schmerzt. Bei mir ist es ganz anders; ich muss klagen, wenn es mir irgendwo weh tut; hoffentlich gilt das Verbot des Klagens nicht auch für die Schildknappen fahrender Ritter.'

Was auch geschieht und gesagt wird: Es will Sancho Pansa nicht gelingen, mit seinem speckledernen Wirklichkeitssinn den hohen Herrn auch nur um eine Spur lebensklüger zu machen. Man sucht vergeblich nach dem üblichen Tiefsinn, der klassischer Literatur anhaften soll. Alles zeigt sich als irritierend scheckige Oberfläche, mal trügerisch glänzend, mal von eher stumpfem, erdigem Braun. Der Sinn ist ebenso einfach wie schlagend: Das Dasein des Menschen, in welcher Sphäre er auch existieren mag, offenbart sich nicht in der ersehnten Weise, sondern ergibt sich aus vielen verlockenden, doch undeutbaren Einzelheiten. Kurz gesagt: Das Leben ist absurd, das heißt: dem Verstande unzugänglich. Man weiß nie, zu welcher Zeit und in welcher Epoche der Roman überhaupt spielt. Man weiß, dass die Geschichte des Cervantes, der selber ein abenteuerliches Leben führte, im Spanien Philipps II. anzusiedeln ist. Golo Mann hat sich die ganze Sache am Ende so gedeutet, dass die reine Satire auf diese (nicht exakt bestimmbare) Zeit nur so zum „Menschheits-Epos" werden kann, indem die regelmäßig aufgelöste Illusion immer wieder hergestellt wird.

Im Deutsch-Abitur wurde ich – vor langer, langer Zeit – nach der Bedeutung der großen Figuren Hamlet, Faust, Don Juan und Don Quijote für den europäischen Geist gefragt. Fragt man so etwas auch heute noch? Was sollte ich damit anfangen? Mit verschlüsselten Hinweisen auf die in diesen Gestalten zum Ausdruck kommende Sehnsucht des Menschen nach der letztmöglichen Erkenntnis, ja nach der Erfüllung seiner selbst, hoffte man mir zu helfen. Ich gab nicht gleich auf, sondern machte mir meinen eigenen Reim auf die verzwickt und vielschichtig erscheinende Prüfungsfrage. Sie ist mir niemals aus dem Sinn gekommen, was schon für sich genommen bedeutsam genug sein mag. Seither ist mir klar, dass alle Literatur, die uns anlockt und mit der man nicht so schnell zu einem schlüssigen Ende gelangt, auf jeden Fall und auf irgendeine Weise gute Literatur sein muss.

Heute antworte ich, falls ich um Auskunft über Cervantes gebeten werde, vorsichtiger und mit nicht abschließenden Feststellungen über Sinn und Nebensinn seines größten Werkes. Ich bin mir aber über dies im Klaren: Cervantes wollte vor allem und zunächst mit seinem 1.300 Seiten starken Buch unterhalten. Dafür spricht schon, dass es eine Sammlung von zum Teil köstlichen Erzählungen enthält, die sachlich oft nur entfernt miteinander zu tun haben, doch das vom Autor beabsichtigte Gefühl des Wunderlichen in uns bestärken und so den Reiz der Lektüre ungemein erhöhen. Erst in zweiter Hinsicht wollte er uns belehren, und auch dies nur mit einem Zwinkern in den Augenwinkeln. Thomas Mann hat in seinen Aufzeichnungen zu einer „Meerfahrt mit Don Quijote" hierzu geschrieben, was den Don Quijote betreffe, sei dies „wahrhaftig ein sonderbares Erzeugnis, naiv, von großartiger Unwillkürlichkeit und souverän in seinem Widerspruch. Ich komme nicht aus dem Kopfschütteln heraus über die eingestreuten Novellen, abenteuerlich sentimental, wie sie sind, und ganz im Stil und Geschmack der Produkte, die der Dichter gerade verspotten will, so dass die Leserschaft nach Herzenslust in dem Buche das wieder fand, was ihr abgewöhnt werden sollte – eine vergnügliche Entziehungskur!"

Es gibt in der europäischen Literatur der Neuzeit kaum ein zweites Werk von solch weittragender Wirkung hinein in alle Bezirke der Kunst, Musik, der Poesie und nachschöpferischer Literatur, beispielsweise thematisch ähnlich angelegter Romane oder Erzählungen, Interpretationen und Adaptionen für das Theater.

Stimmen, Interpretationen

„Der Geist des südlichen Menschen ruht auf der Schöpfung des Don Quijote, ein lichter, heiterer, naiver, empfänglicher Geist, der nicht in die Tiefen des Lebens dringt,

der nicht alle Erscheinungen des Lebens umfasst, aber spiegelt."
Iwan Turgenjew (russ. Dichter, 1818 - 1883)

„Wenn der Don Quijote nichts anderes wäre als ein Protest gegen den romanesken Illusionismus, so wäre er eben auch erzieherisch und rhetorisch nur mit negativen, antiromanesken Vorzeichen, mit Witz und Verneinung. Was Cervantes verneint, sind aber nicht die Abenteuer, nicht die Ritterlichkeit, Großherzigkeit, Schönseligkeit usw., im Gegenteil, er liebt diese Dinge über alle Maßen, und eben darum verneint er ihre Nachahmung. ... Der Don Quijote ist ein Protest gegen die falsche Poesie der Literatur im Namen der echten Poesie des Lebens. Es gibt vielleicht kein zweites Menschheitsgedicht, das so wenig verneinend, so großherzig bejahend, so gütig verstehend zu allen lebendigen Kräften des Menschen steht. ... Wer mit Cervantes lacht und fühlt, hat ihn schon verstanden, gleichviel, ob er ihn als ein Kinderbuch, als eine Unterhaltungsschrift, als Rüge und Belehrung oder als eine hohe und tiefe Dichtung auf sich wirken lässt."
Karl Vossler (Literaturhistoriker, 1872 - 1949)

„Kämpfer für das Gute, stiftet der Ritter nur zu oft Schaden in Zorn und Verblendung. Er wütet in einer Hammelherde. Er befreit Räuber, die ihr Handwerk alsbald wieder aufnehmen werden. Er ist im Stande, die allerunschuldigsten Leute zu verwunden, ohne nachher viel Bedauern zu zeigen, denn immer ist er im Recht. Wäre er am Ende ein Ahne jener spanischen Terroristen, die heute wieder das Land quälen, um ihrem Volk Freiheit und Glück zu bringen? Ein Vergleich, der nahe genug liegt, um verneint zu werden. Jene Mörder sind böse. Don Quijote ist gut.

Gäbe es seinesgleichen heute, was schwer vorzustellen ist, würde er gegen die Terroristen zu Felde ziehen, ihre Geiseln befreien, sie zum Frieden zu überreden suchen – und

ihren Versprechungen trauen, falls sie ihm welche gäben."
Golo Mann (Historiker, 1909 - 1994)

Ausgaben

Zu empfehlen besonders die dreibändige Ausgabe in der Reihe Insel Taschenbuch (mit einem Essay von Iwan Turgenjew und Illustrationen von Gustave Doré).

William Shakespeare (1564 - 1616)
DIE SONETTE
(Originaltitel: The Sonnets)
Erschienen 1609 (erstmals in deutscher Übersetzung 1820)

Der erfolgreichste Dramatiker Europas, und der vielleicht größte Dichter der Neuzeit überhaupt, entdeckte in der Mitte des Lebens in sich den Lyriker. Mit seinen SONETTEN beschenkte er die Nachwelt durch Bekanntgabe überraschender Details zu seiner Person mit bis heute unverbrauchtem Gesprächsstoff.

Die Musikalität seiner Sprache – auf ihr beruht sein Ruf als „sweet, sweet Shakespeare" –, die den Schauspieler und Theatereigner mit seinen Dramen zum Publikumsliebling der Londoner Bühnen hatte aufsteigen lassen, übertraf alle bis dahin in der Sonettform publizierte Poesie der Hochrenaissance.

Der Dichter und seine Legende: Nur wenige verlässliche Daten zu Herkunft und Leben des William Shakespeare sind überliefert. Geboren in Stratford-upon-Avon als Sohn eines Gewerbetreibenden, heiratete er als 18jähriger die um acht Jahre ältere Landwirtstochter Anne Hathaway. 1583 Taufe einer Tochter; zwei Jahre darauf wird die Geburt von Zwillingen kirchenamtlich registriert. Sieben Jahre später wird Shakespeare in London angetroffen; bis zu diesem Zeitpunkt aber existieren keinerlei Hinweise auf seinen Verbleib und sein Tun. Möglicherweise hat er die Lateinschule besucht und sonstigen Unterricht erhalten, denn seine Dramen und Sonette weisen ihn später als literaturkundigen Dichter aus. Es heißt, er sei einige Zeit als Lehrer tätig gewesen, was aber nicht sicher ist.

Die weithin ungeklärten Lebensumstände machen

Shakespeare zu einem der großen Rätsel der Weltliteratur. In besonderem Maße trifft dies auch auf die SONETTE zu, die zugleich zu den faszinierendsten poetischen Meisterwerken zählen. Wenn sein Höhepunkt als Dramatiker mit dem HAMLET erreicht worden sein soll, den die New York Times für den Titel einer „Dichtung des Jahrtausends" empfahl, dann standen seine SONETTE an der Wende vom 20. zum 21. Jahrhundert jedenfalls unmittelbar vor ihrem Eintritt in eine deutlich wahrnehmbare Renaissance ihrer Geltung in der Literatur.

Alle Autoren haben ihre Vorläufer und Vorbilder, so auch Shakespeares SONETTE, selbst wenn sie unterdessen aus mehr als einem Grunde für einzigartig und unübertrefflich erachtet werden. Es handelt sich um 154 Einzelstücke zu je vierzehn Verszeilen, unterschiedlichen Themen gewidmet und wechselnden Stimmungen ihres Autors Raum gebend. Formal schließen sie sich den englischen Vorläufern an, die ihrerseits ihre Vorbilder in der Sonett-Lyrik des italienischen Großmeisters Francesco Petrarca (1304 - 1374) haben. Sonette zu schreiben gehörte in Shakespeares Epoche zu den angenehmeren Modetorheiten. Die literarische Mode hatte sogar einen Namen: Sonnetteering. Sie galt dem als mustergültig in dieser Sparte der Poesie angesehenen italienischen Dichter. Dass ausgerechnet die SONETTE die Zahl der Rätsel um die Person des Bühnenzauberers noch vermehren würden, konnte seinerzeit niemand ahnen. Das Verschwinden des Shakespearischen Beitrags zur Poesie vom Buchmarkt – und dies für beinahe zweihundert Jahre! – gab aber dann doch zu bedenken.

Ein Grund schien, den damaligen Verhältnissen geschuldet, manchen der hohen Damen und Herren der Gesellschaft plausibel: Die Erstausgabe der SONETTE von 1609 wurde wegen angeblich homoerotischer Anspielungen von amtlicher Seite eingezogen. Sie war ohne Shakespeares Wissen und Billigung herausgebracht worden. Ein ungefähr dreißig Jahre später veröffentlichter Neudruck bot dem Publikum eine Fassung an, in der die in den Versen angesprochenen Personen nunmehr ausschließlich zu Frauen umgedeutet waren.

Die vom Verleger des Buches, einem gewissen Thomas Thorpe, in der Erstausgabe formulierte Widmung gab freilich einen ganz anderen Hinweis, nämlich auf einen Mr. W. H. von möglicherweise adliger Herkunft. Sie spricht eine andere Sprache, die mit den Originaltexten besser übereinzustimmen scheint als die „gereinigte" Fassung von 1640. Übersetzt lautet die Widmung:

Dem einzigen Erzeuger dieser folgenden Sonette
Mr. W. H. wünscht alles Glück
und jene von unserem unsterblichen Dichter
verheißene Ewigkeit
der Gutes wünschende Abenteurer ...

Schon die Anreden in den meisten Sonetten deuten auf eine erotische Faszination hin, die ein offensichtlich jüngerer auf einen älteren Mann auszuüben versteht, als da wären: „my rose", „my love", „my sovereign" oder schlicht „my friend". In England hat diese Entdeckung Furore gemacht, und sorgt in gewisser Hinsicht weiterhin dafür, vielleicht auch deshalb, weil man gern übersieht, dass es sich hier um ein Missverständnis handeln könnte, das seine Aufklärung im androgynen (doppelgeschlechtlichen) Theatermilieu der Elisabethanischen Ära findet. Mädchen- und Frauenrollen wurden von Männern verkörpert, weil es nicht anders erlaubt war. Mit dem „sweet boy" der SONETTE kann durchaus also ein schauspielernder junger Mann gemeint gewesen sein, der die Portia im „Kaufmann von Venedig" darbot. Noch Oscar Wilde (1854 - 1900) mokierte sich in der Novelle „Porträt des Mr. W. H." (1889) über die gängige Methode, mittels einer Theorie die Lesart eines literarischen Werkes, hier der SONETTE, auf einen bestimmten Punkt hin zu lenken. Wilde stützt sich dabei ausdrücklich auf das Androgyne der elisabethanischen Theatertradition, wie oben bereits dargetan.

Blicken wir unbefangen auf ein Sonett, und lassen uns die Enttäuschung wegen des Fehlens anzüglicher Redewendungen nicht anmerken:

Sonett 18

Soll ich dich einem Sommertag vergleichen?
Anmutiger, gemäßigter bist du.
Des Maies Liebling jagt Sturmwind von den Zweigen,
Und nur zu früh gehn Sommers Pforten zu.
Bald scheint zu heiß des Himmels Auge, bald
Umdunkelt sich sein goldner Kreis; es weilet
Das Schöne nie in seiner Wohlgestalt,
Vom Zufall, vom Naturlauf übereilet.
Du aber sollst in ew'gem Sommer blühn,
Nie deiner Schönheit Eigentum veralten;
Wenn ew'ge Zeilen dich der Zeit erhalten.

Solange Menschen atmen, Augen sehn,
So lang lebt dies, und heißt dich fortbestehn.

So gelungen diese Übertragung scheint, so unentbehrlich ist natürlich das Original:

Shall I compare thee to a summer's day?
Thou are more lovely and more temperate:
Rough winds do shake the darling buds of May,
And summer's lease hath all too short a date:
Sometime too hot the eye of heaven shines,
And often is his gold complexion dimm'd;
And every fair from fair sometime declines,
By chance, or nature's changing course, untrimm'd;
But thy eternal summer shall not fade,
Nor lose possession of that fair thou ow'st;

Nor shall Death brag thou wander'st in his shade,
When in eternal lines to time thou grow'st.

So long as men can breathe, or eyes can see,
So long lives this, and this gives life to thee.

Wir sehen uns unvermittelt mit der Hochsprache eines feudalen Zeitalters konfrontiert, was uns natürlicherweise für einen Augenblick verwirrt. Doch steigt man tiefer in die Texte ein, was wir uns an dieser Stelle versagen müssen, wird sich der Leser der Schönheit von Shakespeares Versen nicht länger verschließen. Von einigen lyrischen Werken der englischen Romantiker abgesehen, ist vielleicht niemals wieder so rein und zugleich effektvoll wie geistreich in englischer Sprache gedichtet worden.

Niemand wird mit Bestimmtheit sagen können, ob der Schauspieler und Dichter als ein Herzensbrecher nach Art des spanischen Edelmanns Don Juan aufgetreten ist, was tatsächlich manche Shakespeare-Anekdote uns nahe legen möchte. Oder ob er sich umgekehrt als ein zartfühlender junger Mann anderen Männern offenbarte, um in unerfüllter Liebe zu vergehen.

Selbst wenn man an einigen Stellen der SONETTE so etwas wie sexuelles Verlangen heraushören könnte, bleibt doch eher der Gesamteindruck von Sehnsucht ohne Erfüllung bestehen. Für den Dichter ist Verlässlichkeit ein Garant der Freundschaft. Das ist die poetische Botschaft, mit der wir auch heute noch etwas anfangen können; wenn wir wollen. Seine Metapher lautet: „the marriage of true minds" – was heißen könnte: Lebensbund treu-anhänglicher Seelen. Eine wunderbare Formel. Erotische Beziehungen werden dabei zwar nicht ausdrücklich ausgeschlossen, doch die geist- und seelenhafte Vereinigung triumphiert.

Die Shakespeare-Begeisterung schlug in Deutschland

frühzeitig hohe Wellen. Die Dichter der Aufklärung, sämtlich begeisterte Leser englischsprachiger Literatur, versuchten sich an Übersetzungen zunächst der Dramen. Die im Dunkel der Geschichte abgetauchten SONETTE kamen erst viel später dran. Die Romantik aber entdeckte sie; die von Autoren aus ihrem Kreise hergestellte deutsche Erstausgabe begeisterte die Leser vom Jahre 1820 an. Sie ging zurück auf die Originaltexte von 1609; damit erwiesen sich die deutschen Shakespeare-Übersetzer schneller beim Zugriff auf einen unvergänglichen Schatz der Literatur als die Autoren und Herausgeber im Ursprungsland der SONETTE. Im Jahre 1881 folgten die Briten mit einem Reprint der Ur-Ausgabe. Das Verdienst, dieser Sammlung von Liebesliedern der Renaissance den Weg in den Kanon der Weltliteratur geebnet zu haben, kommt daher den Deutschen zu.

Inzwischen gibt es über 50 (!) deutsche Übersetzungen der SONETTE, darunter solche von Stefan George (1868 - 1933), Emil Ludwig (1881 - 1948) und dem Germanisten Karl Simrock (1802 - 1876). Die nachschöpferischen Wirkungen der SONETTE in der Musik wie in der Literatur sind an Zahl nicht geringer zu veranschlagen als die von Shakespeares Dramen. Bekanntere Um- und Nachdichtungen stammen aus den Federn von Stefan George oder Karl Kraus; eine berühmte Farce von George Bernard Shaw über die „dunkle Dame der Sonette“ spielt auf eine „dark lady“ an, die durch die SONETTE geistert. Wer die „dark lady“ gewesen sein könnte, bleibt wie ihr Name im Dunkeln.

Ein Wort von Gotthold Ephraim Lessing (1729 - 1781) über Shakespeare mag für zahllose andere sprechen:

„Shakespeare will studiert, nicht geplündert sein. Haben wir Genie, so muss uns Shakespeare das sein, was dem Landschaftsmaler die camera obscura ist: er sehe fleißig hinein um zu lernen, wie sich die Natur in allen Fällen auf eine Fläche projektiert; aber er borge nichts daraus.“

Ausgaben

Von den vielen auf dem Buchmarkt vorhandenen Ausgaben ist zu empfehlen das mit einem Nachwort von Stefana Sabin versehene, bei Reclam (Leipzig) erschienene Taschenbuch: William Shakespeare SONETTE (zweisprachig). Beim deutschsprachigen Teil des Buches griff der Verlag auf die wohlklingende Übersetzung von Johann Gottlob Regis (1791 - 1854) zurück.

Blaise Pascal (1623 - 1662)
GEDANKEN
Der vollständige Titel lautet: Gedanken von M. [Monsieur] Pascal über die Religion und über einige andere Gegenstände
(Originaltitel: Pensées sur la religion et sur quelques autres sujets)
Erschienen 1669

Das Buch, das seinen Autor weit über seine französische Heimat, ja über Europa hinaus berühmt machte, erschien erst acht Jahre nach dessen Tod. Das Manuskript wurde, unter seinen sonstigen Papieren verstreut, eher zufällig entdeckt.

Was die GEDANKEN enthalten, wissen wir. Was Pascal mit ihnen bezweckte, ist bis heute nicht ganz geklärt. Glaubt man einem seiner theologisch gebildeten Zeitgenossen, so hat „Monsieur Pascal seine Fragmente [die GEDANKEN] für acht Geistesgrößen ... geschrieben, die nicht an Gott glauben. Er will sie mit moralischen und natürlichen Gründen überzeugen." Zwar muss uns dies im einzelnen heute nicht mehr sonderlich berühren. Doch dass Pascal einem ganz vordergründigen Antrieb folgte, nämlich der Bekehrung einiger Ungläubiger, weist auf einen Wesenszug des Philosophen hin: Er mochte Abstraktionen nicht. Seine Ziele waren stets praktischer Natur. Ein „Ding an sich", von denen es in der deutschen Schulphilosophie nur so wimmelt, würde man in seinen Schriften vergeblich suchen. Was er schrieb und zu Lebzeiten publizierte, kreiste um mathematische und physikalische Phänomene:

Mit siebzehn Jahren veröffentlichte er seinen „Versuch über Kegelschnitte".

Als Pascal gerade zweiundzwanzig geworden war, erfand er die Rechenmaschine, die sich für alle weiteren Entwicklungsstadien dieser Mechanik als beispielgebend erwies. Später wird er in einem Schreiben an Königin Christine von Schweden den Gebrauch dieser „machine arithmetique“ (= Rechenmaschine) dahingehend erläutern, dass „die Ordnung des Geistes die der Körper übersteigt“. So wie er am Ende seines kurzen Lebens – Pascal starb mit 39 Jahren – sagen wird, dass „die Ordnung der Liebe unendlich die des Geistes übersteigt“.

Und wie um sich in seinem Drang nach praktischem Nutzen (und möglichem Gewinn) noch ein letztes Mal zu bestätigen, erwarb der Philosoph in seinem Todesjahr 1662 das Patent für ein Personen-Transportunternehmen, dem Vorläufer der modernen Omnibusbetriebe.

Die PENSÉES bestehen aus Aphorismen und Gesprächen, die, Platonischen Dialogen vergleichbar, mit einem fiktiven Partner geführt werden. In Pascals imaginärem Gegenüber sieht die Forschung allgemein den ungläubigen Menschen, hinter dem Pascal selber vermutet werden darf, zu zwei verschiedenen Zeitpunkten – vor und nach der Bekehrung. Diesem freidenkerischen Gegenüber führt Pascal die Hinfälligkeit der Eigenliebe, des Stolzes und der Eitelkeit vor Augen, die Nichtigkeit der Wissenschaften und die Irrtümer der Philosophie, die mit ihrem falschen Schein die Frage nach der Natur des Menschen als das zentrale Problem nicht zu lösen vermögen. (Nach: Kindlers Literaturlexikon, Band 17)

Fragen, die in den GEDANKEN behandelt werden:

1. Geist und Stil.
2. Elend des Menschen ohne Gott.
3. Gegen die Ungläubigen (da haben wir´s wieder!).
4. Die Mittel zum Glauben.
5. Die Gesetze
6. Die Philosophen.
7. Sittlichkeit und Lehre.

8. Die Fundamente der christlichen Religion.
9. Die Religion
10. Das Sinnbildliche.
11. Die Prophezeiungen.
12. Beweise Jesu Christi.
13. Die Wunder.
14. Von dem Streit der Meinungen innerhalb der Kirche.

Trotz der Häufung theologischer Themen ist Pascals bedeutendste Schrift keine rein religiöse Abhandlung. Es ist ein Buch der Geistesblitze; verstreute Anmerkungen zu den verschiedensten Wissensgebieten. Niemals gleiten sie ab zu bloßen Hinweisen auf etwas, das wir wissen sollten. Wir erfahren d u r c h Pascal, was wissenswert ist. Gelehrte in den höchstrangigen Institutionen Frankreichs, etwa der Académie Française, halten Pascals Buch für den „größten Beitrag des französischen Geistes zur Weltliteratur".

Sie fragen sich jetzt: Was sollen wir mit einem Buch anfangen, das vor mehr als dreihundert Jahren erschienen ist, und nicht einmal in Deutschland, sondern in Frankreich? Und überhaupt: Zur Religion? Katholisch, evangelisch, muslimisch, jüdisch-orthodox? Bevor Sie weiterblättern, empfehle ich, einen Blick auf das folgende Zitat aus den „Gedanken" zu werfen, und dann zu entscheiden, ob Sie sich weiter für Pascal (kenne ich den?) interessieren sollten:

Langeweile. Nichts ist dem Menschen unerträglicher als völlige Untätigkeit, als ohne Leidenschaften, als ohne Geschäfte, ohne Zerstreuungen, ohne Aufgabe zu sein. Dann spürt er sein Nichts, seine Verlassenheit, sein Ungenügen, seine Abhängigkeit, seine Ohnmacht, seine Leere. Allsogleich wird dem Grund seiner Seele die Langeweile entsteigen und die Düsternis, die Trauer, der Kummer, der Verdruss, die Verzweiflung.

Kommt Ihnen das bekannt vor? Nein? Ich meine nicht den Text, so wie er – Wort für Wort – in Pascals GEDANKEN nachzulesen ist. Gemeint ist das, was die Sätze des

Mathematikers, Philosophen, Physikers und Aphoristikers aussagen wollen. Und das zielt gerade heute (wieder) mitten ins Herz des europäischen Menschen, in der komplexen, hochindustrialisierten, durchtechnisierten, mittels Elektronik verfeinerter Informationswege desintegrierten Gesellschaft, die sich gleichwohl für stimmig und ausgewogen (integriert) hält wie keine vor ihr! Nein: Pascal hatte vor 330 Jahren so recht, wie noch gegenwärtig richtig ist, was er schrieb. Weshalb man ihn lesen muss um zu erfahren, wo das Gefühl herrührt: keine Aufgabe zu haben (siehe Zitat). Zu totaler Untätigkeit genötigt, ohne Leidenschaft, ohne Geschäfte, ohne Zerstreuung zu sein = Keine Aufgabe, keine Herausforderung – keine Daseinsberechtigung (?) zu haben, wie sich vorschnell und bang der unerkannte Einsame unter uns fragen würde. Das bedeutet auch, sich die Frage zu stellen: Was ahnte Pascal von der Massengesellschaft des 20./21. Jahrhunderts? An die Freizeitgesellschaft scheint er bereits gedacht zu haben, sonst wären ihm die vielen Bemerkungen zur Langeweile nicht gekommen.

Pascal unterschied grundsätzlich zwischen „mathematischer" und „intuitiver" Intelligenz. Deshalb sagt er von den Mathematikern, die nur Mathematiker sind:

Sie haben einen klaren Verstand, vorausgesetzt, man erklärt ihnen alles durch Definitionen und Prinzipien. Sonst sind sie wirr und unerträglich, denn sie sind nur klar, insofern ihre Argumente auf entsprechenden Prinzipien beruhen. Und die Feinsinnigen, die nichts als feinsinnig sind, sind unfähig, die Geduld aufzubringen, bis zu den Prinzipien vorzudringen, denen sie in der Welt niemals begegneten und die ganz außerhalb des Gebrauchs sind.

Ein anderer Satz von ihm wird zweihundert Jahre später Friedrich Nietzsche entzücken, der nach französischem Vorbild in Geistesblitzen oder „Aphorismen" zu denken und zu dichten beginnt:

„Der Philosophie zu spotten, heißt wahrhaft philosophieren."

Weitere Leseproben aus Pascals Werk, zwar von unterschiedlichem Aussagewert; doch von ihrem Glanz haben sie nichts eingebüßt:

Im allgemeinen überzeugt man sich durch Gründe, die man selber gefunden hat, besser als durch die, die einem andern eingefallen sind.

Ich mag diese höflichen Redensarten nicht: Ich habe Ihnen Mühe gemacht; ich fürchte Sie zu langweilen, ich fürchte, das ist zu lang. – Entweder, man zieht an, oder man stößt ab.
(Gegen jegliche Form politischer Korrektheit.)

Die Macht ist die Königin der Welt, nicht die Meinung. Aber die Meinung ist es, die sich der Macht bedient. Die Macht ist es, welche die Meinung bildet.

Recht ist, was gültig ist. Und so werden alle gültigen Gesetze notwendig für gerecht gehalten, ohne dass man sie prüft, da sie gültig sind.

Nicht im Raum habe ich meine Würde zu suchen, sondern in der Ordnung meines Denkens. Besäße ich Erden, wäre ich nicht reicher! Durch den Raum erfaßt mich das Weltall und verschlingt mich wie einen Punkt, durch das Denken erfasse ich es.
(Nachdenken über Gefahren bei der Eroberung des Alls?)

Zu frei zu sein, ist nicht gut; alles zu haben, was nötig ist, ist nicht gut.

Stimmen zu Pascal und seinen PENSÉES:

„Was soll das Gerede von Pascals angstvollem und erschrecktem Geist? Denn wer hätte besser die friedenbringende Liebe gekannt? Es scheint, dass ihm alle Finsternis der

Mystiker erspart geblieben ist. Keines Menschen Herz hat Gott tiefer gefühlt. Pascal entwindet sich dem düsteren Jansenismus*, weil er sich bevorzugt und erwählt weiß."
Francois Mauriac (1885 - 1970)

* Jansenismus: Katholisch-theologische Bewegung im 17. Jahrhundert, die sich der Rückbesinnung auf die Lehren von Kirchenvater Augustinus (354 - 430) verschrieben hatte; ihre Anhänger, die Jansenisten (nach Cornelius Jansen, 1585 - 1638), richteten sich in heftigen religiösen Fehden gegen die Jesuiten. Kennzeichen des Jansenismus: katholische Innerlichkeit, Weltverneinung, Bußübungen, Kunstfeindlichkeit usf. Pascal pflegte eine nicht spannungsfreie Beziehung zu den Jansenisten.

„Er ist nicht der Lehrer, wie er denn auch keinen Schüler gehabt hat. Er ist kein methodischer Führer, sondern anrührende Macht, bewegende Erschütterung. So gehört Pascal ... in die Reihe jener untereinander wieder tief verschiedener Geister, deren erster Sokrates ist. Ein Konstrukteur von größter Energie, der in der Geschichte nicht als solcher wirkt, sondern als Beweger. Ein Geist von absolutem Willen zur Eindeutigkeit, der dennoch in beunruhigender Unbestimmtheit steht."
Romano Guardini (1885 - 1968)

Ausgaben

Blaise Pascal: Über die Religion und über einige andere Gegenstände (Pensées). Übertragen und herausgegeben von Ewald Wasmuth. 1948. Hier handelt es sich um die erste (!) uneingeschränkt vollständige Ausgabe der PENSÉES in deutscher Sprache (einschl. aller Fragmente). 538 Seiten, nach der Originalausgabe der Gesammelten Werke (hrsg. v. Léon Brunschwig u. a.).

Weitere Ausgaben in deutscher Sprache 1955 und 1973 (komplett bzw. in Auswahl).

Charles-Louis de Secondat, Baron de la Brède et de Montesquieu (1689 - 1755)
VOM GEIST DER GESETZE oder: Über den Bezug, den die Gesetze zur Verfassung jeder Regierung, zu den Sitten, dem Klima, der Religion, dem Handel etc. haben müssen
Erschienen 1748

VOM GEIST DER GESETZE ist nicht die Grundlegung der neuzeitlichen Demokratie. Denn Montesquieus Buch enthält das Wesentliche zur Gesetzlichkeit ausdrücklich „jeder" denkbaren Regierungsform. Die moderne Demokratie, vor allem deren westeuropäische Variante, bezog von Montesquieu das Prinzip der Gewaltenteilung. Dies allerdings stimmt: Die Gewaltenteilung ist der Demokratie unentbehrlich geworden.

Was aber, um alles in der Welt, macht die Gesetze, nach denen Menschen zu leben und Gesellschaften sich zu richten haben, vom Klima abhängig? Sehr viel, meinte vor 250 Jahren der Herr Baron. Montesquieu geht von Erfahrungen aus, weniger den Ideen eines Plato (427 - 347 v. Chr.) oder Cicero (106 - 43 v. Chr.). Der griechischen Antike waren praktische Überlegungen, wie sie der französische Edelmann im 18. Jahrhundert anstellte, offenbar fremd. So unterschiedlich aber der Menschentypus ist, die Zeitverhältnisse und Milieus sich darstellen – oder eben die klimatischen Bedingungen –, unter denen Menschen leben müssen, so verschieden können auch die GESETZE ausfallen, nach denen man zweckmäßigerweise sein Dasein fristet. Auf diese Weise kam der Staatsphilosoph auf den naheliegenden Gedanken, dass sich für Nordländer und Südländer, für West und Ost nicht unbedingt identische Gesetzgebungen eigneten. Montesquieu entnahm medizinischen Erkenntnissen, dass „die Völker der heißen Länder ängstlich sind wie Greise, die der kalten Länder hingegen unternehmungslustig wie junge Leute." Folglich empfiehlt er beiden Großregionen der Erde ein unterschiedliches Vorgehen bei Abfassung ihrer Staatsgesetze und dem Erzwingen ihrer Beachtung. Ausführlich geht der Autor in VOM GEIST DER GESETZE darauf ein, inwieweit Menschen in andersartigem Klima verschieden sind nach: Überlegenheitsgefühl, Freisinn, Sicherheitsempfinden, aber auch nach Rachegelüsten, Misstrauen und Hinterlist. Da kämen eben „ganz unterschiedliche Charaktere zustande", meint Montesquieu; die einen zeichneten sich eher durch Kühnheit aus, die anderen durch ewige Mutlosigkeit. Dem müssten Gesetze sich eben anpassen, sonst fehle einer Rechtsgemeinschaft der angemessene Rahmen.

Sie werden sich jetzt fragen, was moderne Gesellschaften davon etwa noch im 20. Jahrhundert übernommen haben und gegebenenfalls im 21. zu übernehmen gedenken? Ich meine: Eine ganze Menge. Denn wenn man die Sache grundsätzlich betrachtet, trifft Montesquieus Lehre auf die Entwicklung demokratischer Gesellschaften insgesamt zu. Wir waren schon bei dem Gedanken angelangt, dass Demokratien überhaupt erst auf der Grundlage der Gewaltenteilung denkbar sind. Zwar hat sich der Philosoph darum nicht sonderlich gekümmert, aber das Prinzip natürlich keineswegs geleugnet. Heute führt man die Demokratie sogar auf ihn zurück, was genau genommen nicht richtig ist. Montesquieus Überlegungen aber sind, was die leidige Frage des Klimas betrifft, in der oben beschriebenen Sicht, immer noch absolut zutreffend. Denn augenscheinlich begünstigt ein kühleres Klima die Demokratie eher als die wärmeren Temperaturen. Die Tatsachen sprechen jedenfalls für diese Annahme: Demokratien sind auf der nördlichen (also kälteren) Hälfte der Erdkugel viel häufiger anzutreffen als auf der (wärmeren) Südhälfte.

Für Montesquieu gilt, was für alle demokratischen

Gesetzgeber zu gelten hat: Willkür wird ausgeschlossen. Dafür, allein dafür müssen Gesetze sorgen. Alle seine Gedanken gehen in diese Richtung. Einer seiner Interpreten (Kurt Weigand) zog den Vergleich: „Wie Voltaire überall Wut gegen den Fanatismus, Rousseau gegen die moralische Korruption mobilisierte, machte Montesquieu den Despotismus zur politischen Hölle.“ Aus sciner Grundeinsicht, dass „jede Macht missbraucht wird“, zog er die Konsequenz einer gesetzlich verankerten Machtbalance durch Teilung der Gewalten: in a) eine gesetzgebende, b) ausführende und c) richterliche Gewalt = Legislative, Exekutive und Judikative. Erst diese Teilung garantiert den Bestand einer demokratischen Verfassung. Deshalb beherzige man Montesquieus Erfahrungssatz:

Eine Sache ist nicht deswegen gerecht, weil sie Gesetz ist; sondern weil sie gerecht ist, muss sie Gesetz werden.

Was muss man noch heute von diesem Werk wissen?

1. Dass es möglich ist, Gesetze aus „natürlichen Verhältnissen“ abzuleiten, und nicht nur aus abstrakten Ideen.

2. Dass diese Gesetze menschen- und situationsgerecht sein sollten. Gedanken übrigens, die so v o r Montesquieu offenbar noch keinem Rechtsgelehrten gekommen sind.

3. Dass sich der Aufbau des großen Buches VOM GEIST DER GESETZE an allen diesen Gedanken orientiert.

Montesquieu war nicht nur rechtskundiger Schriftsteller, vielmehr durch und durch Schöngeist, ein Liebhaber wohlgeformter Sätze, ein Mann überhaupt des großen, eleganten Stils. Ästhet in umfassendem Sinne, liebte er es, überraschende Meinungen zu äußern, um seine Mitwelt (und mehr noch die Nachwelt) zu verblüffen, erst recht aber zum Nachdenken anzuleiten. Er glaubte an die Vernunft als beherrschendem Instrument erhellender Einsichten. Er vertraute zugleich seinen Erfahrungen und den Erkenntnissen anderer Gelehrter. Zugleich muss man wissen, dass

Montesquieu Freiheit noch nicht mit Gleichheit zusammenbrachte, wie das eine Generation nach ihm in der Revolution von 1789 geschah. „Seine" Freiheit will lediglich zwischen Reichen und Armen, Großen und Kleinen im Staate „vermitteln". Dies kennzeichnet den entscheidenden Widerspruch zum Demokratiegedanken bei Jean-Jacques Rousseau (1712 - 1778). Montesquieu kommt es auf Legitimation durch Recht und Gesetz im jeweiligen Herrschaftsgebiet an, was man mit dem Fremdwort „Konstitutionalismus" belegen könnte.

VOM GEIST DER GESETZE ist in 31 Bücher eingeteilt, von denen gemeinhin das 11. als das wichtigste angesehen wird. Die Thematik reicht von den „Gesetzen im allgemeinen" (1. Buch) bis zur „Theorie der fränkischen Feudalgesetze in ihrem Bezug zu den Umwälzungen in ihrer Monarchie" (31. Buch). Hinter letzterem verbirgt sich eine Hymne in Prosa auf Karl den Großen („Sein Genie strahlte bis in den letzten Winkel seines Reiches").

Nachfolgend drei Textproben aus dem 11. Buch, in denen wir nicht nur dem GEIST DER GESETZE nachspüren, sondern einiges vom Geiste ihres Autors selbst erfahren können:

2. Kapitel: Abweichende Bedeutungen, die dem Wort Freiheit verliehen wurden.

Es gibt wohl kein Wort, dem man mehr unterschiedliche Bedeutungen gegeben hätte als dem Wort Freiheit. Kein Wort hat die Geister in so vielfältiger Weise gefesselt. Die einen sahen darin die Leichtigkeit, mit der sie jemand, dem sie eine tyrannische Macht verliehen hatten, absetzen konnten. Die andern sahen darin die Befugnis, denjenigen auszuwählen, dem sie gehorchen mussten. Wieder andere hielten sie für das Recht, sich nur von einem Manne ihrer Nation oder nach ihren eigenen Gesetzen regieren zu lassen. Ein bestimmtes Volk hat lange angenommen, der Brauch, einen langen Bart zu tragen, sei die Freiheit. Manche haben diesen Namen einer bestimm-

ten Regierungsform beigelegt und alle anderen davon ausgeschlossen. Wer unter einer republikanischen Regierung lebte, hat sie in diese Regierung verlegt, wer dagegen unter einer monarchischen lebt, hat sie in der Monarchie angesiedelt. Letzten Endes hat jeder die seinen Gewohnheiten oder Neigungen entsprechende Regierung Freiheit geheißen.

In einer Republik hat man die Handlanger der Misswirtschaft, über die man zu jammern pflegt, nicht ständig und nicht so leibhaftig vor Augen. Hier scheinen die Gesetze mehr zu gelten, die Ausführungsorgane dafür weniger.

Daher versetzt man die Freiheit gewöhnlich in die Republiken und nimmt die Monarchie davon aus. Endlich, da in den Demokratien das Volk beinahe zu machen scheint, was es will, hat man die Freiheit unter diese Art von Regierungen versetzt. Man hat die Macht des Volkes und die Freiheit des Volkes gleichgesetzt.

Im 3. Kapitel kommt Montesquieu der Sache schon näher. Nun verstehen wir ihn besser, falls uns der zitierte Absatz aus dem voraus gegangenen Kapitel ein wenig irritiert haben sollte:

Worin die Freiheit besteht.

Es stimmt, dass in den Demokratien das Volk scheinbar [!] machen kann, was es will. Jedoch bedeutet politische Freiheit nicht, dass man machen kann, was man will. In einem Staat, das heißt einer mit Gesetzen ausgestatteten Gesellschaft, kann Freiheit lediglich bedeuten, dass man zu tun vermag, was man wollen soll, und man nicht zu tun gezwungen wird, was man nicht wollen soll.

Man muss sich vor Augen halten, was Unabhängigkeit ist und was Freiheit ist. Freiheit ist das Recht, all das zu machen, was die Gesetze gestatten. Wenn ein Staatsbürger machen dürfte, was sie untersagen, so gäbe es keine Freiheit mehr, denn die anderen hätten diese Möglichkeit dann ja ebensogut.

Der letzte Absatz nimmt den so genannten kategorischen Imperativ des deutschen Philosophen Immanuel Kant vorweg (siehe ZUM EWIGEN FRIEDEN in diesem Buch).

Das 4. Kapitel des 11. Buches bietet weitere Bemerkungen zum gleichen Thema:

Demokratie und Aristokratie sind nicht freie Staatsgebilde auf Grund ihrer Natur. Die politische Freiheit ist nur unter maßvollen Regierungen anzutreffen. Indes besteht sie selbst in maßvollen Staaten nicht immer, sondern nur dann, wenn man die Macht nicht missbraucht. Eine ewige Erfahrung lehrt jedoch, dass jeder Mensch, der Macht hat, dazu getrieben wird, sie zu missbrauchen. Er geht immer weiter, bis er an Grenzen stößt. Wer hätte das gedacht: Sogar die Tugend benötigt Grenzen. Damit die Macht nicht missbraucht werden kann, ist es nötig, durch die Anordnung der Dinge zu bewirken, dass die Macht die Macht bremse. Ein Staat kann so aufgebaut werden, dass niemand gezwungen ist, etwas zu tun, wozu er nach dem Gesetz nicht verpflichtet ist, und niemand gezwungen ist, etwas zu unterlassen, was das Gesetz gestattet.

Ausgaben

Empfehlenswert, weil vorzüglich eingeführt und kommentiert, die seit 1965 vorliegende Reclam-Ausgabe. Neudruck 1994 (durchgesehen und bibliographisch ergänzt).

François Marie Arouet, gen. Voltaire (1694 - 1778)
CANDIDE ODER DER OPTIMISMUS
(Originaltitel: Candide ou L´Optimisme)
Erschienen 1759
Der Roman erschien anonym; Voltaire wurde als Verfasser erst geraume Zeit später ausgemacht, nachdem er seine Autorschaft zunächst geleugnet hatte.

CANDIDE ist eine schallende Ohrfeige für die deutsche Philosophie. Heute können wir darüber lachen.

Voltaire verhöhnt in seiner ätzenden Satire vom einfältigen Candide die von Gottfried Wilhelm Leibniz (1646 - 1716) entwickelte, universelle Harmonielehre als blanke Scharlatanerie. Leibniz lehrte, dass alles mit allem zusammenhängt und sich in einer gottgewollten Übereinstimmung befindet. Folglich lebten wir in der „besten aller möglichen Welten". Dass diese Behauptung an Schwachsinn grenzt, führt der französische Schriftsteller in seinem unterhaltsamen Roman aus.

Die Geschichte selbst

Als unehelicher Sohn der Schwester des westfälischen Barons Thunder ten Tronckh wächst in dessen Schloss der einfältige Candide wohlbehütet und unterrichtet von dem Hauslehrer Pangloss auf. Letzterer bringt ihm bei, die Welt sei in schönster Harmonie, weil Gott es so gewollt habe und die Menschen darauf vertrauen sollten. Diese Harmonie basiert nach Candides Hauslehrer auf der vom Dichter ironisch so genannten Meta-physico-theologo-cosmologonigologie. Folglich auf komplettem Unsinn. Candide, der das alles für bare Münze nimmt, hängt Tag für Tag mit gläubigem Staunen an den Lippen von Meister Pangloss. Bis er sich allzu sehr für die Tochter des Barons, Kunigunde, zu interessieren beginnt. Die Folge: Er wird des Hauses verwiesen und beginnt in der Welt umherzuirren, die er – in sklavischer Treue zu den Thesen seines Lehrers – nun tatsächlich für die beste aller möglichen Welten hält. Mit wechselndem Glück treibt er von Land zu Land, sieht das Erdbeben von Lissabon (1755) und kommt, vielfach verprügelt und gehetzt, noch einmal lebend davon. Er wird unablässig mit allen denkbaren Schandtaten und Schlechtigkeiten dieser Erde konfrontiert, wird Zeuge von Habgier und Gewalt in all ihren Formen, erleidet bei einer Seefahrt Schiffbruch und gerät in die Hände von Piraten. Vergewaltigung, Mord und Raub sind seine täglichen Begleiter. Doch allenthalben begegnet er bei seinen Irrfahrten dem einstigen Lehrer Pangloss. Und dem gelingt es immer wieder, seinen willfährigen Schüler noch im größten Unglück davon zu überzeugen, dass alles zum Besten steht in der besten aller möglichen Welten...

Auch Kunigunde sieht er verschiedentlich auf seinen Reisen wieder – die Verfolgungsjagden ähneln sich –, um sie gleich wieder an zweifelhafte Liebhaber zu verlieren. Schließlich macht er die Bekanntschaft des Gelehrten Martin, für den die Welt im Unterschied zum unverbesserlichen Pangloss in Licht und Schatten zu teilen ist, also ein gutes und ein böses Prinzip kennt.

Schließlich tut er sich mit Kunigunde zusammen, obwohl sie unterdessen zänkisch und hässlich geworden ist, um nach dem Beispiel eines weisen Türken ein Leben zu führen, das vor „Langeweile, Laster und Sorge" bewahrt. Und Pangloss sagte manchmal zu Candide, heißt es zum guten Ende des Romans:

‚Alle Ereignisse sind in der besten aller möglichen Welten miteinander verknüpft, denn wenn Sie nicht mit kräftigen Tritten in den Hintern aus einem schönen Schloss gejagt worden wären, weil Sie Kunigunde liebten; wenn Sie nicht der Inquisition in die Hände gefallen wären und Sie nicht Amerika zu Fuß durchquert hätten,

wenn Sie nicht dem Baron einen schönen Stoß mit dem Degen versetzt und all Ihre Hammel aus dem guten Land Eldorado verloren hätten, äßen Sie jetzt hier kein kandiertes Zitronat und keine Pistazien.' – ‚Das ist wohl gesprochen', versetzte Candide, ‚aber wir müssen unseren Garten bestellen.'

Voltaires nur knapp hundert Druckseiten umfassendes Buch, zwischen Märchen und Abenteuerroman schwankend, spart nicht mit sprachlich kräftigen Bildern der Ironie und Satire. In Frankreich – und darüber hinaus – lange missverstanden, kam auch in Deutschland die Wirkung des Romans erst im 20. Jahrhundert richtig zur Geltung. Es erschienen ungezählte Neuauflagen inklusive vieler neuer Übersetzungsversuche, bis heute.

Der Maler Paul Klee (1879 - 1940) schuf Illustrationen zum CANDIDE; in New York entstand ein Musical von Leonard Bernstein (1918 - 1990); in Frankreich wurde das Buch verfilmt; sämtlich Belege für das nicht nur anhaltende, sondern unvermindert zunehmende Interesse an Voltaires Meisterwerk.

Einige Stilproben mögen ausreichen, um den Reiz zu ermessen, den der CANDIDE mit untrüglicher Sicherheit auf seine Leserschaft ausübt.

So heißt es im zweiten Absatz des Einleitungskapitels:

Der Herr Baron war einer der mächtigsten Herren Westfalens, denn sein Schloss hatte eine Tür und Fenster. Den großen Saal zierte sogar ein Wandteppich. Die Hofhunde bildeten notfalls eine Meute; die Stallknechte waren seine Jagdaufseher, der Dorfvikar sein Schlosskaplan. Alle nannten ihn den ‚Gnädigen Herrn' und lachten, wenn er Witze machte. Die Frau Baronin wog ungefähr dreihundertfünfzig Pfund und stand daher in höchstem Ansehen; sie machte die Honneurs des Hauses mit einer Würde, die sie noch ansehnlicher erscheinen ließ.

Vom Sohn des Hauses und Helden des Romans, Candide, wird gesagt, er sei *rechtschaffenen Sinnes, doch von ziemlich beschränktem Verstande.* Sein Hauslehrer Pangloss beweise ihm Tag für Tag *wunderbar, dass es keine Wirkung ohne Ursache gibt, dass in dieser besten aller möglichen Welten das Schloss des gnädigen Herrn Barons das schönste aller Schlösser und dass die Frau Baronin die beste aller denkbaren Baroninnen sei.*

Im dritten Kapitel („Wie Candide den Bulgaren entfloh und was weiter aus ihm wurde“) steht zu lesen:

Nichts war so schön, so behende, so glanzvoll und so wohlgeordnet wie die beiden Heere. Die Trompeten, Pfeifen, Oboen, Trommeln und Kanonen brachten einen Wohlklang zuwege, wie man ihn nicht einmal in der Hölle gehört hatte. Die Kanonen streckten zunächst einmal an die sechstausend Mann auf beiden Seiten nieder; die Musketen schafften dann ungefähr neun- bis zehntausend dieser Schelme aus der besten aller Welten, die deren Oberfläche verunzierten. Das Bajonett wurde zum zureichenden Grund für den Tod von noch ein paar tausend Mann. Das Ganze mochte sich auf rund dreißigtausend Seelen belaufen. Candide, der zitterte wie ein Philosoph, versteckte sich während dieser Schlächterei, so gut er konnte.

Die große Wirkung, die Voltaires Buch auf die Nachwelt hatte, resultiert zum Teil auf einem Kunstgriff, dessen er sich bei dieser Arbeit mit durchschlagendem Erfolg bediente: Der Polemiker Voltaire führt Leibniz nicht durch Argumente und Gegenargumente ad absurdum. Nein: Er konfrontiert seinen Helden mit den Widrigkeiten des Daseins. So lässt er Candide die Anmaßung des Adels, die Unmenschlichkeit des Militarismus, das Grauen des Krieges und die religiöse Unduldsamkeit seiner Zeitgenossen erfahren, unmittelbar und nicht auf den Umwegen abstrakter Debatten über philosophische Begriffe und deren zweifelhafte Ableitungen. Auf diese Weise zieht uns das Buch in seinen Bann und belehrt uns fast unmerklich über den Widersinn eines uns heute tatsächlich lächerlich erscheinenden Gedanken-Systems, das Leibniz „Theodizee“ nannte – die versuchte Rechtfertigung Gottes in Bezug auf das von ihm zugelassene Böse in der Welt. Voltaire war es darum zu tun, eine lebensferne Theorie nicht durch eine weitere zu widerlegen, sondern das Leben selbst sprechen zu lassen. Dies macht den alle Epochen und Stile überdauernden Wert dieses Buches aus. Die Methode, baren philosophischen Unsinn durch Satire der Lächerlichkeit preiszugeben, wird sich in hunderten Romanen und Erzählungen wiederfinden, die dem Werk Voltaires folgten.

Der CANDIDE steht damit am Beginn einer Reihe streitbarer Auseinandersetzungen mit einem notorischen Optimismus, der vor allem von der deutschen Philosophie des Barock (nicht nur von Leibniz und seiner „besten aller möglichen Welten") ausgegangen war. Und dies in Zeiten, die zu immer tieferem Pessimismus Anlass gaben.

Stimmen zu Voltaire und seinem Roman

„Wenn Familien sich lange erhalten, so kann man bemerken, dass die Natur endlich ein Individuum hervorbringt, das die Eigenschaften seiner sämtlichen Ahnherren in sich begreift und alle bisher vereinzelten und angedeuteten Anlagen vereinigt und vollkommen ausspricht. Ebenso geht es mit Nationen, deren sämtliche Verdienste sich wohl einmal, wenn es glückt, in einem Individuum ausdrücken. So entstand in Ludwig XIV. ein französischer König im höchsten Sinne und ebenso in Voltaire der höchste unter Franzosen denkbare, der Nation gemäßeste Schriftsteller. Die Eigenschaften sind mannigfaltig, die man von einem geistvollen Manne fordert, die man an ihm bewundert; und die Forderungen der Franzosen sind hierin wo nicht größer, so doch mannigfaltiger als die anderer Nationen."
Johann Wolfgang Goethe (1749 - 1832), aus den Anmerkungen zu „Rameaus Neffe", 1805

„Mit all ihren Lästerungen über Voltaire verkleinern die Pfaffen und Philister nicht die Bedeutung des Mannes, der

an der Hoheit seiner Ziele nur umso fester hielt, je erbärmlicher die Mittel waren, womit er in seiner erbärmlichen Zeit ihnen nachtrachten musste."
Franz Mehring (1846 - 1919)

„Im Bewusstsein des achtzehnten Jahrhunderts figurierte er auch als großer Philosoph, obgleich er selbständige Gedanken nicht produziert hat, sondern auch hier wiederum nur das Verdienst der glänzenden Formulierung für sich in Anspruch nehmen kann. Wenn man versucht, seine vielfältigen philosophischen Äußerungen auf ein größtes gemeinschaftliches Maß zu bringen, so dürfte sich die Forderung nach möglichster Freiheit aller Lebensbetätigungen als generelle Grundstimmung ergeben. Er kämpfte gegen den Despotismus, wo immer er ihn fand oder zu finden glaubte, und verteidigte die unbeschränkte Selbstbestimmung des Individuums in allen geistigen und physischen Dingen, sogar das Recht auf Homosexualität und Selbstmord."
Egon Friedell (1878 - 1938)

„Wie verschiedenartig wir [Franzosen] sind, kommt am deutlichsten in Voltaire zum Ausdruck. Er besaß, fürchte ich, fast alle Untugenden, die man uns gern zuschreibt; und wenn er nicht alle unsere Vorzüge hatte, so besaß er doch einige von ihnen in höchster Potenz. Wir müssen zugeben oder darauf sogar bestehen – je nach Geschmack –, dass er als typischer Franzose zu gelten hat. Man kann sich ihn unter keinem anderen Himmel denken, ja vielleicht sogar unter keinem anderen als dem von Paris. Weshalb denn auch sein Name, nach 250 Jahren, noch immer unter uns heftige und einander äußerst entgegengesetzte Stellungnahmen auslöst. Die einen verabscheuen und fürchten immer noch den, der sich mit Genuss über die Gegenstände ihres Glaubens lustig machte, ihre religiösen Anschauungen mit Spott überhäufte. ... Die andern sehen in ihm den Apostel der Gedanken-

freiheit und den Verteidiger jener heiligen Rechte, die jeder jedem zuzuerkennen verpflichtet ist."
Paul Ambroise Valery (1871 - 1945)

Ausgaben:

Candide – oder der Glaube an die beste aller Welten. DTV-Bibliothek (übersetzt von W. Widmer) 1980

Candide oder Der Optimismus (französisch und deutsch). Goldmann Klassiker. (übersetzt von J. von Stakkelberg, mit Erläuterungen). 2. Aufl. 1994

Laurence Sterne (1713 -1769)
DAS LEBEN UND DIE ANSICHTEN TRISTRAM SHANDYS, GENTLEMAN
(Originaltitel: The Life and Opinions of Tristram Shandy, Gentleman)
Erschienen 1759-1767

TRISTRAM SHANDY ist sicherlich eines der weniger bekannten Bücher in dieser Auswahl. Dennoch hat es einen beachtlichen Einfluss auf die europäische Literatur ausgeübt und ist zudem – auch für den heutigen Leser – überaus amüsant und kurzweilig, trotz seines beträchtlichen Umfangs.

1759 begann der Brite Laurence Sterne, der mehr aus Not denn aus Berufung als Landpfarrer tätig war, die Arbeit an TRISTRAM SHANDY, seinem ersten literarischen Werk. Nach eigener, ironischer Aussage beabsichtigte er, daran bis zum Ende seines Lebens weiterzuschreiben und jedes Jahr einen oder zwei Bände erscheinen zu lassen. Tatsächlich erschienen von 1759 bis 1767 in London neun Bücher, wobei das letzte die Geschehnisse nicht abschließt.

Sterne bedient sich dabei der noch recht jungen Kunstform des Romans, die erst im 17. Jahrhundert in Europa aufkam und neben den bisherigen Formen der Lyrik und Dramatik erstmals formal ungebundene Erzählstrukturen ermöglichte. Das große Vorbild war der DON QUICHOTE VON LA MANCHA (1605-1615) des Miguel de Cervantes Saavedra, den Sterne auch mehrfach als seinen Lehrmeister zitiert. In der Folge von Cervantes entstanden im 17. und 18. Jahrhundert zahlreiche Abenteuer- und Heldenromane, die, mal mehr mal weniger ernst, den Lebenslauf einer Hauptfigur schildern. Darunter beispielsweise der mit moralisch-didaktischem Anspruch verfasste Roman DAS LEBEN UND DIE ÜBERRASCHENDEN

ABENTEUER DES ROBINSON CRUSOE von Daniel Defoe (1719/20).

Dem Titel entsprechend steht LEBEN UND ANSICHTEN DES TRISTRAM SHANDY genau in dieser Tradition. Der kleine aber bedeutsame Unterschied zu seinen Vorgängern lässt sich jedoch in dem Wort „Ansichten" erkennen. Hier geht es nicht mehr um eine reine Beschreibung von Lebensstationen, sondern eben um die *Ansichten* des Helden. Und hier sind wir auch schon bei der Problematik angelangt, eine kurze Inhaltsangabe zu leisten. Denn TRISTRAM SHANDY hat keinen Inhalt – oder zumindest keinen in der Art, wie es die Abenteuerroman-Leser vor zweihundertfünfzig Jahren und auch die Leser von heute gewohnt sind. TRISTRAM SHANDY stellt, kaum dass die Kunstform Roman sich etabliert hat, bereits sämtliche Regeln auf den Kopf, parodiert sie und spielt virtuos mit ihnen.

Konkreter gesagt: TRISTRAM SHANDY ist ein Held, der in der Ich-Form eigentlich sein Leben schildern möchte, sich dabei aber ständig in die Geschichten anderer Personen, in Abschweifungen und theoretische Erörterungen zu den unvorstellbarsten Themen (von Theologie über Hebammen bis Knopflöcher) verstrickt, so dass er selbst (abgesehen davon, dass er eben der Erzähler ist und zu allem seine *Ansichten* hat) fast nie wirklich und mit wörtlicher Rede in Erscheinung tritt.

Doch nicht nur inhaltlich widerspricht Sterne damit dem Prinzip des „Heldenromans". Er setzt auch formal völlig neue Maßstäbe: Chronologie ist ein Fremdwort für ihn. Er springt scheinbar zufällig, assoziativ von Thema zu Thema, verheddert sich, entschuldigt sich beim Leser (mit dem er ständig Kontakt hält), kommt schließlich doch wieder zum eigentlichen Thema zurück und erweckt so (höchst kunstvoll) den Eindruck, als lese man weniger ein Buch, sondern sitze vielmehr einem begnadeten Geschichtenerzähler gegenüber, der eben ab und zu abschweift und keinem strengen Plan folgt.

Schon beim Durchblättern des umfangreichen, aber fesselnden Buches fällt diese unkonventionelle Form auf: Da gibt es Kapitel von zehn Seiten oder mehr, andere haben nur eine Zeile, wieder andere existieren gar nicht und werden (mit entsprechender Nummerierung) an späterer Stelle nachgeholt; ferner gibt es eine komplett schwarze Druckseite, diverse Sternchen (die aus verschiedenen Gründen Ausgelassenes andeuten), einige Seiten lateinischen Text (mit Übersetzung), Parodien auf wissenschaftliche Anmerkungen...

Aus all diesen Gründen ist es eine Herausforderung, für TRISTRAM SHANDY eine Inhaltsangabe zu schreiben. Ich werde mich ihr stellen:

Tristram Shandy möchte (mit der besten Absicht) sein Leben und seine Ansichten da beginnen, wo sie eben tatsächlich beginnen: bei seiner Zeugung. Dies ist für ihn sogleich Anlass, den Leser mit den ungewöhnlichen philosophischen Theorien seines Vaters, der zu allem auf dieser Welt eine ungewöhnliche Theorie hat, bekannt zu machen. So glaubt denn sein Vater – nach einem etwas missratenen Erstgeborenen, der nie auftritt und früh stirbt – die beste Vorsorge zu treffen, um beim zweiten Versuch das perfekte Kind zu bekommen. Doch bereits bei der Zeugung gibt es Pannen, die sein Vater dann durch eine möglichst Kopf (= Gehirn)schonende Geburt wiedergutmachen will. Dies führt zu endlosen Abschweifungen über Hebammen, Eheverträge, Ärzte, Theorien über den Sitz der Seele und die Wichtigkeit einer entsprechend durchgeführten Geburt und so weiter. Dabei lernt der Leser bereits die Hauptfiguren des Romans kennen: den skurrilen Vater und dessen nicht minder skurrilen Bruder Toby, der sich nach einer Kriegsverletzung ausschließlich seinem Steckenpferd widmet, dem Belagerungswesen, was im detailgetreuen Nachbau aller großen Belagerungen der Geschichte im heimischen Garten mündet. Diese beiden Personen werden mit immenser Liebe zum Detail und psychologischer Genauigkeit in all ihren Facetten warmherzig und humorvoll gezeichnet, und ihre (ungleichen und ständig missverständlichen) Dialoge über Gott und die Welt, Befestigungsanlagen und philosophische Spitzfindigkeiten machen einen großen Teil des Buches aus und bilden sozusagen den roten Faden.

Um dies für die Themengewichtung im Roman noch einmal deutlich zu machen: Im ersten Buch wird Tristram mit knapper Not gezeugt, aber erst im vierten Buch tatsächlich geboren. Dazwischen erstrecken sich besagte Erörterungen, Geschichten und Abschweifungen.

Bei der Geburt Tristrams gibt es dann (wie sollte es anders sein) natürlich wieder eine Panne, und er kommt mit plattgedrückter Nase auf die Welt – und das, obwohl sein Vater doch ganz besonderen Wert auf die Bedeutung der Nase für das spätere Leben und den Werdegang gelegt hatte. Schließlich will er retten, was noch zu retten ist und alles bisherige Unheil von seinem Sohn abwenden, indem er ihm mit dem besten aller Namen (der Vater hat natürlich auch eine erschöpfende Theorie über Namen) ausstattet. Doch auch das geht schief, und so bekommt der Sohn den unglückseligen Namen Tristram, mit dem – so meint der Vater – noch niemand in der Welt sich hervorgetan hat.

So ist im vierten Buch (nach ca. 350 Seiten) der Held denn endlich geboren und getauft – und, nach den Theorien seines Vaters, aufgrund all dieser Missgeschicke dazu bestimmt, es in der Welt zu nichts zu bringen. Dies ist denn auch eine Bestimmung, die der Erzähler Tristram immer wieder entschuldigend und kokettierend ins Feld führt, wenn er seine Geschichte mal wieder konfus und unsystematisch erzählt.

Ende des vierten, Anfang des fünften Buches stirbt der

Erstgeborene, Tristrams Bruder, so dass Tristram zum Erben wird – Anlass, die Erziehungs- und Bildungs*theorien* des Vaters vorzustellen, die dieser so lange und mühsam erarbeitet, dass der kleine Tristram (der immer noch nicht persönlich aufgetreten ist) derweil jahrelang ohne Erziehung auskommen muss, was dieser wiederum als Entschuldigung anführt. Im sechsten Buch (Tristram ist nun fünf Jahre alt und immer noch nicht aufgetreten) widerfährt dem Helden ein erneuter Schicksalsschlag, indem er durch ein herunterfallendes Fenster unfreiwillig beschnitten wird, was wiederum Anlass zu allerhand komischen Szenen, Geschichten, Abschweifungen und väterlichen Theorien ist.

Das ist alles, was man über das äußerliche Leben des Tristram Shandy erfährt.

Das siebte Buch fällt ein wenig aus dem (nicht vorhandenen) Rahmen: Es handelt sich dabei um den Bericht einer Genesungsreise, die Tristram, während er am Roman arbeitet, durch Frankreich unternimmt. Er parodiert hierin die seinerzeit beliebte Form des Reiseberichts, indem er statt Sehenswürdigkeiten und Städte wieder ausschließlich seine Gefühle und persönlichen Geschehnisse beschreibt.

Zwischendurch verspricht der Erzähler dem Leser das eigentliche „Sahnestück" des Buches, nämlich die Liebesgeschichte seines Onkels Toby (der mit den Belagerungen). Immer wieder deutet er etwas an, verschiebt es aber dann. Schließlich holt er es im achten und neunten Buch nach (mit den üblichen Um- und Seitenwegen). Diese Liebesgeschichte ereignete sich allerdings lange vor seiner Geburt, führt also chronologisch gesehen vor den ersten Band. Und damit, diese Geschichte noch nicht einmal zu Ende führend, endet das Buch.

Eine Stilprobe soll an dieser Stelle die Absicht und ungewöhnliche Art dieses Romans verdeutlichen. So sagt Sterne im ersten Buch zu seinem Leser:

Indem Sie mit mir zusammen ein Leben entlang weiterschreiten, wird die oberflächliche Bekanntschaft, die schon zwischen uns angehoben hat, langsam zur Vertrautheit gedeihen, und diese muss dann – wenn sich nicht einer von uns etwas zuschulden kommen lässt – in Freundschaft enden. O diem praeclarum! – denn dann wird nichts von dem, was mich berührt, Ihnen in seiner Art geringfügig oder langweilig erscheinen. Sollten Sie, teurer Freund und Genosse, mich darum jetzt zu Beginn noch für etwas sparsam und zurückhaltend im Wiedergeben von Einzelheiten halten, so haben Sie Geduld, lassen Sie mich fortfahren und meine Geschichte auf meine eigene Weise erzählen. Und wenn ich dann und wann am Wege verweile und spiele oder für einen Augenblick auch die Narrenkappe mit den Schellen aufsetze, so laufen Sie bitte darum nicht davon, und trauen Sie mir schon aus Höflichkeit ein wenig mehr Weisheit zu, als ich nach außen zeigen mag, und lachen Sie mit mir, während wir zusammen dahinschlendern, oder lachen Sie meinetwegen über mich, mit einem Wort: Tun Sie, was Sie wollen, nur verlieren Sie nicht gleich die Geduld und gute Laune.

Warum findet sich dieses ungewöhnliche Buch nun aber in einem Literaturkanon wieder? Dafür gibt es mehrere Gründe. Zum einen, weil es zu seiner Zeit etwas Neues geschaffen hat, Grenzen, die gerade erste im Entstehen waren, bereits sprengte und so gleich zu Beginn einer neuen Literaturform gezeigt hat, wie ungeheuer vielfältig und anpassungsfähig diese ist. Sterne hat sich kein starres Muster genommen und seine Geschichte danach ausgerichtet, wie es viele Dramatiker im 17. Jahrhundert in sklavischer Ehrfurcht vor überkommenen Regelwerken getan haben. (Solche Dramen beispielsweise kennt und liest außer einigen Literaturwissenschaftlern heute niemand mehr.) Sterne hat auch nicht einfach Bestehendes kopiert (weil es sich gut verkaufte) – wie es wiederum mit seinem Buch später geschah, und was in der Regel weder der Kritik noch dem Zahn der Zeit stand hält.

Er betrat statt dessen Neuland – und dies ist nicht nur im

Nachhinein bewundernswert, sondern beeinflusste wiederum eine ansehnliche Schar zeitgenössischer und nachfolgender Autoren. Bereits zehn Jahre nach seinem Erscheinen in England wurde TRISTRAM SHANDY ins Deutsche übersetzt (für das 18. Jahrhundert enorm schnell) und stieß bei Christoph Martin Wieland und Lessing, vor allem aber bei Goethe auf große Bewunderung. Vielleicht aussagekräftiger als weitere lange Aufzählungen von damaligen Sterne-Anhängern (das Buch war auch kommerziell ein Erfolg) ist die folgende Aussage von Goethe: „Er [Sterne] war der erste, der sich und uns von Pedanterie und Philisterei emporhob."

Denn Sterne macht sich in seinem Roman auch ganz direkt über das Schulmeistertum (in diversen Bereichen), über verstaubte Regeln, abgehobene Gelehrte mit ihrer absichtlich unverständlichen Sprache und philosophische Spitzfindigkeiten lustig. Er ist frivol, skurril und bissig (besonders auch gegen diejenigen, die die „Regelverstöße" in der Ordnung seines Buches kritisierten), aber er ist auch ein ausgesprochener Menschenfreund, warmherzig und mitfühlend. Hier findet sich – einträchtig neben aller subjektiven Gefühlsbetonung – das Gedankengut der Aufklärung in Form einer ausgesprochen demokratischen Menschenfreundlichkeit, die sich für die „kleinen Leute" erwärmt und sich anhand intelligenter und weiser Geschichten für Gleichheit und Menschlichkeit – über Religionen und Hautfarben hinweg – einsetzt.

Wie Sterne selbst schreibt, „folge ich meiner Feder und nicht umgekehrt". Das heißt – er tut zumindest so –, als würde er nicht nachdenken, auf niemanden um eines eventuellen Vorteils willen Rücksicht nehmen und sich nach niemandem außer „seinem Herzen" richten. Insofern ist Sternes Roman auch ein Hohes Lied auf die Subjektivität, auf das Individuum. Ausdruck findet dies auch in dem sehr individuellen Sprachstil Sternes, der eine überraschende Fülle neuer, phantasievoller Bilder bietet und sich nie (es sei denn parodierend, wie die drei Seiten lange Nachahmung der Bürokraten- und Juristenschreibe) Phrasen oder abgenutzter Metaphern bedient. Auch hier stellt er häufig sprachliche Konventionen auf den Kopf und schüttelt etwas völlig Neues heraus.

Bekannter jedoch wurde Sterne, wie gesagt, für seine Auflösung der Form – noch bevor diese sich etabliert hatte – und für seine respektlose Ironie, die Jean Paul beeinflusste, ebenso wie Heinrich Heine in der Romantik bis hin zu den experimentellen Werken des 20. Jahrhunderts wie beispielsweise James Joyces ULYSSES (1922). Letzterer greift den assoziativen Stil wieder auf, ist jedoch ungleich schwieriger zu lesen und zu verstehen.

Denn trotz seines Alters und Umfangs ist TRISTRAM SHANDY ein ausgesprochen kurzweiliges und stellenweise urkomisches Buch, das sich nicht zuletzt deswegen bis heute zu lesen lohnt, weil man feststellen kann, wie wenig sich in manchen Punkten in den letzten zweihundertfünfzig Jahren verändert hat.

Ausgaben

In gebundener Ausgabe bei Haffmans, als Taschenbuch bei Diogenes erhältlich.

Jean-Jacques Rousseau (1712 - 1778)
DIE BEKENNTNISSE
(Originaltitel: Les Confessions)
Erschienen 1782

Ich beginne ein Unternehmen, das ohne Beispiel ist und das niemand nachahmen wird. Ich werde meinesgleichen einen Menschen in der ganzen Naturwahrheit zeigen, und dieser Mensch werde ich sein. Ich allein.

Was machte den französischen Philosophen da so sicher? Ungewöhnliche Autobiographien waren schon vor ihm geschrieben und veröffentlicht worden, und wurden nach ihm geschrieben. Emil Faguet, einer seiner Interpreten, hielt Rousseau ohnehin für einen Dichter, der sich um Genauigkeit von Lebensdaten kaum bemühte, oder erklärende Angaben über Personen, die ihm begegneten, für weniger wichtig hielt als das Pathos seiner Sprache und die Leidenschaftlichkeit, mit der er seine Erinnerungen zu kommentieren pflegte.

Jedenfalls machten DIE BEKENNTNISSE des viel Geliebten und Bewunderten in Europa Furore – auch wegen der an Exhibitionismus grenzenden Details –, nachdem sie vier Jahre nach seinem Tode endlich herausgebracht werden konnten. Sie waren ein Auftragswerk seines Verlegers, der mit ihnen eine Gesamtausgabe einleiten wollte. Die Memoiren blieben unvollendet, da ihr Autor in seinen spätesten Lebensjahren unter immer stärker werdenden Depressionen und Wahnzuständen litt, die ihm die Kraft zum Arbeiten nahmen. Eines lässt sich vorneweg sagen: Als außergewöhnlich wurden die BEKENNTNISSE schon zum Zeitpunkt ihres Erscheinens wegen ihrer rückhaltlosen Offenheit empfunden; und das dürfte sich auch dem heutigen Leser noch so darstellen. Sie wurden zu einer wahren Fundgrube psychoanalytischer Forschungen und Entdeckungen verborgener Seiten der Seele. Gegen Lesungen des Autors aus den ersten Kapiteln des Buches schritt die Polizei ein; jemand hatte ausgeplaudert, dass der Philosoph dabei gegen die guten Sitten verstoßen, indem er sich über seine Neigung zur Selbstbefriedigung ausgelassen habe. Erst im späten 20. Jahrhundert wagten es die Verleger, die BEKENNTNISSE ungekürzt zu publizieren.

Manche halten Rousseaus BEKENNTNISSE für das Beste überhaupt, vor allem das Ehrlichste, das der Naturprophet des 18. Jahrhunderts geschrieben hat; unterdessen gilt es vielen als das Einzige aus seiner Feder, was man heutigentags nicht nur noch lesen kann, sondern gelesen haben muss. Dass angeblich nur Weniges in ihnen den tatsächlichen Lebensumständen und Daten entspricht, ist nicht nur eine unbedachte Behauptung, vielmehr fast eine Verleumdung von Seiten seiner Gegner. Beispiel: die erwähnten Personen. Von den rund 600 Namen, die Rousseau in seiner Autobiographie aufführt, lassen sich allenfalls fünf oder sechs nicht hinlänglich identifizieren. Eine Leistung ohnegleichen, wenn man bedenkt, dass sich Rousseau schon deshalb kaum Notizen machen und ein ordentliches Archiv führen konnte, weil er viel zu oft den Wohnort wechselte. Dass er ausdrücklich von BEKENNTNISSEN spricht, könnte auf seinen Verfolgungswahn zurückzuführen sein, oder mit den Schuldkomplexen zu tun haben, die ihm zusehends zu schaffen machten. Der deutsche Herausgeber und Kommentator Alfred Semerau sieht darin freilich eher eine Neigung des „Bekenners" zu absoluter Wirklichkeitstreue: „Sie [die BEKENNTNISSE] sollten so objektiv geschrieben werden, als handelte es sich um einen fremden, doch dem Verfasser genau bekannten Menschen." Mit 50 Jahren begann Rousseau Rückschau zu halten; dabei musste er feststellen, dass man ihn daran zu hindern trachtete, es vollständig und unvoreingenommen zu tun. Ganze Bündel sorgfältig aufbewahrter Briefe hatte man ihm gestohlen, wobei er in heftigen Schmähungen und Verdächtigungen keine der berühmten Persönlichkeiten seiner Zeit auslässt, mit denen er korrespondierte.

Was Rousseau in seinen BEKENNTNISSEN tat, nennt man unterdessen in modischer sprachlicher Anpassung „sich outen". Insofern besitzt der Genfer Philosoph in dem amerikanischen Schriftsteller Gore Vidal einen späten geistigen Erben. Auch Vidal, bekennender Homosexueller, schreckt in seinen Lebenserinnerungen vor delikaten Einzelheiten nicht zurück. Zu den sexuellen Erlebnissen seiner Jugend bemerkt Rousseau, es habe ihn „weniger Überwindung [gekostet], das zu bekennen, was verbrecherisch ist, als das, was lächerlich und beschämend ist." Mit diesem Satz leitet er seine Eingeständnisse erotischer und gesellschaftlicher Unbeholfenheit ein. Er zählt sich ausdrücklich nicht zu den Männern, die mit ihrer Potenz zu prahlen pflegen, sondern räumt gelegentliches Versagen bei Frauen ein, die er begehrt und denen er sich sexuell nähern möchte. Er ist völlig offen darin zuzugeben, dass er – der große Erziehungstheoretiker und Moralist! – seine eigenen Kinder ins Findelhaus trägt; um damit seine Vaterpflichten sträflich zu vernachlässigen.

Er führte überhaupt ein ruheloses Vagabundenleben, wechselte die Berufe mindestens ebenso häufig wie die Adresse. Zunächst entsagte er dem Calvinismus, um Katholik zu werden; später kehrte er dem Katholizismus den Rücken, um sich in seiner Vaterstadt Genf wieder als Calvinist sehen lassen zu können. Zunächst Lehrling bei einem Gerichtsschreiber, dann bei einem Graviermeister, besuchte Jean-Jacques erfolglos ein Priesterseminar, wurde Musiklehrer und verletzte sich schließlich bei chemischen Experimenten. Nach einigen autodidaktischen Studien nahm er in Lyon einen Posten als Hauslehrer an und entwarf auf der Stelle ein „Projekt für die Erziehung". Kaum in Paris angekommen, unterbreitete der etwa 25jährige der Académie Française einen Vorschlag für ein revolutionierendes

Notensystem, bei dem die Noten durch Zahlen ersetzt werden. Eine Dissertation über „moderne Musik" beendigt seine vielfältige Ausbildung. Mit 31 wird er Sekretär des französischen Botschafters in Venedig, komponiert seine erste Oper – „Die galanten Musen" – und schockiert die Pariser Musikwelt mit seinem „Brief über die französische Musik"; ein gepfefferter Verriss, wie sich schon denken lässt. Seine erste sexuelle Begegnung hat er mit der 13 Jahre älteren Françoise-Louise de Warens am Genfer See; er nennt sie „Maman". Sie bemuttert ihn tatsächlich mehr als in ihm den Mann zu sehen, denn sie tauscht Jean-Jacques bei passender Gelegenheit gegen einen anderen Liebhaber aus.

Die philosophischen Schriften, die ihn unter Seinesgleichen bekannt machen, erzielen nicht annähernd den schriftstellerischen Erfolg, den Rousseau mit seinem gefühlsseligen Briefroman „Die neue Heloise" fast mühelos einheimst. Goethe ahmt ihn in seinem „Werther" nach, bis in die schwärmerischen Passagen seiner Naturseligkeit hinein; mit dem Unterschied, dass Werthers Briefe ohne Antwort bleiben, und das Ende der Geschichte dadurch beinahe noch trauriger erscheint. Sein bis heute nachwirkender Ruhm aber gründet hauptsächlich auf den BEKENNTNISSEN.

Deshalb lohnt es sich, aus den einführenden Passagen des ersten Buches weiter zu zitieren. Es begann ja mit der effektvollen Behauptung: „Ich beginne ein Unternehmen, das..." In dieser Weise wird der Text fortgeführt; wobei immer deutlicher die Egozentrik einer Person hervortritt, die sich beobachtet und gemaßregelt fühlt, die argwöhnt, wo es keinen Anlass zum Verdacht gibt. Das Entscheidende aber, und damit auch das völlig Neue an diesem Buch ist die rückhaltlose Offenheit, in der sich ein Autor seinem Leser zu zeigen beabsichtigt:

Ich lese in meinem Herzen und kenne die Menschen. Ich bin nicht wie einer von denen geschaffen, die ich gesehen habe; ich wage sogar zu glauben, dass ich nicht wie einer der Lebenden gebildet bin. Wenn ich nicht besser bin, so bin ich wenigstens anders. Ob die Natur wohl oder übel daran tat, die Form zu zerstören, in die sie mich goss, kann man erst beurteilen, nachdem man mich gelesen hat. Mag die Trompete des Jüngsten Gerichts wann immer erschallen, ich werde mit diesem Buch in der Hand mich vor den obersten Richter stellen. Ich werde laut sagen: So tat ich, so dachte, so war ich! Ich habe das Gute und das Böse mit dem gleichen Freimut erzählt. Ich habe nichts Schlimmes verschwiegen, nichts Gutes zugesetzt, und wenn es mir manchmal begegnete, dass ich einen bedeutungslosen Zierrat verwandte, so geschah es nur, um eine Lücke zu füllen, die mir mangelnde Erinnerung verursachte. Ich habe als wahr das voraus setzen können, was, wie ich wusste, wahr sein konnte, nie das, was meines Wissens falsch war. Ich habe mich so gezeigt, wie ich bin. Verächtlich und niedrig, wenn ich es war, gut, edelmütig und groß, wenn ich es war. Ich habe mein Innerstes entblößt, so wie du es selbst gesehen hast. Ewiges Wesen, versammle um mich die unzählbare Schar meiner Mitmenschen; sie sollen meine Bekenntnisse hören, über meine Schwächen seufzen und über meine Nöte erröten. Jeder von ihnen enthülle seinerseits sein Herz mit der gleichen Aufrichtigkeit zu den Füßen deines Throns, und dann möge auch nur einer dir sagen, wenn er es wagt: ich war besser als dieser Mensch da!

Tatsächlich schildert Rousseau sich in seinen Erinnerungen als einen eher verklemmten, denn völlig enthemmten Exhibitionisten, der sich von Ferne „weiblichen Personen in dem Zustande zeigen konnte, in dem ich bei ihnen hätte sein mögen“. Das daran „nichts Unzüchtiges“ gewesen sei, fügt der Autor gleich hinzu; denn „es war nur lächerlich“. Man kann davon halten, was man will – es ist aufrichtig gemeint, schon weil es beinahe Mitleid erheischt mit einem Menschen, der doch zu den Geistesriesen zählt, zumindest seines, des 18. Jahrhunderts.

„Dagegen hat meine Begründung [der Ethik des Mitleids] die Autorität des größten Moralisten der ganzen neuern Zeit für sich: denn dies ist, ohne Zweifel, Rousseau, der tiefe Kenner des menschlichen Herzens, der seine Weisheiten nicht aus Büchern, sondern aus dem Leben schöpfte, und seine Lehre nicht für das Katheder, sondern für die Menschheit bestimmte, er, der Feind der Vorurteile, der Zögling der Natur, welchem allein sie die Gabe verliehen hatte, moralisieren zu dürfen, ohne langweilig zu sein, weil er die Wahrheit traf und das Herz rührte."
Arthur Schopenhauer (1788 - 1860)

„Wir nehmen Jean-Jacques Rousseau als eine historische, hoch zu bewertende Erscheinung; als den Mann, der neben Voltaire steht; als den Rufer im Streit, dessen Forderungen erfüllt sind, dessen Sendung beendet ist, als den großen Anreger, dem wir viel zu verdanken haben, den unsere führenden Geister verehrten – aber der Bekenner Rousseau lebt für uns noch und wird noch lange leben, so lange jedenfalls, wie auf dieser Welt das Interesse des Menschen für seinesgleichen nicht erlischt."
Alfred Semerau (Übersetzer und Herausgeber, geschrieben 1920)

„Als wunderlich wildes Erzählbuch wird die von Einfall zu Erinnerung hüpfende, sich in Abschweifungen verirrende, in Landschaftsbildern und Naturbeschreibungen beruhigende Geschichte eines Lebens erst geschätzt, seitdem moderne Prosa ähnlich frei von Assoziationen zu Traumbildern schweifen gelernt hat. Dieser lebenslang Unglückliche mit dem lebenslang bewahrten Traum vom Glück, der unter beidem leidet, unter seinem ‚feurigen Temperament' und unter seinen ‚nur langsam entstehenden unklaren Gedanken', und der von sich sagt, ‚mein Herz und mein Ver-

stand gehörten nicht zu ein und demselben Menschen', schafft sich in den zwölf Büchern seiner Autobiographie den literarischen Ausdruck, der solcher Zerrissenheit und einem Lebenslauf als (nicht nur seelischer) Berg- und Tal-Bahn entspricht."
Rolf Michaelis (Literaturwissenschaftler, geb. 1933)

Ausgaben

Die Bekenntnisse des Jean-Jacques Rousseau. Nach dem Text der Genfer Handschrift übertragen von Alfred Semerau. Berlin 1921

Außerdem: diverse Taschenbuch-Ausgaben, u. a. bei Insel und Reclam.

Immanuel Kant (1724 - 1804)
ZUM EWIGEN FRIEDEN
Erschienen 1795

Immanuel Kant, der Philosoph der „reinen", danach der „praktischen" Vernunft – verbirgt sich hinter seiner Person der erste Friedensforscher der Neuzeit? Wir werden sehen. Am 13. August 1795 jedenfalls schreibt der 71jährige einen folgenschweren Brief an seinen Verleger: „Wenn Ew. Hochedelgeb. eine Abhandlung, die, auf weißem Druck-papier, etwa fünf Bogen austragen dürfte und vor Ende künftiger Woche Ihnen im Mspt [Manuskript] überliefert werden kann, zur nächsten Michaelismesse fertig schaffen können ... so können Sie für diese nächste Messe, unter der Rubrik der fertig gewordenen Schriften, setzen lassen: Zum ewigen Frieden. Ein philosophischer Entwurf. von Immanuel Kant."

Kant, auf dem Höhepunkt seines Ruhmes, blickte von „seinem" Königsberg, das er ein Leben lang niemals verlassen hat, auf ein Jahrhundert der Kriege und Streitigkeiten unter den Völkern zurück. In noch deutlicher Erinnerung die Kriege des Preußenkönigs Friedrich II., dann die blutigen Revolutionen in verschiedenen Teilen der Welt, vor allem die „große" in Frankreich... Er hatte es vermutlich satt, immer nur vom Katheder des Gelehrten unbeteiligt zuzuschauen, wie die Völker sich ihren Untergang bereiteten.

Sein Königsberger Verleger war höchst angetan von der Idee, druckte sogleich die doppelte der üblichen Auflagen, nämlich 2.000 Exemplare, die er umgehend absetzte, und die deshalb einen sofortigen Nachdruck erforderte. Eine zweite erweiterte Auflage erschien im Frühjahr 1796, nachdem unerlaubte Nachdrucke in Frankfurt und Leipzig auf den Markt gekommen waren. Der Friede, plötzlich ein

„Renner“ unter den Deutschen? Oder nur eine Modeerscheinung? Kant für seine Person glaubte sich, bestärkt durch den Erfolg seiner kleinen Schrift – sie umfasst nur 50 Buchseiten –, nach lebenslangem Forschen und Lehren zu der Annahme berechtigt, dass den Menschen endlich „die Grenzen ihrer Vernunft“ gewiesen werden müssten, um ihnen den Glauben an hilfreiche Veränderungen im Zusammenleben der Völker zurückzugeben.

Was faszinierte die Leser so sehr an Kants hoch anspruchsvoller Schrift?

Zunächst einmal der überraschende Gedanke, konkrete politische Überlegungen mit einer systematischen rechtsphilosophischen Reflexion zu verbinden. Hinzu kam: Der Entschluss, eine solche Schrift vom „Ewigen Frieden“ aufzusetzen, hatte einen aktuellen Hintergrund, und zwar den am 5. April 1795 zwischen Preußen und Frankreich abgeschlossenen Sonderfrieden. Zwar gab sich Kant, selbst wenn man ihm dies umgehend von verschiedenen Seiten vorhielt, keinen Illusionen darüber hin, dass dieser Friedensschluss etwa mehr als ein erweiterter Waffenstillstand sein könne.

Kant setzt dort an, wo Staatsmänner und die ganz und gar durchschnittlichen Politiker versagen, was sie dann oftmals dazu nötigt, Gewalt anzuwenden: beim Recht. Wenn, so des Philosophen erster Gedankengang, sich die Staaten endlich der Idee des Rechts unterordnen würden, wäre der Weg für einen dauerhaften und gesicherten Frieden unter den Völkern frei.

Nur schön und ideal gedacht, oder doch mehr? Kant blieb für den Rest seines Lebens davon überzeugt, dass dies die Lösung sein könne. Noch Bundeskanzler Helmut Schmidt zitierte aus Kants EWIGEM FRIEDEN – fast zweihundert Jahre nach dem Erscheinen dieses kleinen, doch so wirkungsmächtigen Buches – in einer Regierungserklärung. Die Worte fanden Gehör, selbst wenn sie nicht gleich auf allen Seiten wünschbares Handeln nach sich zogen. Eines ist augenfällig und unabweisbar richtig: Kants beschwörender Appell an der Wende vom 18. zum 19. Jahrhundert ist heute noch aus allen Reden vernehmbar, die nicht nur aufs Niederbrüllen oppositioneller Meinungen erpicht sind:

Das Recht der Menschen muss heilig gehalten werden, der herrschenden Gewalt mag es noch so große Aufopferung kosten. Man kann hier nicht halbieren, und das Mittelding eines pragmatisch-bedingten Rechts (zwischen Recht und Nutzen) aussinnen, sondern alle Politik muss ihre Knie vor dem ersteren beugen, kann aber dafür hoffen, obzwar langsam, zu der Stufe zu gelangen, wo sie beharrlich glänzen wird.

Hier sprach kein weltfremder Träumer, sondern ein Realist und Vernunftmensch, der sich den Glauben an die Erreichbarkeit auch ferner Ziele der Menschheit bewahrt hat. Im Grunde sagte und schrieb Kant etwas beinahe Selbstverständliches: Politik wird für Menschen gemacht; allerdings auch von Menschen. Wahr ist allerdings, dass gerade diese simple Tatsache oft und gründlich vergessen wurde. Da sitzt der Haken. Den raschen Vorwurf gedankenloser Träumerei ließ er sich gern gefallen. Was vermochte dieser gegen den größten Denker seiner Zeit? Die rhetorische Frage stellten sich um so häufiger Freunde und Bewunderer. Kant war es darum zu tun, möglichst vielen einflussreichen Leuten einsichtig zu machen, dass praktische Politik allenfalls eine Art Waffenstillstand, aber nichts darüber Hinausgehendes erreichen könnte. Ihm schwebte der „ewige Friede“ vor. Das heißt: eine gesellschaftliche und politische Szenerie, die Krieg als Mittel der Politik künftig ausschließen würde! Ein für damalige Zeiten und Zustände revolutionärer Gedanke. Denn die Feudalherren, die allenthalben noch am Werke waren, würden einem Philosophen zuliebe kaum auf ihr geliebtes Kriegshandwerk verzichten wollen.

Der kleinwüchsige große Mann der Zeit, von vielen nicht nur bewundert, sondern regelrecht verehrt, hatte indessen vorgearbeitet. Seine bedeutenden Werke waren bei den

Gebildeten und Einflussreichen nicht ohne Wirkung geblieben. Die Gedanken über den so genannten „kategorischen Imperativ" sittlichen Handelns galten vielen Deutschen unterdessen als Maßstab ihres Verhaltens gegenüber den Mitmenschen: „Handle so, dass die Maxime deines Willens jederzeit zugleich als Prinzip einer allgemeinen Gesetzgebung gelten könne."

Ein anderer berühmter Ausspruch von Kant stimmte die Intellektuellen in deutschen Landen tief nachdenklich. Er lautet: „Was ist Aufklärung? Ausgang des Menschen aus selbstverschuldeter Unmündigkeit."

Schnell war dem Königsberger Geistesheros in Friedrich Schiller (1759 - 1805) und dessen Weimarer und Jenaer Freunden eine treue Anhängerschaft zugewachsen. Hielten viele von Kants Geistesgefährten dessen weitgestecktes Ziel, eine „weltbürgerliche Ordnung" aufzurichten – als Konsequenz aus dem „ewigen Frieden" –, nicht nur für kaum erreichbar, sondern für gänzlich utopisch, wollte der unbeirrt an diesem Projekt weiter arbeitende Philosoph davon nicht lassen. Das größte Phänomen in dieser Sache bleibt dabei die beträchtliche Zahl der Leser seiner Schrift, zur Jahrhundertwende (1800) und weit darüber hinaus.

Nach Kant ist die Möglichkeit eines auf die Verwirklichung der Idee des Rechts gegründeten Friedens auf drei Ebenen zu erörtern: Im Staats-, Völker- und Weltbürgerrecht. Diese Annahme stützt sich darauf, wie Kant in ZUM EWIGEN FRIEDEN schreibt, *dass alle Menschen, die aufeinander wechselseitig einfließen können, zu irgend einer bürgerlichen Verfassung gehören müssen.* Kant trat hierbei klar für eine „republikanische" Verfassung ein; wir würden heute von Demokratie reden.

Sie allein könnte die staatsrechtliche Voraussetzung für den ewigen Frieden bilden, inklusive der damit verbundenen Gewaltenteilung. Notwendige völkerrechtliche Voraussetzung für die Erreichung des dauerhaften Friedens wäre dann ein Staatenbund unter den oben genannten Bedingungen innerer Freiheit auf der Grundlage einer republikanischen, d. h. demokratischen Verfassung. Die Souveränität der einzelnen Staaten würde dabei unberührt bleiben. Mit einem in naher Zukunft vielleicht immer aktueller werdenden Zusammenwachsen der Völker, gar multikultureller Bestrebungen oder Vermischungen hat das allerdings wenig zu tun. Mit Kants Absichten wäre dies nicht zu vereinbaren gewesen. Denn die weltbürgerliche Bedingung für einen Dauerfrieden wäre nach Kant die Einschränkung des Gastrechts auf ein reines Besuchsrecht gewesen – im übrigen: ein genereller Verzicht auf Kolonialismus. Irgendwo und irgendwie muss Kant der Gesittung der Völker auf der Basis der Vernunft doch misstraut haben. Zu seiner Entschuldigung sei gesagt, dass er das Zeitalter des Flugtourismus und der Globalisierung der Märkte schlechterdings nicht hat voraussehen können.

Kant, soviel ist sicher, war sich nicht im entferntesten der Treulosigkeit seinen Idealen gegenüber bewusst, die in den Jahrzehnten nach seinem Tode im Jahre 1804 einsetzen würde. Er wirkte, so lange er lebte.

Den Rest müssen jene besorgen, auch heute noch, die sich seinen Zielen verpflichtet fühlen. Denn die Bedeutung seiner Gedankengänge ist geistesgeschichtlich in keiner Weise geschmälert worden. Doch was heißt das schon? Seine Gemeinde ist nicht sichtbar, noch weniger greifbar – gleichwohl existiert sie, auf die eine oder andere Weise. Dessen sind sich viele, sehr viele Menschen auf der ganzen Welt bewusst.

Kant hat, anders als Arthur Schopenhauer (der sich noch als seinen Schüler wähnte) und Friedrich Nietzsche (der in Schopenhauer sein Vorbild erblickte), nachweislich weder die Musik, noch die Malerei oder gar die Literatur beeinflusst. Er wollte in sittlicher Hinsicht ein Beispiel geben; und das hat er getan. Er war groß im Denken, konsequent und ehrlich im Handeln. Schopenhauer hat ihn verehrt, bis er seinen eigenen Weg fand. Nietzsche ging es mit Schopenhauer ebenso. Er wurde durch dessen Werk „erweckt“, um später zwar einen bewundernden, genau besehen aber herablassenden Essay über ihn zu verfassen: „Schopenhauer als Erzieher“.

Stimmen zu Immanuel Kant und dem EWIGEN FRIEDEN

„Der Geist, den die Kantische Schrift zum ewigen Frieden atmet, muss jedem Freunde der Gerechtigkeit wohltun, und noch die späteste Nachwelt wird auch in diesem Denkmale die erhabene Gesinnung des ehrwürdigen Weisen bewundern.“
Friedrich Schlegel (Literaturkritiker, 1772 - 1829)

„Kant ist überzeugt, gerade im Gebiet des Praktischen das Unbedingte finden zu können, das er im Felde des Theoretischen vergeblich sucht. Er meint, wenn der Mensch ernstlich wissen wolle, wie er handeln soll, trete ihm ein unbedingtes Gebot, ein kategorischer Imperativ, entgegen, der ihn daran hindere, nach Willkür und Laune zu verfahren. Da werde ihm über alle rationalen Erwägungen hinaus unmittelbar gewiss: so und nicht anders musst du handeln. Hier als zeige sich inmitten des bedingten Daseins des Menschen die Unbedingtheit des ‚Du sollst'.“
Wilhelm Weischedel (Philosoph, 1905 - 1975)

„Seit Ende des 19. Jahrhunderts gewann Kants Schrift wieder deutlich an Bedeutung für die philosophische Erörterung von Krieg und Frieden. Dieses Interesse hat nicht nur bis in unsere Zeit angehalten, es ist offenbar (unter dem Eindruck zweier Weltkriege) noch im Steigen begriffen.“
Rudolf Malter (Herausgeber der Schrift ZUM EWIGEN FRIEDEN)

Georg Friedrich Philipp von Hardenberg, gen. Novalis (1772 - 1801)
HYMNEN AN DIE NACHT
Erschienen 1800

Was wir von der Romantik wissen müssen, erfahren wir durch sein Werk. Die Romantik überhaupt ist eine deutsche Angelegenheit, vornehmlich die von Novalis. Sie wurde in allen Literaturen Europas und der Neuen Welt schnell nachgeahmt. Als eine Art kulturrevolutionärer Bewegung um 1800 entstanden, setzte sie sich für die endgültige Befreiung des Individuums und die Autonomie der Künste ein. Unter dem Begriff der UNIVERSALPOESIE programmatisch vereint, erweist sich die Romantik als unverändert fruchtbar mit bis heute nicht ausgeschöpften Entwürfen von der fragmentarischen Dichtung bis zum Gesamtkunstwerk. Den Begriff selbst schufen Friedrich von Hardenberg und sein gleichaltriger Freund, der Dichter und Literaturkritiker Friedrich Schlegel (1772 -1829).

Friedrich von Hardenberg wählte mit der Publikation der „Vermischten Bemerkungen / Blütenstaub" in der 1798 gegründeten Zeitschrift „Athenäum" das seither verbindliche Pseudonym NOVALIS; es bedeutet „der Neuland Bestellende". Er war auf der Suche nach der „blauen Blume", dem Symbol für die Sehnsucht nach unendlichen, alle Erfahrungsgrenzen aufhebenden Bewusstseinsdimensionen – und fand mit nur 29 Jahren ein frühes Grab. Seine Todessehnsucht war noch tiefer als der Drang nach Erfüllung in der Erkenntnis des Urgrundes allen Lebens.

Novalis´ HYMNEN AN DIE NACHT verleihen den Symbolen Licht und Dunkel, Tag und Nacht vielstimmigen Ausdruck. Diesen Begriffspaaren entsprechen Diesseits und Jenseits, Leben und Tod. Die HYMNEN künden aber nicht, wie man vermuten sollte, vornehmlich vom Tode

(= Nacht). Novalis bringt uns vielmehr in der ersten Hymne, 3. Gesang, den Gedanken von der „Nacht als Element des Lebens“ nahe: *Himmlischer, als jene blitzenden Sterne, dünken uns die unendlichen Augen, die die Nacht in uns geöffnet.* Und erst diese mystische Erkenntnis der Nacht leiht uns das Organ zu empfinden, was es heißt, *unbedürftig des Lichts ... die Tiefen eines liebenden Gemüts* zu durchschauen.

Die sechs HYMNEN AN DIE NACHT sind in zwei Versionen überliefert:

1. als Handschriften in vorwiegend gebundener Sprache (Versen);
2. als durchweg in rhythmischer Prosa vorliegende Druckfassung.

Die im Einzelnen nur schwer nachweisbare Entstehungsgeschichte und Datierung der Hymnen beschäftigt bis heute ganze Germanistenstämme. Was aber bleibt ist das Bild, das uns Novalis – in seinem privaten Leben um höchst irdische Dinge wie eine Festanstellung und angemessene Unterkunft ringend – von der heiteren Welt der Antike oder dem „goldenen Zeitalter“ vermittelt:

...ein ewig buntes Fest der Himmelskinder und der Erdenbewohner rauschte das Leben, wie ein Frühling, durch die Jahrtausende hin.

Textprobe (2. Hymne, Druckfassung):

Muss immer der Morgen wieder kommen? Endet nie des Irdischen Gewalt?

Unselige Geschäftigkeit verzehrt den himmlischen Anflug der Nacht. Wird nie der Liebe geheimes Opfer ewig brennen? Zugemessen ward dem Lichte seine Zeit; aber zeitlos und raumlos ist der Nacht Herrschaft. – Ewig ist die Dauer des Schlafs. Heiliger Schlaf – beglücke zu selten nicht der Nacht Geweihte in diesem irdischen Tagewerk. Nur die Toren verkennen dich und wissen von keinem Schlafe, als den Schatten, den du in jener Dämmerung der wahrhaften Nacht mitleidig auf uns wirfst. Sie fühlen dich nicht in der goldenen Flut der Trauben – in des Mandelbaums Wunderöl, und dem braunen Safte des Mohns. Sie wissen nicht, dass du es bist, der des zarten Mädchens Busen umschwebt und zum Himmel den Schoß macht – ahnen nicht, dass aus alten Geschichten du himmelöffnend entgegentrittst und den Schlüssel trägst zu den Wohnungen der Seligen, unendlicher Geheimnisse schweigender Bote.

Die dritte Hymne halten Novalis-Kenner für seine schönste, und die biographisch aufschlussreichste. Der Dichter kommt in ihr – beinahe wörtlich – auf eine Tagebucheintragung vom 13. Mai 1797 (zwei Monate nach dem Tod seiner nur 15jährigen Verlobten Sophie von Kühn) zurück. Novalis hatte Sophie kennen- und lieben gelernt, als sie noch nicht ganz 13 Jahre alt war. Kein Dichter könnte solche Geschichten erfinden und als glaubhaft im Roman verbreiten; der Romantiker l e b t e ihn... Nachfolgend die Druckfassung der 3. Hymne:

Einst da ich bittre Tränen vergoss, da in Schmerz aufgelöst meine einzige Hoffnung zerrann, und ich einsam stand am dürren Hügel, der in engen, dunkeln Raum die Gestalt meines Lebens barg – einsam, wie noch kein Einsamer war, von unsäglicher Angst getrieben –, kraftlos, nur ein Gedanke des Elends noch. – Wie ich da nach Hilfe umherschaute, vorwärts nicht konnte und rückwärts nicht, und am fliehenden, verlöschten Leben mit unendlicher Sehnsucht hing: – da kam aus blauen Fernen – von den Höhen meiner alten Seligkeit ein Dämmerungsschauer – und mit einemmale riss das Band der Geburt – des Lichtes Fessel. Hin floh die irdische Herrlichkeit und meine Trauer mit ihr – zusammen floss die Wehmut in eine neue, unergründliche Welt – du Nachtbegeisterung, Schlummer des Himmels kamst über mich – die Gegend hob sich sacht empor; über der Gegend schwebte mein entbundner, neugeborner Geist. Zur Staubwolke wurde der Hügel – durch die Wolke sah ich die verklärten Züge der Geliebten. In ihren Augen ruhte die Ewigkeit – ich fasste ihre Hände, und die Tränen wurden ein funkelndes, unzerreißliches Band. Jahrtausende zogen abwärts in die Ferne, wie Ungewitter. An ihrem Halse weint ich dem neuen Leben entzückende Tränen. – Es war der erste, einzige Traum – und erst seitdem fühl ich ewigen, unwandelbaren Glauben an den Himmel der Nacht und sein Licht, die Geliebte.

Zusammenfassend meint Novalis-Herausgeber Hans-Joachim Mähl zu den HYMNEN AN DIE NACHT, die vom Dichter gemeinte und verkündete neue Welt werde in der Gestalt der Dichtung präsent: „Solche Poesie ist im Sinne von Novalis fähig, die Außenwelt zu beseelen und fortschreitend zu poetisieren. Es scheint, dass der Dichter in dieser nicht nur verkündenden, sondern erlösenden Funktion der Poesie auch existentielle Bedeutung beigemessen hat."

Romantik als literarische Richtung galt in den Tagen von Novalis und Schlegel als die „neue Schule", freilich mit vielfältigen Begriffsdeutungen und Nebenbedeutungen. Ja, das bewußt Offene, Unklare und Schwankende war von Beginn an und blieb ihr eigentümlich. Novalis: „die Kunst, auf eine angenehme Art zu befremden, einen Gegenstand fremd zu machen und doch bekannt und anziehend – das ist romantische Poetik." Wie sein Freund Schlegel war er von der zukunftsweisenden Idee der Romantik überzeugt: „Die Welt muss romantisiert werden. So findet man den ursprünglichen Sinn wieder." Und: „Romantisieren ist nichts als eine qualitative Potenzierung. ... Indem ich dem Gemeinen einen hohen Sinn, dem Gewöhnlichen ein geheimnisvolles Ansehen, dem Bekannten die Würde des Unbekannten, dem Endlichen einen unendlichen Sinn gebe, so romantisiere ich es."

Leben und Werk des Dichters sind unauflösbar miteinander verbunden. Seine Studien waren vielfältig und reichten von Jura über die Philosophie bis zur Bergwissenschaft. So hat Novalis der Nachwelt nicht nur seine GEDICHTE und HYMNEN sowie die Romanfragmente HEINRICH VON OFTERDINGEN und DIE LEHRLINGE ZU SAIS, sondern naturwissenschaftliche Untersuchungen in großer Zahl hinterlassen. Letztere konnten erst in jüngerer Zeit vollständig publiziert werden.

Von der deutschen Romantik, und insbesondere von Novalis, gingen Anregungen in alle Welt, vor allem in das westliche Europa, aber auch nach Amerika. Dort gab es in der Gestalt des Edgar Allan Poe (1809 - 1849) eine auffällige Parallele zum Leben des Novalis. Denn auch Poe verlobte sich mit einem dreizehnjährigen Mädchen, das früh starb; er romantisierte schon seine Herkunft, indem er sich als illegitimer Sohn eines Adligen ausgab, und schwelgte in seinen Dichtungen genussvoll von Tod und Verklärung. Auch die englischen Romantiker Percy Bysshe Shelley (1792 - 1822) und John Keats (1795 - 1821) stehen auf jeweils eigene Weise in der Nachfolge des Novalis.

Die Meinungen über die jeweilige Bedeutung seiner Werke gehen weit auseinander. Viele nennen HEINRICH VON OFTERDINGEN, andere die GEISTLICHEN LIEDER, wiederum andere HYMNEN AN DIE NACHT. Eine singuläre Auffassung vertritt der Schriftsteller Ch. Brennan; seine Wahl fiel auf das LIED DER TOTEN.

Stimmen zu Novalis

„Er selbst definierte Philosophie als Heimweh, Trieb, überall zu Hause zu sein. Als ein solcher Philosoph war Novalis geboren. Sein Hang, die Dinge in der Art zu betrachten, dass er sich von Ursache zu Ursache tastete und sich daran wie an einer Strickleiter in ihre Tiefen herabließ, macht den echten Philosophen. An der Außenseite eines Dinges haften zu bleiben, war ihm durchaus unmöglich; ein ätherischer Körper, drängte sein Geist sich überall in das Innere hinein. So war er Philosoph, immer, in jedem Augenblick, mit allen Kräften, soviel wie er Mensch war,

weswegen es ihm nicht hätte begegnen können, dass er eine Theorie verfochten und ihr im Leben zuwider gehandelt hätte. Seine Philosophie war wie seine Poesie sein Leben: erlernt im Leben und darin angewandt."
Ricarda Huch (Schriftstellerin, 1864 - 1947)

„Der Gipfel seines Schaffens ist das LIED DER TOTEN. Es ist nicht nur sein Meisterwerk, es ist eines jener vollkommenen Meisterwerke, die selbst im Leben eines großen Dichters wohl nur einmal gelingen, eines der Meisterwerke der Weltliteratur, ein Wunder an unirdischer Musik und vollkommenem Ausdruck. Es ist unmöglich, es zu übersetzen; man müsste dazu des Dichters eigenes Leben gelebt haben, durch alle seine Empfindungen geschritten sein und zugleich die kleinste seiner Erfahrungen gemacht haben. Schon das einzigartige und wunderbare Spiel der Reime genügt, einem Übersetzer den Mut zu nehmen. Ich kann nur alle diejenigen, die Deutsch können, auf das Original verweisen, und allen anderen raten, diese Sprache so rasch als möglich zu lernen, damit sie es lesen können."
Christopher Brennan (australischer Lyriker und Literaturwissenschaftler, 1870 - 1932)

„Novalis ist der einzige wahrhafte Dichter der romantischen Schule, nur in ihm ist die ganze Seele der Romantik Lied geworden. ... Die anderen, wenn sie überhaupt Dichter waren, waren bloß romantische Dichter; die Romantik gab ihnen bloß neue Motive, veränderte bloß die Richtung ihrer Entwicklung oder bereicherte sie, aber sie waren schon Dichter, bevor sie diese neuen Gefühle in sich erkannt haben und blieben es auch, nachdem sie sich von aller Romantik abgewandt hatten. Leben und Werk des Novalis bilden – es hilft nichts, dieser Gemeinplatz ist die einzig zutreffende Formel – eine unzertrennliche Einheit. Als eine solche Einheit sind sie ein Symbol der gesamten Romantik; es scheint, als ob ihre ins Leben ausgesetzte und dort verirrte Poesie,

durch sein Leben erlöst, wieder lautere und echte Poesie geworden wäre."
Georg Lukács (Literaturwissenschaftler, 1885 - 1971)

Ausgaben

Empfohlen sei Novalis: Werke in einem Band (hrsg. v. H. J. Mähl u. a.), Hanser

Johann Wolfgang Goethe (1749 - 1832)
WEST-ÖSTLICHER DIVAN
Erschienen 1819 (erweitert in der Ausgabe letzter Hand 1827)

Ein Gedichtzyklus nach orientalischen Vorbildern, in Anlehnung vor allem an die Werke des persischen Klassikers Hafis (1317/25 - 1389/90) sowie anderer Autoren der arabischen Welt. Goethe stützte sich bei seiner Altersdichtung auf die deutsche Übersetzung des Orientalisten Joseph von Hammer.

Von den Zeitgenossen meist unverstanden oder gar verhöhnt, gehört der DIVAN heute zu Goethes bekanntesten und zugleich hoch geschätzten Werken. Der DIVAN ist der erste Versuch eines international renommierten Autors, zwischen den beiden kulturellen Sphären eine Brücke der Begegnung zu schlagen. Die orientalische Welt hat dies dem deutschen Genius nicht vergessen. Die Folgen durften deshalb nicht ausbleiben, selbst wenn sie lange auf sich warten ließen:

Im Sommer des Jahres 2000 enthüllten die Staatsoberhäupter der Bundesrepublik Deutschland, Johannes Rau, und des Iran, Chatami, auf dem Platz hinter dem Gelände von Goethes Wohnhaus in Weimar ein Denkmal zur dauernden Erinnerung an die schriftstellerische Großtat, die der DIVAN bis in die Gegenwart hinein darstellt. Mit dieser bedeutenden Geste gemahnen beide Länder an den West und Ost verbindenden überzeitlichen Dialog der Kulturen. Chatami verwies darauf, dass Goethe sich mit dem DIVAN nicht nur vor dem Orient verneigen wollte, sondern bewußt den arabischen Titel „Östlicher Divan des westlichen Autors“ verwendete. Tatsächlich legt dieser Titel den Gedanken nahe, dass „der Dichter Ost und West nicht lediglich als zwei geographische Regionen begreift, sondern als zwei philosophische und kulturelle Pole der Welt, und dabei versucht, als westlicher Dichter mit dem Orient, insbesondere mit dessen Geistes- und Kulturgrößen in Dialog zu treten.“ (Chatami)

Der WEST-ÖSTLICHE DIVAN ist in zwölf „Bücher“ unterteilt:

Buch des Sängers / Buch Hafis / Buch der Liebe / Buch der Betrachtungen / Buch des Unmuts / Buch der Sprüche / Buch des Timur / Buch Suleika / Das Schenkenbuch / Buch der Parabeln / Buch des Parsen / Buch des Paradieses.

Da manches in dieser Gedichtesammlung erklärungsbedürftig ist, und Goethe nicht Gefahr laufen wollte, von seinen Zeitgenossen missverstanden zu werden, fügte er dem poetischen Hauptteil die „Noten und Abhandlungen zum besseren Verständnis des west-östlichen Divans“ an. Schon durch die Wertschätzung der Märchensammlung TAUSENDUNDEINE NACHT angelegt, dokumentiert Goethe im DIVAN seine Absicht, den Orient als eine Weltregion historisch und kulturell mustergültiger Strukturen und Werte zu betrachten. Deshalb eröffnet er das Buch des Sängers mit den Versen:

Nord und West und Süd zersplittern,
Throne bersten, Reiche zittern,
Flüchte du, im reinen Osten
Patriarchenluft zu kosten.

Es ist zweifelhaft, ob angesichts der fundamentalistischen Tendenzen in Teilen des Orients westliche Autoren zu Beginn des 21. Jahrhunderts auch nur in bescheidener Zahl Goethe beipflichten würden. Doch war die Neigung zur östlichen Sphäre, und diese wiederum in einem allgemeinreligiösen Empfinden zum Ausdruck kommend, bei Goethe in frühester Jugend angelegt. Noch vor dem endgültigen Wechsel von seiner Heimatstadt Frankfurt nach Weimar im Jahre 1775 versuchte er sich wiederholt an Übersetzungen ausgewählter Suren des Korans, und zwar solcher Textstellen, in denen religiöse Toleranz obsiegt. Sein Dichten war damals noch der Aufklärung verhaftet, und blieb es in Hinsicht auf den Osten bis in seine hohen Jahre. Bezeichnenderweise heißt es in den ersten Gedichten des DIVAN:

Gottes ist der Orient,
Gottes ist der Occident!
Nord- und südliches Gelände
Ruht im Frieden seiner Hände.

Goethes DIVAN-Dichtung sollte folglich weniger als Tatsachenbeschreibung denn als Sehnsucht nach dem Ideal des Lebens begriffen werden. Da der Dichter sich dessen offenbar bewusst gewesen ist, bemüht er sich gleich um eine Relativierung seiner absolut vorgetragenen Gedanken und Gefühle mit einer ironischen Aufforderung zur generellen Duldung unausgesprochener Gegensätze, und zwar in dem „Derb und tüchtig" betitelten Gedicht:

Dichten ist ein Übermut,
Niemand schelte mich!
Habt getrost ein warmes Blut
Froh und frei wie ich.

[...]

Wenn des Dichters Mühle geht
Halte sie nicht ein:
Denn wer einmal uns versteht
Wird uns auch verzeihn.

Zur Erläuterung seiner Absichten schreibt der Dichter in den „Noten und Abhandlungen":

Der höchste Charakter orientalischer Dichtkunst ist, was wir Deutsche G e i s t nennen, das Vorwalten des oberen Leitenden. … Der Geist gehört vorzüglich dem Alter oder einer alternden Weltepoche. Übersicht des Weltwesens, Ironie, freien Gebrauch der Talente finden wir in allen Dichtern des Orients.

Die Behauptung, der DIVAN sei wesentlich durch Goethes Begegnung mit Marianne von Willemer (1784 - 1860) zustande gekommen und motiviert worden, gehört in das Reich der zahllosen Legenden um das lorbeerbekränzte Dichterhaupt. Noch bevor Goethe erstmals mit der Ehefrau seines alten Freundes Johann Jacob von Willemer (1760 - 1838) zusammentraf, hatte er den Plan zum DIVAN längst gefasst; auch waren einige der besten Gedichte der Sammlung schon geschrieben. Gleichwohl hat die um mehr als dreißig Jahre jüngere Marianne, eine vormalige Schauspielerin, Teile des Buches Suleika (hinter der sich ihre Gestalt verbergen mag) nicht nur angeregt, sondern sogar durch eigene Beiträge bereichert. Von letzterem erfuhr die literarische Welt erst im Jahre 1869 durch den Bericht des mit Marianne befreundeten Kunst- und Literarhistorikers Herman Grimm (1828 - 1901).

Das Thema Liebe ist in Goethes Dichtung, und nicht nur im DIVAN, doch hier in besonderem Maße, nahezu allgegenwärtig. Das Buch der Liebe hebt den Gedanken über jeden anderen hinaus; ebenso das Buch Suleika – in diesem Falle freilich auf ein Liebespaar beschränkt. Im Buch der Liebe dagegen – und dies macht den DIVAN unentbehrlich – spricht Goethe von den Musterbildern aus der orientalischen Dichtung und Mythologie, deren Schicksal jeweils das Typische, das Allgemein-Menschliche, in den verschiedensten Formen der Liebe repräsentierten soll.

Im Unterschied zur Allgemeinverbindlichkeit der Gedanken zur Liebe erfahren wir nebenbei auch von Goethes Leiden in auswegloser Einsamkeit:

Eine Stelle suchte der Liebe Schmerz,
Wo es recht wüst und einsam wäre;
Da fand er denn mein ödes Herz
Und nistete sich in das leere.

Goethe hat „nach"gedichtet, und manches fast wörtlich übernommen, was der Eigenständigkeit des DIVAN keinen Abbruch tut. Es herrschte wohl Absicht vor, um sich möglichst innig den orientalischen Dichtern zu verbinden. Allenfalls im Geiste zu „übertragen", lautete insgeheim das Motto, nicht zu verwandeln, um dadurch vielleicht zu tilgen, was aufgehoben sein wollte.

Es ist unmöglich, an dieser Stelle die Fülle des poetischen Angebots des DIVAN zu dokumentieren. Zum Thema Liebe jedoch einige unwiederbringliche Verse, die Goethe ganz gehören und zugleich höchste Verehrung für den persischen Meister bedeuten:

Ach! Wie schmeichelt's meinem Triebe,
Wenn man meinen Dichter preist:
Denn das Leben ist die Liebe,
Und des Lebens Leben Geist.

Von jenen Gedichten, ohne welche der WEST-ÖSTLICHE DIVAN nicht zu denken wäre, zählen „Selige Sehnsucht", „Unbegrenzt", „Einladung", „Gingko Biloba", „In tausend Formen magst du dich verstecken", „Wiederfinden", „Ach, um deine feuchten Schwingen" [Marianne v. Willemer] und „Locken! haltet mich gefangen".

Der Leser, sobald er das Buch selbst in Händen hält, mag entscheiden, ob er es nicht besser von Anfang bis Ende lesen soll. Wie man vermuten darf, handelt es sich beim DIVAN um einen Schatz, den allzu viele noch nicht gehoben haben. Beispielsweise dieses sprachlich so schwebend leicht erscheinende, fast raffiniert ausformulierte Liebesduett zwischen Hatem (Goethe) und Suleika (Marianne):

(Hatem) *Nicht Gelegenheit macht Diebe,*
Sie ist selbst der größte Dieb,
Denn sie stahl den Rest der Liebe,
Die mir noch im Herzen blieb.

Dir hat sie ihn übergeben
Meines Lebens Vollgewinn,
Dass ich nun, verarmt, mein Leben
Nur von Dir gewärtig bin.

Doch ich fühle schon Erbarmen,
Im Carfunkel deines Blicks
Und erfreu in deinen Armen
Mich erneuerten Geschicks.

(Suleika) *Hochbeglückt in deiner Liebe*
Schelt ich nicht Gelegenheit,
Ward sie auch an dir zum Diebe
Wie mich solch ein Raub erfreut!

Und wozu denn auch berauben?
Gieb dich mir aus freier Wahl,
Gar zu gerne möchte ich glauben –
Ja! ich bin's die dich bestahl.

Was so willig du gegeben
Bringt dir herrlichen Gewinn,
Meine Ruh, mein reiches Leben
Geb' ich freudig, nimm es hin.

Scherze nicht! Nichts von Verarmen!
Macht uns nicht die Liebe reich?
Halt ich dich in meinen Armen,
Jedem Glück ist meines gleich.

Die meisten seiner Zeitgenossen bewiesen gegenüber Goethes Gedichtzyklus Unverständnis; manche verhöhnten ihn ob versuchter Realitätsflucht und übertriebener Orientbegeisterung. Die Wirkung auf die Nachwelt dagegen lässt sich bis heute kaum erfassen und festhalten. Zu den bedeutenderen Nachahmern und Übersetzern von Werken des Orients zählen August Graf von Platen (1796 - 1835) und Friedrich Rückert (1788 - 1866). Christian Dietrich Grabbe (1801 - 1836) und Ludwig Börne (1786 - 1837) hingegen ergingen sich in abfälligen Bemerkungen über die ihnen unzeitgemäß erscheinende Veröffentlichung. Auch Heinrich Heine (1797 - 1856) spottete in seinen Anmerkungen „Zur Geschichte der neueren schönen Literatur in Deutschland", aus seinem Pariser Exil heraus: Goethes DIVAN „enthält die Denk- und Gefühlsweise des Orients, in blühenden Liedern und kernigen Sprüchen; und das duftet und glüht darin, wie ein Harem voll verliebter Odalisken mit schwarzen geschminkten Gazellenaugen..."

In der „Geschichte der deutschen Literatur" von Georg Gottfried Gervinus heißt es aber bereits 1840/42: „Der west-östliche Divan machte in unserer Lyrik Epoche..." Diese Tendenz hat sich bis in die Gegenwart fortgesetzt, mit freilich unterschiedlicher Vehemenz und Akzentuierung.

Die herausragende und reichhaltigste Studie über Goethes Orientbegeisterung stammt von Katharina Mommsen, die im kalifornischen Palo Alto lehrte. Neben zahlreichen Einzelstudien und Aufsätzen zu Goethes Beziehungen zur orientalischen Welt, zum Koran und zu den Motiven orientalischen Dichtens publizierte Katharina Mommsen 1988 das inzwischen zum Standardwerk gediehene Buch „Goethe und die arabische Welt". Mommsen: „Mit den alten Arabern, ihren literarischen, religiösen und kulturellen Denkmalen verband Goethe eine spezielle, auf innere Verwandtschaft gegründete Vorliebe."

Ausgaben

Hamburger Ausgabe von Goethes Werken, hrsg. von Erich Trunz.

Außerdem die reichhaltig kommentierten Ausgaben des DIVAN, enthalten in der Frankfurter bzw. Münchner Ausgabe von Goethes Sämtlichen Werken.

Zu empfehlen auch die Studienausgabe, hrsg. von Michael Knaupp, bei Reclam.

Heinrich Heine (1797 - 1856)
BUCH DER LIEDER
Erschienen 1827

Mit der Gedichtsammlung BUCH DER LIEDER landete der 30jährige Dichter seinen ersten Treffer. Noch zu Lebzeiten erreichten seine LIEDER dreizehn Auflagen. Sie wurden zu einem der bedeutendsten Bucherfolge dieser Literatursparte im 19. Jahrhundert. Heines Lyrik verbindet sich untrennbar, zugleich unübersetzbar mit dem Begriff „deutsches romantisches Lied“. Mehr noch als seine Gedichte selbst wurden die zahllosen Vertonungen populär, vor allem die von Franz Schubert, Robert Schumann und Johannes Brahms. Nach Goethe gilt Heine seither als d e r deutsche Lyriker.

Das BUCH DER LIEDER ist mit folgenden Zwischentiteln versehen:
Junge Leiden (1817 - 1821) / Lieder / Romanzen / Sonette / Lyrisches Intermezzo (1822 - 1824) / Die Heimkehr (1823/24) / Aus der Harzreise (1824) / Die Nordsee (1825/26).

Es ist der lyrische Ertrag eines jungen Dichters, der nun seinen Weg glaubt gefunden zu haben. In volksliedhaftem Ton trägt Heine seine Empfindungen von Liebe, Sehnsucht, Fernweh, Verzweiflung, Trauer und Beseligung vor. In seinen Erinnerungen wird er später schreiben: „In uns selbst liegen die Sterne unseres Glücks“.

So erfolgreich sein Buch auch wurde, es steht trotz bezwingender Musikalität der Sprache nicht voraussetzungslos da. Zu den Vorbildern zählen Literaturhistoriker die Liedersammlungen der Romantiker Achim von Arnim und Clemens von Brentano in „Des Knaben Wunderhorn“ (1806/1808) und Goethes lyrisches Alterswerk „West-östlicher Divan“ (1819).

Hinweise auf die Herkunft einzelner Gedichte oder Gedichtzyklen gibt Heine u. a. zu jenem Teil des Buches, den er „Lyrisches Intermezzo" betitelte. Es ist einem früheren Werk entlehnt, das sich „Tragödien" (1823) nannte und seinem reichen Onkel Salomon Heine gewidmet war. Außerdem ist bekannt, dass er die kleine Sammlung unter der Rubrik „Die Heimkehr", die zunächst Bestandteil der „Reisebilder" (1826) wurde, der „seligen Friederike Varnhagen von Ense" gewidmet hatte.

Früh war sich Heine seiner Bedeutung als Dichter bewusst; und frühzeitig begann er in seinen Gedichten über diesen Punkt zu räsonnieren. So dichtete er in der „Heimkehr":

Wenn ich an deinem Hause
Des Morgens vorüber geh,
So freuts mich, du liebe Kleine,
Wenn ich dich am Fenster seh.

Mit deinen schwarzen Augen
Siehst du mich forschend an:
Wer bist du, und was fehlt dir,
Du fremder, kranker Mann?

Ich bin ein deutscher Dichter,
Bekannt im deutschen Land;
Nennt man die besten Namen,
So wird auch der meine genannt.

Und was mir fehlt, du Kleine,
Fehlt manchem im deutschen Land;
Nennt man die schlimmsten Schmerzen,
So wird auch der meine genannt.

Man braucht nicht lange zu raten um zu erfahren, dass es sich um Liebesschmerz handelt. In allen Variationen, in allen

Stärken und Formen. Es ist nicht übertrieben, Heine als d e n Lyriker der Liebe und Sehnsucht zu bezeichnen, den Künder ihrer Süße und Bitternis, beide ständige Begleiter unerfüllter Liebe. Dabei ist unerheblich, ob sich des Dichters Motivation nun von seiner unerwiderten Liebe zu der vierzehnjährigen Cousine Amalie, Tochter seines Onkels Salomon in Hamburg (1814), oder von einem späteren, auf deren jüngere Schwester Therese gerichteten, gleichfalls hoffnungslosen Liebesbegehren herleitet. Die biographischen Details tragen wenig zur Erhellung des Umstands bei, dass praktisch a l l e Liebesgeschichten in Heines Werken unglücklich enden. Die Vermutung ist nicht ganz abwegig, dass sie gerade deshalb so reizvoll erscheinen und ihre Wirkung auf den Leser nicht verfehlen.

Weder vor noch nach Heine hat ein deutscher Dichter derart herzzerreißende Töne angeschlagen und sie beinahe gleichzeitig ironisiert, das heißt im Kern verworfen. Was der Lyriker Heine in den ersten Strophen eines Gedichts aufbaut, pflegt er am Schluss ebenso elegant wie beinahe sarkastisch hinwegzufegen. Manchmal gelingt ihm das in einer einzigen Strophe:

Anfangs wollt ich fast verzagen,
Und ich glaubt ich trüg es nie;
Und ich hab es doch getragen,
Aber fragt mich nur nicht, wie.

Gezielte Sentimentalität und aufrichtiges Empfinden sind oft nicht zu trennen; beim jungen Heine – also dem Dichter des BUCHS DER LIEDER – ist diese Doppelbödigkeit Teil seiner Ausdruckskraft. Manche Leser sehen darin einen Widerspruch, mit dem sie nicht fertig werden; die meisten Heine-Liebhaber freilich genießen vor allem dieses Stilelement von Tränenseligkeit und Sarkasmus:

WAHRHAFTIG (Junge Leiden)

Wenn der Frühling kommt mit dem Sonnenschein,
Dann knospen und blühen die Blümlein auf;
Wenn der Mond beginnt seinen Strahlenlauf,
Dann schwimmen die Sternlein hintendrein;
Wenn der Sänger zwei süße Äuglein sieht,
Dann quellen ihm Lieder aus tiefem Gemüt;
Doch Lieder und Sterne und Blümelein,
Und Äuglein und Mondglanz und Sonnenschein,
Wie sehr das Zeug auch gefällt,
So macht's doch noch lang keine Welt.

Heine nimmt mit diesen Ausdrucksformen moderne Lyrik vorweg. Kurt Tucholsky (1890 - 1935) wurde auf diese Weise zu einem Heine des zwanzigsten Jahrhunderts. Das „lyrische Ich", das Gottfried Benn (1886 - 1956) entdeck-, te, ist bei Heinrich Heine schon da. Um dieses „lyrische Ich" drehen sich seine Verse, mal gefühlsinnig, mal spöttisch-verachtend, ein andermal fluchend, dann wiederum hymnisch preisend. Und träumend, natürlich. Eine Lieblingsbeschäftigung des Dichters, freilich nur auf dem Papier, dem geduldigen. Aber eben dies hat sie unsterblich gemacht. Auch ohne die unterdessen weltbekannte Melodie sind diese Verse wahrhaft Musik:

Auf Flügeln des Gesanges,
Herzliebchen, trag ich dich fort,
Fort nach den Fluren des Ganges,
Dort weiß ich den schönsten Ort.

Dort liegt ein rotblühender Garten
Im stillen Mondenschein;
Die Lotosblumen erwarten
Ihr trautes Schwesterlein.

Die Veilchen kichern und kosen,
Und schaun nach den Sternen empor;
Heimlich erzählen die Rosen
Sich duftende Märchen ins Ohr.

Es hüpfen herbei und lauschen
Die frommen und klugen Gazell'n;
Und in der Ferne rauschen
Des heiligen Stromes Well'n.

Dort wollen wir niedersinken
Unter dem Palmenbaum,
Und Liebe und Ruhe trinken,
Und träumen seligen Traum.

Heine hat zahllose Nachahmer gefunden und bis in unsere Tage Dichter zu Werken inspiriert, die an seine großen Schöpfungen erinnern. Die beiden folgenden Strophen eines Gedichts aus dem Zyklus „Heimkehr" weisen in ihrem trockenen Tonfall bereits auf Erich Kästner (1899 - 1974), der ihn hundert Jahre später fast ebenso beherrschte:

Sie liebten sich beide, doch keiner
Wollt es dem andern gestehn;
Sie sahen sich an so feindlich,
Und wollten vor Liebe vergehn.

Sie trennten sich endlich und sahn sich
Nur noch zuweilen im Traum;
Sie waren längst gestorben,
Und wussten es selber kaum.

Stimmen zu Heine – kritisch und bewundernd

„Man hat der Heineschen Poesie vielfältig die innere Wahrheit abgesprochen. Wohl nur, weil man ihr Indivi-

duelles nicht immer aufzufassen verstand. Es gibt aber in ästhetischen Dingen eine doppelte Wahrheit, nach der man zu fragen hat: die Wahrheit des Stoffes und die Wahrheit der Form, und die letztere hängt, so undeutlich dies den meisten bleiben mag, mit dem Ethischen noch enger zusammen als die erstere. Es ist nicht genug, dass unser Gedachtes und Empfundenes wahr sei. ... Auch der Darstellungsprozess, worin die Form gewonnen wird, soll wahr sein; er soll aus dem Drang des Überflusses hervorgehen und Götter in die Welt setzen, nicht Lemuren. Dieses ist der wichtigste Punkt; denn von der Gestalt, worin eine Idee zur Erscheinung gelangt, hängt es ab, ob sie wie Jupiter verehrt oder wie ein Vitzliputzli verspottet werden soll. ... Bei Heine ist die Darstellung ein Quellen, kein Pumpen, wie gewiss ein jeder empfindet, der das BUCH DER LIEDER auch nur durchblättert: bei der Wahrheit der Form ist aber die Unwahrheit des Stoffes undenkbar."
Friedrich Hebbel (1813 - 1863)

„Heinrich Heine aber hat den Deutschen die Botschaft des Himmels gebracht, nach dem es ihr Gemüt mit einer Sehnsucht zieht, die sich irgendwo reimen muss und die in unterirdischen Gängen direkt vom Kontor zur blauen Grotte führt. Und auf einem Seitenweg, den deutsche Männer meiden: von der Gansleber zur blauen Blume. Es musste geschehen, dass die einen mit ihrer Sehnsucht, die andern mit ihren Sehnsüchten Heinrich Heine für den Erfüller hielten. Von einer Kultur gestimmt, die im Lebensstoff schon alle Kunst erlebt, spielt er einer Kultur auf, die von der Kunst nur den stofflichen Reiz empfängt."
Karl Kraus (1874 - 1936)

Ausgaben

Das BUCH DER LIEDER findet sich in diversen Heine-Gesamtausgaben. Als Einzeldruck zu empfehlen die Taschenbuchausgabe bei dtv.

Henri-Marie Beyle, gen. Stendhal (1783 - 1842)
ROT UND SCHWARZ. Chronik des
19. Jahrhunderts
(Originaltitel: Le Rouge et le Noir. Chronique
du XIXe siècle)
Erschienen 1830

Beyles Roman zählt zu den bedeutendsten Büchern der französischen Literatur. Der Titel: Rot steht für die republikanische Gesinnung des Romanhelden Julien Sorel; Schwarz für den Priesterstand, auf den Julien sich vorbereitet.

Der Schriftsteller Henri Beyle legte sich den Namen „Stendhal" als Autor zu, kaum dass er zu publizieren begann; in Verehrung für den Wiederentdecker der griechischen Antike, Johann J. Winckelmann (1717 - 1768), der in dem Städtchen Stendal in der Altmark (Sachsen-Anhalt) geboren wurde.

Stendhal ahnte früh, dass er in seiner Zeit – der restaurativen bürgerlichen Gesellschaft nach dem Sturze Napoleons – nur geringen Erfolg haben werde: „Ich werde erst um 1900 verstanden werden." Genau so kam es auch.

Die Geschichte vom Karrieristen Julien Sorel, der sich ins Unglück stürzt, weil er von Neidern umgeben war, die seinen Lebenswandel beargwöhnten, stellt die Idealisierung der persönlichen Vita ihres Autors dar. In den bürgerlichen Kreisen, erst recht auf Seiten des Adels, pflegte man solche Leute abfällig „Bauern" zu nennen. Mit ungewöhnlichen Gaben ausgestattet, und in der Jugend von wohlmeinenden Gönnern unterstützt, will Julien um nahezu jeden Preis seinen Aufstieg erzwingen. Das korrupte Milieu, in das er sich bald als Hauslehrer eines geltungssüchtigen Provinz-Bürgermeisters versetzt sieht, macht ihn kalt und berechnend für seine ehrgeizigen Pläne. Dazu gehört auch, dass er die

Hausherrin, Frau von Renal, verführt, die sich allen moralischen Bedenken zum Trotz in den jungen Mann verliebt. Dieser Umstand wird Julien zum Verhängnis, nachdem er in eine ansehnliche Stellung hochgelobt wird, in der er mit Personen von Stand verkehren wird, und wo er sich mit der Tochter seines Dienstherrn einlässt. Als Mathilde ein Kind erwartet, drückt sie bei ihrem Vater ein Adelspatent und militärischen Rang für Julien durch, um ihre Ehre und den Ruf des Hauses zu retten. Auf dem Höhepunkt seiner Karriere angelangt, platzt ein enthüllender Brief seiner vormaligen Geliebten, Frau von Renal, die hierzu von ihrem Beichtvater genötigt wurde, in die Szene. Julien wird darin als skrupelloser Emporkömmling demaskiert; zornentbrannt jagt er in sein altes Heimatdorf und gibt in der Kirche zwei Pistolenschüsse auf die einstige Geliebte ab. Sie wird nur geringfügig verletzt; doch Julien Sorel zum Tode verurteilt, dem sich der Held – der sein Scheitern im Kampf gegen seine Zeit einsieht – fügt, obwohl groß angelegte Rettungspläne ihn vor diesem Schicksal hätten bewahren können.

Die Ungunst der Umstände, in die Julien Sorel hineingeboren wird, macht ihn zum Ehrgeizling ohne Rücksicht auf Menschen und Mächte. Er gehört zu den wenigen, die immer noch an die (vergangene) Größe eines Napoleon glauben, an den Ausnahmemenschen überhaupt, und deshalb an die Notwendigkeit der Maskierung seiner wahren Absichten in der Epoche einer ebenso selbstgefälligen wie geldgierigen Bourgeoisie. Jenseits der Weltschmerz-Ideale der Romantik wird Stendhal mit seiner präzisen Beobachtung seelischer Abläufe, und damit der Innenansichten handelnder Personen zu einem Vorläufer des Realismus in der Literatur. Ein schönes Beispiel von rückhaltloser Selbstreflexion gibt uns der Autor in jenen Szenen, die Julien im Kerker zeigen, wo er viel Zeit hat, über seine Liebes- und Karriere-Abenteuer nachzudenken. Hier ist eine solche Szene:

Ich werde verrückt und ungerecht, dachte Julien und schlug sich an die Stirn; ich bin hier im Kerker für mich und losgetrennt; aber ich habe nicht losgetrennt auf Erden gelebt; ich besaß die mächtige Idee der Pflicht. Die Pflicht, die ich mir auferlegte, mit Recht oder Unrecht …, war wie der Stamm eines Baumes, an den ich mich im Sturme lehnte; ich schwankte im Sturm, ich wurde hin und her geworfen. Schließlich war ich nur ein Mensch … aber ich behauptete meine Stellung. Die feuchte Kerkerluft ließ mich an Vereinsamung denken. … Und wozu noch scheinheilig die Scheinheiligkeit verfluchen? Nicht der Tod, nicht der Kerker, nicht die feuchte Luft – die Abwesenheit der Frau von Renal drückt mich zu Boden. Wenn ich, um sie zu sehen, ganze Wochen lang in den Kellern ihres Hauses in Verrieres verborgen leben müsste, würde ich mich dann auch beklagen? Der Einfluss meiner Zeitgenossen ist stärker, sagte er laut und mit einem bitteren Lachen; im Gespräch mit mir selbst, zwei Schritte vom Tod, bin ich noch ein Heuchler. … O neunzehntes Jahrhundert! … Ein Jäger gibt im Wald einen Schuss ab, seine Beute fällt zu Boden, er springt vor, um sie zu ergreifen. Sein Fuß stolpert über einen Ameisenhaufen, zerstört den Bau, schleudert die Tiere, ihre Eier in alle Richtungen. … Die größten Denker unter den Ameisen werden niemals diesen schwarzen, ungeheuren, fürchterlichen Körper begreifen, so wenig wie seinen Schuh, der plötzlich mit einer unglaublichen Geschwindigkeit in ihre Wohnung eindringt, unter Donner und roten Feuergarben. … Genauso wären Tod, Leben, Ewigkeit sehr einfache Dinge für den, der ausreichend Organe besäße, um sie zu fassen. … Eine Eintagsfliege wird an einem langen Sommertage morgens um neun Uhr geboren und stirbt nachmittags um fünf; wie sollte sie das Wort Nacht verstehen? Gebt ihr fünf Stunden mehr zu leben, und sie sieht und begreift die Nacht. So ich; ich sterbe mit dreiundzwanzig Jahren. Gebt mir fünf Jahre mehr, um mit Frau de Renal zu leben…

Stendhal schildert seinen Helden in der Weise, dass am Ende klar ist, weshalb er sterben muss: Nicht weil er zu unbedacht mit der Pistole in der Gegend herum geschossen hat. Nein, selbst seine Liebesaffären mit der Frau seines

Arbeitgebers und mit der Tochter eines weiteren Dienstherrn hätte man ihm durchaus verziehen. Julien muss sterben, weil er sich gegen die Gesellschaft zu erheben versuchte, die Ausnahmen nicht leicht gelten lässt.

Deshalb bekennt er sich in seinem letzten Wort vor den Schranken des Gerichts hochmütig und herausfordernd zu seinem eigentlichen Vergehen:

Meine Herren, ich habe nicht die Ehre, Ihrer Gesellschaftsklasse anzugehören. Sie sehen in mir einen Bauern, der sich gegen sein niedriges Schicksal aufgelehnt hat. … Ich erblicke auf den Bänken der Geschworenen keine wohlhabenden Bauern, sondern einzig übelwollende Vertreter des Bürgertums.

Stimmen zu Stendhal

„Ein derartiger Geist ist schwer zu fassen, denn man muss aufsteigen, um zu ihm zu gelangen. Die Masse wird nicht zu ihm gelangen, denn sie hasst die Anstrengung. Er strebt nicht danach, von ihr gelobt zu werden, sondern sie zu führen, denn sie ist unten, und man müsste hinabsteigen. Im übrigen lebt er sehr gut in Einsamkeit oder in kleiner Gesellschaft: von dieser Höhe sieht er besser, weiter, tiefer."
Hippolyte Taine (1828 - 1893)

„Vielleicht bin ich selbst auf Stendhal neidisch? Er hat mir den besten Atheisten-Witz weggenommen, den gerade ich hätte machen können: ‚Die einzige Entschuldigung Gottes ist, dass er nicht existiert'."
Friedrich Nietzsche (1844 - 1900)

„Stendhal hat ein ganzes Jahrhundert, das neunzehnte, übersprungen, er startet im achtzehnten, im groben Materialismus bei Diderot und Voltaire und landet mitten in unserem Zeitalter der Psychophysik, der Wissenschaft gewordenen Seelenkunde. Es hat, wie Nietzsche sagt,

‚zweier Geschlechter bedurft, um ihn irgendwie einzuholen'. Erstaunlich wenig an seinem Werk ist veraltet und erkaltet, ein gut Teil seiner voraus genommenen Entdekkungen längst Gemeingut."
Stefan Zweig (1881 - 1942)

„Stendhal ist der Begründer der modernen ernsten Realistik. Dass man die tragische Existenz eines Menschen niederen sozialen Ranges, wie die Julien Sorels, so konsequent und grundsätzlich in die konkreteste Zeitgeschichte einbaut und aus derselben entwickelt, das ist ein ganz neues Phänomen."
Erich Auerbach (1892 - 1957)

Ausgaben:
Empfehlenswert die Taschenbuchausgabe bei dtv (übersetzt von Otto Flake, mit einem Nachwort von Franz Blei).

Arthur Schopenhauer (1788 - 1860)
APHORISMEN ZUR LEBENSWEISHEIT
Erschienen 1851

Er gab sich nicht mit maßvollen Tönen der Skepsis und Kritik am Leben zufrieden. Vielmehr gehörten zu seinen geistigen Mitteln eher Zorn und Eifer, in der milderen Form Hohn und Spott, zuweilen flackerte Verachtung auf. Weder einfach war dieser Arthur Schopenhauer noch bescheiden in seinen Ansprüchen, und den inflationären Gebrauch des Wortes „Optimismus“ versuchte er den Deutschen gänzlich auszutreiben. Zum Motto seiner verstreuten Schriften, den PARERGA UND PARALI POMENA (= Nebenwerke u. Liegengebliebenes), zu denen auch diese APHORISMEN zählen, wählte er bezeichnenderweise einen Gedanken des französischen Schriftstellers Sebastien R. Nicholas Chamfort (1741 - 1794): „Das Glück ist keine leichte Sache: Es in uns selbst zu finden ist schon schwierig; in anderen aber unmöglich.“

Nachdem er fast dreißig Jahre keinen durchschlagenden Erfolg mit seinen Büchern hatte, entschloss sich der Philosoph, seine Gedanken in einer kleineren Schrift zusammenzufassen und in einer mühelos lesbaren Form unter die Leute zu bringen. Die APHORISMEN ZUR LEBENSWEISHEIT, obwohl sie keinen eigentlich neuen Gedanken aus seiner Feder enthielten, wurden ein großer Erfolg. Man könnte sie als die Volksausgabe seines Hauptwerks DIE WELT ALS WILLE UND VORSTELLUNG bezeichnen. Erst sie wurden zu seinem ersten und zugleich einzigen wirklichen Publikumserfolg, der ihm in seinem letzten Lebensjahrzehnt vergönnt war. Die APHORISMEN basieren samt und sonders auf seinem grandiosen Hauptwerk, das bis zur Mitte des 19. Jahrhunderts kaum beachtet worden war.

Bereits die Eingangssätze dieses Werks aber, dem eine bis heute kaum abschätzbare Wirkung auf Musik, Literatur und Kunst beschieden sein sollte, weisen Schopenhauer als einen der größten Philosophen der Neuzeit und zweifelsfrei einen der herausragenden Sprachästheten unter Deutschlands Autoren aus:

Die Welt ist meine Vorstellung: – dies ist eine Wahrheit, welche in Beziehung auf jedes lebende und erkennende Wesen gilt; wiewohl der Mensch allein sie in das reflektierte abstrakte Bewusstsein bringen kann: und tut er dies wirklich; so ist die philosophische Besonnenheit bei ihm eingetreten. Es wird ihm dann deutlich und gewiss, dass er keine Sonne kennt und keine Erde; sondern immer nur ein Auge, das eine Sonne sieht, eine Hand, die eine Erde fühlt; dass die Welt, welche ihn umgibt, nur als Vorstellung da ist, d. h. durchweg nur in Beziehung auf ein Anderes, das Vorstellende, welches er selbst ist.

Der Leser empfindet diese Sätze zunächst als einen Gongschlag, wenn auch einen sanften und voll tönenden – und reibt sich umgehend, ungläubig staunend, die Augen. Hier ist noch nichts von dem systematischen Pessimismus zu verspüren, von dem im Zusammenhang mit Schopenhauer so oft die Rede ist. Man realisiert noch nicht, dass hier ein Denker der Neuzeit gleich alles in Frage und unser als unverletzbar angesehenes Weltbild gleichsam auf den Kopf stellt. Man kann die APHORISMEN natürlich lesen, ohne sich dem Hauptwerk zu nähern. Ich bin aber sicher, die Neugier auf WILLE UND VORSTELLUNG wird dem Leser am Ende keine Ruhe geben. Er wird auch zum Hauptwerk greifen.

Bevor wir also zu den APHORISMEN ZUR LEBENSWEISHEIT kommen, möchte ich Ihnen einige Zitate vorstellen, die den Hintergrund für Schopenhauers hier zur Diskussion stehendes Spätwerk abgeben.

Mit siebzehn Jahren wurde der Kaufmannslehrling Arthur, wie er einer autobiographischen Notiz anvertraute, wie Buddha vom ganzen „Jammer des Lebens“ ergriffen.

Obwohl er in begüterten Verhältnissen aufwuchs und an das Leben in einer großbürgerlichen Bankiersfamilie gewöhnt war, gelangte er zu der niederschmetternden Einsicht, *dass diese Welt kein Werk eines allgütigen Wesens sein könne, wohl aber das eines Teufels, der Geschöpfe ins Dasein gerufen, um am Anblick ihrer Qual sich zu weiden.*

Später wird er schreiben: *Demnach ist allerdings das Dasein anzusehn als eine Verirrung, von welcher zurück(zu)kommen Erlösung ist. ... Als Zweck unseres Daseins ist in der Tat nichts anderes anzugeben als die Erkenntnis, dass wir besser nicht da wären. Dies aber ist die wichtigste aller Wahrheiten, die daher ausgesprochen werden muss; so sehr sie auch mit der heutigen europäischen Denkweise in Kontrast steht.*

Um das Thema Pessimismus in Schopenhauers Schriften etwas ausführlicher zu beleuchten, vorneweg ein weiteres Zitat aus seinem Werk:

Dieser Welt, diesem Tummelplatz gequälter und geängstigter Wesen, welche nur dadurch bestehen, dass eines das andere verzehrt, wo daher jedes reißende Tier das lebendige Grab tausend anderer und seine Selbsterhaltung eine Kette von Martertoden ist, wo sodann mit der Erkenntnis die Fähigkeit Schmerz zu empfinden wächst, welche daher im Menschen ihren höchsten Grad erreicht und einen um so höheren, je intelligenter er ist, – dieser Welt hat man das System des Optimismus anpassen und sie als die beste unter den möglichen andemonstrieren wollen. Die Absurdität ist schreiend. –

Inzwischen heißt ein Optimist mich die Augen öffnen und hineinsehen in die Welt, wie sie so schön sei, im Sonnenschein mit ihren Bergen, Tälern, Strömen, Pflanzen, Tieren usf. – Aber ist denn die Welt ein Guckkasten?

Zu s e h e n sind diese Dinge freilich schön, aber sie zu s e i n ist ganz etwas anderes.

Da haben wir in knapper Form das Programm des Pessimismus in aller Klarheit und Kompromisslosigkeit; diese Philosophie kennt und nennt keinen Ausweg. Rettung verheißt nach Schopenhauer allenfalls die Versenkung in die Schönheiten, die uns Kunst und Literatur bieten mögen, sofern wir ihrer bedürfen, vor allen anderen Künsten aber die Musik. Über sie hat er seine vielleicht eindringlichsten Passagen in der „Metaphysik des Schönen" verfasst. Eine Kostprobe möge genügen: „...die Musik überhaupt ist die Melodie, zu der die Welt der Text ist." In Kunstfragen war er folglich gar nicht pessimistisch. Es war freilich auch die einzige Liebe, der er sich hingegeben hat. Er traute weder Freunden noch Frauen, diesen erst recht nicht, weil ihn mindestens zwei Exemplare weiblichen Geschlechts zutiefst enttäuschten – eine von ihm begehrte Braut, die ihn abgewiesen hat, nicht zuletzt aber die eigene Mutter, die ihn tief demütigte.

Doch nun zu den APHORISMEN: Das Buch ist wie folgt gegliedert:

Kapitel I	Grundeinteilung
Kapitel II	Von dem, was einer ist
Kapitel III	Von dem, was einer hat
Kapitel IV	Von dem, was einer vorstellt
Kapitel V	Paränesen und Maximen [= Ermahnungen und Grundsätze]
Kapitel VI	Vom Unterschiede der Lebensalter.

In diesen Kapiteln von unterschiedlicher Länge behandelt der Philosoph mal sachlich, mal polemisch die wesentlichen, allen Menschen vertrauten Tatsachen des Lebens sowie ihre Wirkungen auf Personen verschiedenen Temperaments, unterschiedlicher Bildung, Herkunft und Begabung. Was einer ist, sieht man der Persönlichkeit an, folgert man aus Gesundheit, Schönheit, Charakter und Intelligenz, (beruflicher) Ausbildung. Was einer hat, sei zu sehen an Eigentum und Besitz in jeglichem Sinne. Was einer vorstellt, mögen die andern beurteilen, nach den Vorstellungen von Ehre, Rang und Ruhm usf. Wir sehen schon: Schopenhauer ist kein abstrakter unter den Philosophen, sondern der Vertreter einer Leibphilosophie, die es mit konkreten, ganz und gar fasslichen und erfahrbaren Dingen zu tun haben will. Sein Fazit aus den aufgeführten Stichworten aber ist ebenso kurz wie treffend die naheliegende Erkenntnis: Was einer AN SICH SELBST HAT, ist zu seinem Lebensglück das Wesentliche – sonst nichts.

Schopenhauer hasst jegliche Heuchelei, und noch mehr den Dünkel. Deshalb ist seine Sprache mitunter nicht ohne Schärfe. Man mag sie schwierig, verschachtelt und kompliziert nennen; sein jüngster Biograph Rüdiger Safranski kann sie nicht anders als „kristallklar“ bezeichnen. Sie ist makellos, eben wie Kristall. Die Individualität jedes Menschen verteidigt der vermeintliche Menschenverächter und Spötter Schopenhauer als unantastbar; man müsse zu ihr stehen, komme was da wolle. So schreibt er in den APHORISMEN:

Wer unter Menschen zu leben hat, darf keine Individualität, sofern sie doch einmal von der Natur gesetzt und gegeben ist, unbedingt verwerfen; auch nicht die schlechteste, erbärmlichste, oder lächerlichste. Er hat sie vielmehr zu nehmen, als ein Unabänderliches, welches infolge eines ewigen und metaphysischen Prinzips so sein muss, wie es ist, und in den argen Fällen soll er denken: ‚es muss auch solche Käuze geben‘. … Darum müssen wir, um unter Menschen leben zu können, jeden mit seiner gegebenen Individualität, wie sie auch ausgefallen sein mag, bestehn und gelten lassen, und dürfen bloß darauf bedacht sein, sie so, wie ihre Art und Beschaffenheit es zulässt, zu benutzen; aber weder auf ihre Änderung hoffen, noch sie, so wie sie ist, schlechthin verdammen. Dies ist der wahre Sinn des Spruches: ‚leben und leben lassen‘.

Aus dem Kapitel über die Unterschiede der Lebensalter nur eine Maxime, die Sie davon überzeugen soll, dass man Schopenhauer nicht nur heute noch lesen kann, sondern lesen soll:

In der Jugend herrscht die Anschauung, im Alter das Denken vor; daher ist jene die Zeit für Poesie, dieses mehr für die Philosophie. Auch praktisch lässt man sich durch das Angeschaute und dessen Eindruck, im Alter nur durch das Denken bestimmen.

Ungeachtet seiner Einschätzung von der Rolle der Philosophie, die dem Alter vorbehalten sei, sind die letzten Sätze, die Schopenhauer in seinem Leben geschrieben hat (am 1. September 1860), an zwei junge Männer gerichtet. Sie waren Zöglinge der Militäranstalt von Mährisch-Weißkirchen, wo sie „in enger Haft gehalten, bei ihrer heimlichen Lektüre von Schopenhauers Schriften zu seinen glühenden Verehrern wurden." Diesen beiden jungen Menschen, sie hießen Sikic und Schramek, ist sein letzter Brief gewidmet. Er schließt mit der Bemerkung: „Von Herzen wünsche ich Ihnen Glück und Heil in Ihrer militärischen Laufbahn, und dass der philosophische Geist Sie durch das ganze Leben begleiten möge..."

Der letzte Absatz seines volkstümlich gewordenen Buches, das ich Ihnen nicht eindringlich genug empfehlen kann, klingt dann schon wie eine Vision und ein Testament, ein vorweggenommener Ausblick auf sein Ende, mit einem kosmologischen Seitenblick auf die Gestirne:

Zuletzt kommt Uranus: da geht man, wie es heißt, in den Himmel. Den Neptun (so hat ihn leider die Gedankenlosigkeit getauft) kann ich hier nicht in Rechnung ziehn; weil ich ihn nicht bei seinem wahren Namen nennen darf, der Eros ist. Sonst wollte ich zeigen, wie sich an das Ende der Anfang knüpft, wie nämlich der Eros mit dem Tode in einem geheimen Zusammenhange steht, vermöge dessen der Orkus, oder Amenthes der Ägypter ... nicht nur der Nehmende, sondern auch der Gebende ist. Daher also, daher, aus dem Orkus, kommt Alles, und dort ist schon Jedes gewesen, das jetzt Leben hat: – wären wir nur fähig, den Taschenspielerstreich zu begreifen, vermöge dessen Das geschieht; dann wäre Alles klar.

Stimmen zu Schopenhauer

„Schopenhauer versteht es, das Tiefsinnige einfach, das Ergreifende ohne Rhetorik, das streng Wissenschaftliche ohne Pedanterie zu sagen. ... Ich weiß nur noch einen Schriftsteller, den ich ... noch höher stelle: das ist Montaigne. Dass ein solcher Mensch geschrieben hat, dadurch ist

wahrlich die Lust, auf dieser Erde zu leben, vermehrt worden."
Friedrich Nietzsche (1844 - 1900)

„Schopenhauer hat es unternommen, durch die unpopulärste Sache der Welt populär zu werden: durch den Pessimismus. Mit dem Aufwand einer grenzenlosen Geduld ist ihm das schließlich sogar gelungen. Er hat einen der schwierigsten und größten Siege errungen, den die Weltliteratur überhaupt aufzuweisen hat. Denn es ist ein Erfolg ohne jede Chance, die ihm seine Mitwelt fast konsequent versagte. Er liefert ein Exempel dafür, wie lange die Wirkungen einer bedeutenden Ursache hinausgezögert werden können."
Walther Schneider (Schopenhauer-Biograph)

„Schopenhauer war kein Buddha, und zu seinem Glück zwang er sich auch nicht dazu, es werden zu wollen. Klug ist er jener Tragödie ausgewichen, die darin besteht, dass einer versucht, den eigenen Inspirationen, den eigenen Einsichten hinterherzuleben. Schopenhauer hat sich nicht mit sich selbst verwechselt. Einsichten und Inspirationen von bestimmter Evidenz und Kraft sind etwas Lebendiges, das durch uns hindurchgeht. ... Man sollte das Selbst geschehen lassen. Das Selbstgeschehenlassen und nicht Selbstaneignung ist das Geheimnis des Schöpferischen. Das wusste Schopenhauer, und deshalb konnte er ohne Befremden und ohne Angst darüber staunen, dass es etwas anderes war, das in ihm das Beste seiner Philosophie hervorgebracht hat."
Rüdiger Safranski (geb. 1945, Schopenhauer-Interpret und -Biograph)

Ausgaben

Schopenhauer: Parerga und Paralipomena I, Haffmans-Ausgabe Bd. 4

Schopenhauer: Aphorismen zur Lebensweisheit, Taschenbuchausgabe bei Insel.

Gustave Flaubert (1821 - 1880)
MADAME BOVARY. Sittenbild aus der Provinz
(Originaltitel: Madame Bovary. Moeurs de province)
Erschienen 1857

Frankreichs bedeutendster Romancier in der zweiten Hälfte des 19. Jahrhunderts, Gustav Flaubert, wünschte sich bereits in jüngeren Jahren „ein Buch über nichts zu schreiben", will heißen: ohne irgendwie herausragenden Gegenstand, ohne aufregende Geschichte oder spektakulären Anlass. Ein Werk mithin, in dem allein die Form Maßstab und Vollendung zugleich sein sollte. Es kam anders. Die Umstände fügten es, dass er über einen fast trivialen Fall schreiben sollte, dessen er sich vermutlich geschämt haben würde, hätten ihm nicht zwei schriftstellernde Freunde den Vorschlag hierzu gemacht. Es ging um den Freitod einer jungen Frau, schwärmerisch veranlagt, doch unglücklich verheiratet, dem Ehemann untreu, den ausschweifenden Phantasien und Obsessionen in der provinziellen Enge ihres Daseins ausgeliefert, das Ganze in Ausweglosigkeit und Verzweiflung endend: das Thema seiner Heldin Emma, die mit einem braven, doch ebenso langweiligen Landarzt, Charles Bovary, verheiratet ist. Darin erschöpft sich beinahe schon die ganze Handlung des Romans. Eine Geschichte aus dem Leben, für Zeitgenossen erzählt.

Den Autoren Maxime Ducamp (1822 - 1894) und Louis Bouilhet (1822 - 1869) kommt daher das Verdienst zu, den Autor der BOVARY, die später einer ganzen Literaturrichtung – dem so genannten Bovarysmus – ihren Namen lieh, auf das beklagenswerte Schicksal einer gewissen Delphine Delamare aufmerksam gemacht zu haben. Flaubert soll die beiden Freunde so sehr mit tagelangen Lesungen aus seinem gähnend langweiligen Manuskript über die „Versuchung des heiligen Antonius" angeödet haben, dass sie beschlossen, ihn in die Realität zurück zu holen. Sie wiesen ihn auf eine Zeitungsnotiz hin, derzufolge besagte Delphine sich in einem Anfall von Schuldgefühlen und akutem Lebensüberdruss vergiftet hatte. Flaubert griff zu, zunächst widerwillig, und begann nach geraumer Zeit an dem „Stoff", den er so sehr verachtete, zu arbeiten. Er schrieb darauf los, ohne die geringste Hoffnung, nun endlich den richtigen Weg beschritten zu haben. Aber er nahm sich bereits, wie bei allen späteren Büchern, viel Zeit für sein Werk. In diesem Punkte blieb er seinem früh gefassten Vorsatz nach vollendeter Form treu. Niemand sollte sagen können, er habe zu wenig Mühe aufgewandt, der Perfektion einen Schritt näher zu kommen. Schreiben kostete ihn unendliche Anstrengung, freilich eine ihm unentbehrliche! Gänzlich unvermutet brachte es Flaubert schon im ersten Anlauf zu einem der heute berühmtesten Romane der Weltliteratur. Der Name seines Autors wird wohl für alle Zeiten vornehmlich mit MADAME BOVARY verbunden sein. Seinem Freund Ernest Feydeau (1821 - 1873), einem damals viel gelesenen Modeschriftsteller frivoler Liebesromane, war zwar mit einer rasch hingeworfenen, offenbar süffigen Bovary-Imitation („Fanny") schon ein Jahr nach Erscheinen des Originals ein Auflagenerfolg sondergleichen beschieden; doch von Feydeau redet man heute allenfalls noch in Frankreich, auch dort eher selten. Flaubert aber ist eine Weltberühmtheit, vor allem dank seiner MADAME BOVARY.

Emile Zola (1840 - 1902), der den maßgeblich von Flaubert entwickelten realistischen Roman im späten 19. Jahrhundert um ein „naturalistisches" Formprinzip ergänzte, rühmte den Autor der BOVARY überschwänglich:

„Das Erscheinen von MADAME BOVARY war eine Umwälzung für die gesamte Literatur. Die neue Kunst hatte ihre Grammatik gefunden."

Fünf qualvolle Jahre benötigte der Schriftsteller, sein Werk abzuschließen; schon bei einem Vorabdruck in der „Revue de Paris" waren die Strafbehörden auf das angeblich „sittenwidrige Machwerk" aufmerksam geworden. Es kam 1857 zu einem spektakulären Prozess. Flaubert gewann ihn und war, schon wegen des Presserummels, mit einem Schlage ein berühmter Mann. Sich vorzustellen, weshalb die Staatsanwaltschaft gegen den Romanautor glaubte auftreten zu müssen – wie übrigens im selben Jahr gegen Charles Baudelaire und seine BLUMEN DES BÖSEN – ist uns heute nicht mehr möglich. Jedenfalls durfte Flaubert, Sohn eines berühmten Chirurgen, zudem gern gesehener Gast bei Prinzessin Mathilde, einer Tochter von Jerome Bonaparte, einem Bruder Napoleons I., sich nun bescheinigen, dass er ein Tabu gebrochen hatte, vielleicht gar mehrere.

Welche Grenzen, die von der Moral oder der Gesellschaft, was in diesem Falle auf dasselbe hinausläuft, hatte der Dichter überschritten? Wir werden es wohl niemals erfahren, die Zeiten sind uns zu weit entrückt. Kunst hatte es immer schwer, sich durchzusetzen; doch Flaubert trug überraschender Weise, obwohl es dem Absatz des Buches sehr gut getan hat, schwer daran, dass die Justiz überhaupt an seiner Arbeit Anstoß genommen hatte. „Das Auffallende und Neue an diesem Buch liegt vor allem anderen in seinem Ernst", schreibt einer seiner Biographen, Jean de La Varende. „Es hält sich fern von jeder Gefälligkeit, allem Leichtsinn, aller Sanftheit; und doch wird es nie zum Tendenzroman. Selbst in den komischen Szenen schwingt noch ein Unterton von unversöhnlicher Härte mit, auch sie sind noch eingetaucht in das Medium der manière noire, jenes Prinzip, das den Roman auf neue, unbekannte Pfade gelenkt hat. Eine so scharfe und düstere Zeichnung der Wirklichkeit erschien der Zeit krankhaft und verkehrt. Keiner der damals gängigen Romanciers, weder Victor Hugo (1802 - 1885) noch Jules Sandeau (1811 - 1883), noch Octave Feuillet (1821 - 1890) hatten eine solche Formempfindlichkeit, eine so hohe Achtung vor der Objektivität gezeigt."

Damit ist das Besondere von Flauberts schriftstellerischer Leistung nicht hinreichend beschrieben. Zwar trifft der o. a. Biograph zweifellos den Kern der Sache, wenn er schreibt, dass das Publikum in der Mitte des 19. Jahrhunderts mit einem Autor wie diesem normannischen Wirklichkeitsfanatiker nicht so furchtbar viel anfangen konnte. Seine MADAME BOVARY hatte Erfolg, doch keinen überwältigenden. Die leichter verdaulichen Bücher nicht nur von Feydeau, sondern erst recht von George Sand (eigentl.: Amantine Aurore Lucile Dupin, 1804 - 1876), mit der Flaubert eine über viele Jahre hinweg reichende Brieffreundschaft pflegte, waren weitaus populärer und verkauften sich infolgedessen viel besser. Trotzdem zählt der Autor der BOVARY nicht zu den publikumsfernen Roman-Ästheten, die partout nicht verstanden werden wollen. Doch war seiner Mitwelt, vor allem seinen engen Freunden und Bewunderern, rasch klar geworden, dass Flauberts Meisterwerk einen Neubeginn in der dichterischen Komposition eines Romanwerks markierte: Es gehörte zu seinem Programm, den Autor hinter der Beschreibung des Geschehens verschwinden zu lassen. Das Eigentümliche aber ist, dass er trotzdem in jeder Phase der Erzählung sichtbar wird, und nicht zum Schaden des Romans. Flaubert liebte es, seiner Heldin mit immer neuen bildhaften Vergleichen näher zu kommen, und offenbart hierbei viel von seinem eigenen Temperament, von seinem Weltgefühl:

Im Grunde ihrer Seele aber wartete sie darauf, dass etwas geschähe. Wie eine schiffbrüchige Mannschaft ließ sie ihre verzweifelten Blicke über die Ödnis ihres Lebens schweifen und suchte im fernen Dunst des Horizonts nach einem weißen Segel. Sie wusste nicht, welcher Zufall, welcher Wind es herantreiben, an welches Ufer es sie tragen würde, ob es eine Schaluppe oder ein stolzer Dreimaster wäre, ob mit Ängsten oder Glückseligkeiten beladen bis oben hin. Aber jeden Morgen, wenn sie erwachte, hoffte sie auf den neuen Tag, horchte auf jedes Geräusch, fuhr hoch, wunderte sich, dass nichts kam;

dann, bei Sonnenuntergang, wünschte sie sich, immer tiefer in Trauer versinkend, den Morgen herbei.

Emma Bovary – mehr als nur eine Romanfigur – gehört zu den menschlichen Wesen, die an Langeweile sterben können, und ihr Freitod ist mittelbar durch den Überdruss am Dasein, der sich in Verzweiflung steigert, bedingt. Alles, was uns der Autor schildert, ist nur scheinbar banal und alltäglich. Hinter jeder seiner Gestalten, erst recht seiner Emma, verbirgt sich ein Kosmos an Gefühlen und tun sich Abgründe auf. Bei solcher Betrachtung der Dinge ist dem Schicksal nicht auszuweichen. Flaubert kommt bei seiner Erzähltechnik immer wieder auf den Ausgangspunkt zurück, und der heißt eben: Langeweile. Sie ist der Todfeind des Menschen, wie schon der Philosoph Blaise Pascal, ein Landsmann Flauberts, im 17. Jahrhundert herausgefunden hatte. Nur wenige Fixpunkte kennt der Roman: Es sind die Wohnhäuser des Provinzstädtchens Yonville, die Postkutsche aus Rouen, die Apotheke des Freidenkers Homais, die Kneipe Lion d´Or und schließlich Emmas Zimmer. An ihnen dokumentiert sich das Statische, Unbewegliche, ja das Unausweichliche der Geschichte, des Daseins überhaupt. Was Emma bewegt, ist allein ihre Phantasie. Sie pflegt sie aufzufrischen durch Trivialliteratur, die ihr eine Welt der Liebesabenteuer und großen Gefühle suggeriert. Es ist ein Don-Quijote-Motiv, das auf Menschen angewendet wird, die an der Wirklichkeit scheitern, weil sie vernarrt sind in ihre Träume, die sie offenbar nur in fiktionaler Literatur erfüllt sehen. An der Beschreibung eines Opernbesuchs, gegeben wird „Lucia di Lammermoor“, macht uns der Dichter mit der Unfähigkeit seiner Heldin vertraut, zwischen realem und erdachtem Geschehen zu unterscheiden:

Emma sah sich in die Lektüre ihrer Jugend zurückversetzt, mitten in Walter Scott. Sie glaubte, durch den Nebel hindurch den Klang der schottischen Dudelsäcke zu hören, die auf der Heide widerhallten. Da die Erinnerung an den Roman das Verständnis für das Opern-Libretto erleichterte, folgte sie der Handlung Satz für

Satz, während ungreifbare Gedanken, die wieder in ihr aufstiegen, sich sogleich unter dem Ansturm der Musik zerstreuten. Sie überließ sich dem Wiegen der Melodien und spürte, dass sie selbst mit ihrem ganzen Ich vibrierte, als hätten die Geigenbögen über ihre Nerven gestrichen. Sie hatte nicht Augen genug, die Kostüme zu betrachten, die Dekorationen, die Personen, die gemalten Bäume, die zitterten, wenn man ging, die Samtbarette, die Mäntel, die Degen, all diese Trugbilder, die sich in einer Harmonie bewegten wie in der Atmosphäre einer anderen Welt.

Die weitere Schilderung geht im Dialog auf das Unverständnis ein, dass sich bei ihrem trocken-realistisch empfindenden Ehemann bei dem Geschehen auf der Bühne einstellt, das Emma hingegen Wonneschauer über den Rücken jagt. Charles Bovary versteht kein Wort von der Sache, die sich da abspielt, er bleibt in seiner engen Welt gefangen, und fühlt sich darin aufgehoben. Emma muss ihn mehrmals auffordern, endlich „still" zu sein.

Bei aller Illusionsgebundenheit ihrer Sicht überkommt Emma dann aber doch das jähe Erkennen der Hoffnungslosigkeit ihrer tatsächlichen Lage:

Lucia trat vor, halb gestützt von ihren Helferinnen, einen Kranz aus Orangenblüten im Haar und bleicher als die weiße Seide ihres Kleides. Emma dachte an den Tag ihrer Hochzeit; und sie sah sich wieder, draußen in den Kornfeldern, auf dem kleinen Pfad, den man zur Kirche ging. Warum hatte sie sich nicht wie jene [auf der Bühne] gesträubt, gefleht? Sie war vielmehr fröhlich, ohne den Abgrund zu bemerken, in den sie sich stürzte. … Ach, wenn sie in der Frische ihrer Schönheit, noch unbefleckt von der Ehe und der Enttäuschung des Ehebruchs, ihr Leben auf ein großes festes Herz hätte bauen können, dann hätten sich Tugend, Zärtlichkeit, Wollust und Pflicht miteinander verbunden und sie wäre niemals von einer so hohen Glückseligkeit herabgesunken. Aber jenes Glück war zweifellos eine Lüge, eine Einbildung, die der Hoffnungslosigkeit allen Sehnens entsprungen war. Sie kannte jetzt die Armseligkeit von Leidenschaften, die die Kunst übertrieb. Emma bemühte sich daher, ihr Denken davon abzubringen, und wollte in dieser Wiedergabe ihrer

Schmerzen nur ein plastisches Phantasiegebilde sehen, das nur als Augenweide taugte, und im Stillen lächelte sie sogar verächtlich mitleidig, als im Hintergrund der Bühne…

Es folgt der Auftritt des feurigen Liebhabers im obligaten Mantel, mit hoch ausschwingendem Degen in der Luft herumfuchtelnd und Arie auf Arie schmetternd, worauf Emma umgehend in ihre alte Faszination zurücksinkt:

Seine Liebe muss unerschöpflich sein, dachte sie, da er sie in so reichem Schwall über die Menge ergießt. Alle ihre Anwandlungen von Verachtung schwanden dahin unter der Poesie der Rolle, die sich ihrer bemächtigte, und zu dem Mann hingezogen durch die Illusion der Rolle, versuchte sie, sich ein Leben vorzustellen, dieses ausgefüllte, außergewöhnliche, herrliche Leben, das sie doch selbst hätte führen können, wenn der Zufall es gewollt hätte. Sie hätten sich kennen gelernt, hätten sich geliebt! Mit ihm wäre sie durch alle Königreiche Europas von Hauptstadt zu Hauptstadt gereist, sie hätte an seinen Mühen und seinem Stolz teilgenommen, hätte die Blumen aufgelesen, die man ihm zuwarf, hätte eigenhändig seine Kostüme gestickt; und dann hätte sie jeden Abend im Hintergrund einer Loge, hinter dem Gitter aus goldenen Stäben, begierig die Ergüsse dieses Herzens aufgenommen, die er nur für sie gesungen hätte; beim Spiel hätte er sie von der Bühne herab angeschaut. Aber da ergriff sie ein wahnwitziger Taumel, er schaute sie an, das war sicher! Am liebsten wäre sie in seine Arme geeilt, um sich in seine Kraft zu flüchten wie in die Verkörperung der Liebe selbst, um ihm zu sagen, um heraus zu schreien: ‚Entführe mich, nimm mich mit, wir wollen fort! Dir, nur Dir all mein Begehren, alle meine Träume'. Der Vorhang senkte sich.

Dieser Vorhang bringt Emma in die Wirklichkeit zurück. Oder doch wenigstens zur einen Hälfte, die andere verweilt in Gedanken bei dem unwiderstehlichen Opernhelden. Es ist eine Tragik mit dieser sie unablässig verlockenden Weltflucht. Man hat Madame Bovary als Emanze bezeichnet, weil sie das Leben nach ihrem Geschmack einzurichten weiß, und dabei für den treu-anhänglichen Ehemann eigentlich nur Verachtung übrig hat. Doch diese Einschätzung geht fehl, da sich Madame Bovary als Gefangene ihrer rasch wechselnden Gelüste und Stimmungen erweist. Eine Feministin ist sie noch weniger, da sie keinen einzigen Gedanken daran verschwendet, was mit ihren Geschlechtsgenossinnen passieren wird, falls sie erfolgreich ist. In einigen Verfilmungen wird die Heldin als Nymphomanin dargestellt, was Flaubert wohl kaum beabsichtigte. Dass sexuell frustrierte Frauen sich gelegentlich einen Liebhaber zulegen, soll vorkommen. Emma Bovary repräsentiert, was dies betrifft, statistisch nur eine mittlere Position im Weltgetriebe.

MADAME BOVARY ist eine klassische Liebesgeschichte, in der ein Übermaß unerfüllter Sehnsüchte zu einem traurigen Ende führt, vielleicht führen muss. Der Dichter erschüttert uns mit dieser schlichten Mitteilung, weil wir alle keine Alternative kennen, keinen Ausweg aus dem Dilemma, in das eine junge Frau sich gestellt sieht. Das – neben vielem anderen – macht Flauberts Buch einzigartig. Wer es gelesen hat, wird automatisch viele ähnliche Werke mit gelesen haben, ohne es zu wissen.

Deshalb möchte man dem Literaturwissenschaftler Eberhard Lämmert (Jahrgang 1924) con amore beipflichten, wenn er sagt:

„Flauberts Roman scheint gnadenlos gegen jedermann. Und doch enthält dieses Buch ein Plädoyer für Emma Bovary, das sein Ankläger und sein Verteidiger [im Pariser Prozess] übersehen haben. Emma Bovary emanzipiert sich nicht, obgleich sie es will, und man kann sie, wie viele es wollen, als Entgleiste ansehen oder auch als Opfer der Gesellschaft. Aber sie wird schöner mit jeder dürftigen Erfüllung ihrer mittelmäßigen Sehnsüchte. Sie entwächst noch dem Erniedrigungswillen ihres Autors. ...

Dass ein Roman ernsthaft mit der Liebe zu tun haben soll, ist eine mindestens zweitausendjährige Weisheit. Das Wagnis, rückhaltlos und verheißungsvoll von Liebe zu erzählen, macht darum diesen Roman einer Gutstochter aus der Normandie letzten Endes unverwüstlich."

Ausgaben

Zu empfehlen die Ausgabe bei Goldmann (Reihe Goldmann-Klassiker. Mit einem profunden Nachwort von Elisabeth Bronfen, nebst Zeittafel, Anmerkungen und bibliographischen Hinweisen).

Vorzüglich auch die Taschenbuchausgaben bei dtv und Insel.

Charles-Pierre Baudelaire (1821 - 1867)
DIE BLUMEN DES BÖSEN
(Originaltitel: Les fleurs du Mal)
Erschienen 1857

Die Veröffentlichung dieses Gedichtzyklus markiert eine kopernikanische Wende in der Weltlyrik. Seine Wirkung auf die Moderne insgesamt ist kaum abschätzbar. Seinem Autor Baudelaire schien dies bewusst zu sein, zeigte er doch keinerlei Eile mit der Publikation der insgesamt 101 Gedichte von gänzlich unterschiedlicher Thematik, Formgebung und Länge. Er muss bereits mit knapp zwanzig Jahren die ersten Teile seines Lebenswerkes verfasst haben. In kleineren Proben erschienen im Laufe zweier Jahrzehnte Bruchstücke des dann in seinem 36. Lebensjahr abgeschlossenen Opus in Zeitungen und Zeitschriften, etwa in der berühmten Literaturgazette „Revue des Deux Mondes".

Der dem Zyklus ursprünglich zugedachte Titel lautete LES LESBIENNES, einige Jahre später bereits LES LIMBES (wörtlich: Die Vorhölle). Man liebte es, in jener Zeit das bürgerliche Publikum mit Titelgebungen zu schockieren, die nach Ruchlosigkeit und erotischen Ausschweifungen oder ungewöhnlichen Neigungen anmuteten. Einige Gedichte spielen dann auf lesbische Liebe und Ausschweifungen der unterschiedlichsten Art an. Die Provokation schien folglich beabsichtigt; Schockwirkungen galten als erwünscht. Der endgültige Titel LES FLEURS DU MAL soll auf einen literarischen Freund Baudelaires zurückgehen, einen gewissen Hippolyte Babou.

Zwei Jahre vor Erscheinen des Buches, das größtes Aufsehen erregte, publizierte die bereits erwähnte „Revue des Deux Mondes" achtzehn bis dahin unveröffentlichte Gedichte der späteren FLEURS DU MAL. Der Herausgeber der Zeitschrift war – im Wissen um die Neuartigkeit der Verse – bestrebt, sich mit gewundenen Einleitungsbemerkungen gegen befürchtete Kritik von Seiten selbst ernannter Moralapostel abzusichern. Dieses Vorwort beleuchtet die gesellschaftliche Situation der damaligen Zeit, weshalb es immer noch aufschlussreich ist und beachtet zu werden verdient. Keine Frage, die BLUMEN DES BÖSEN liefen seinerzeit unter der Rubrik „Experimentallyrik“:

„Durch die Veröffentlichung der hier abgedruckten Verse glauben wir unseren Lesern einen weiteren Beweis dafür zu liefern, wie sehr wir stets geneigt sind, die Ansätze, die Versuche in den verschiedensten Richtungen zu fördern. Was uns hier des Interesses würdig erscheint, ist der lebhafte und, selbst in seiner Gewaltsamkeit, merkwürdige Ausdruck gewisser Anwandlungen, gewisser Anfälligkeiten und seelischer Leiden, die, ohne sie zu teilen oder zu bestreiten, als ein Zeichen unserer Zeit zur Kenntnis zu nehmen man gehalten ist. Im übrigen sind wir der Ansicht, dass es Fälle gibt, wo die Öffentlichkeit keineswegs nur eine Ermutigung darstellt, wo sie den Einfluss eines förderlichen Rates ausüben und das wahre Talent ermuntern kann, seine Fesseln abzustreifen, sich seiner Kräfte zu versichern, indem es seine Enge überwindet und seinen Gesichtskreis erweitert.“

Als das Buch auf den Markt kam, in zunächst 1.100 Exemplaren, begann sich sofort die Staatsanwaltschaft für das anrüchige Werk zu interessieren. Es kam zu einer Anklage wegen „Gotteslästerung und Beleidigung der öffentlichen Moral“. Der erste Teil der Anklage (Gotteslästerung) wurde rasch fallengelassen, doch das mit der Moral wurde aufrecht erhalten. Das Urteil lautete auf Entfernung von sechs Gedichten aus allen weiteren Auflagen. Diese sechs Gedichte wurden als „Pièces condamnées“ (= verbotene Teile o. Stücke) berühmt-berüchtigt und mehrten den Ruhm ihres Autors, wie es einige Monate zuvor seinem Landsmann, dem Romancier Gustave Flaubert mit seiner MADAME

BOVARY vor derselben Pariser Strafkammer widerfahren war.

Die Datierungsschwierigkeiten der Entstehungsgeschichte der einzelnen Gedichte beschäftigen noch heute die Literaturhistoriker; uns soll dies weniger wichtig sein. Festzuhalten hingegen ist, dass Charles Baudelaires Dichtungen größten Einfluss auf Literatur und Kunst seiner Zeit und der nachfolgenden Epochen genommen haben Die BLUMEN DES BÖSEN begründeten den Symbolismus, in dessen Stil und Geist etwa Baudelaires Landsmann Paul Verlaine (1844 - 1896) dichtete, oder Stephane Mallarmé (1842 - 1898), desgleichen der Engländer Algernon Charles Swinburne (1837 - 1909), der Italiener Gabriele D´Annunzio (1863 - 1938) oder der deutsche Dichter Stefan George (1868 - 1933) – um hier nur die berühmtesten Namen in der Nachfolge Baudelaires zu erwähnen. Umgekehrt hat dieser selbst viele Einflüsse in sich aufgenommen, die ihm von anderer Seite zuströmten, so etwa von Amerikas Klassiker Edgar Allan Poe (1809 - 1849), dessen Werk er ins Französische übersetzte, wodurch es bald seinen Weg ins übrige Europa nahm. Daneben wurde Baudelaire zu einem der ersten, sicherlich aber bedeutendsten Bewunderer der Musik Richard Wagners (1813 – 1883) in Frankreich.

Der Gedichtzyklus ist gegliedert in die Komplexe:
Spleen und Ideal (Spleen et Ideal) / Pariser Bilder (Tableaux Parisiens) / Der Wein (Le Vin) / Blumen des Bösen (Fleurs du Mal) / Aufruhr (Revolte) / Der Tod (La Mort).

Die verbotenen Gedichte (Condamnees) bilden in den neueren Ausgaben den Schluss, um sie auf diese Weise aus dem Gesamtkomplex herauszuheben und besonders kenntlich zu machen. Heute erscheint es natürlich auch den Franzosen unverständlich, weshalb ein Strafgericht in der Mitte des 19. Jahrhunderts an den fraglichen sechs Gedichten Anstoß genommen hat.

Es sind: „Verdammte Frauen" (Femmes damnees), „Der allzu Fröhlichen" (A celle qui est trop gaie), „Lethe" (Le Léthé), „Lesbos" (Lesbos), „Die Verwandlungen des Vampirs" (Les Metamorphoses du Vampir) und „Die Juwelen" (Les Bijoux). Alle diese Gedichte enthalten düster-sinnliche Anspielungen auf Rauschmittel und erotische Obsessionen; vornehmlich sie begründeten Baudelaires Ruf als angeblich hemmungslosem Provokateur.

Es muss aber nicht immer der Fluss des Vergessens sein, eben „Lethe", der uns in seinen Bann zieht. Tatsächlich beginnt dieses wunderschöne Gedicht mit den dunklen Versen: „Komm an mein Herz, du grausam taube Seele, geliebte mitleidlose Tigerin..." Baudelaire zu lesen, um ihn dabei kennenzulernen, kann ebenso gut mit dem „Albatros" einsetzen; ein Gedicht, das mich seit meiner Jugend fasziniert und mir unvergesslich geblieben ist, da ich es im Französisch-Unterricht übersetzte. Recht frei, wird mancher sagen, doch mir gefällt es heute noch:

Manchmal vergnügt die Mannschaft sich mit Albatrossen,
Den ungestümen Meeresvögeln blauer Weiten,
Die mit den Schiffen fliegen, träge Fahrtgenossen,
Wie sie durch schwarze Wellenschlünde gleiten.

Wie kümmerlich jedoch, wenn sie auf Deck sich schleichen,
Die Könige der Lüfte, gramvoll und verlegen,
Wenn ihre schlaffen, ungelenken Flügel bleichen
Den Rudern gleich, die keine Wellen mehr bewegen.

Der Reisende mit Flügeln: ein häßlich-matter Tropf,
Soeben schön, nun lächerlich und unansehnlich.
Man neckt den Schnabel mit dem Pfeifenkopf,
Und äfft ihn nach, als wäre er dem Krüppel ähnlich.

Dem Dichter geht es gleichsam wie dem Prinz der Meere,
Der mit dem Sturm sich misst in kühnem Gleiten.
Am Boden fühlt er sich verloren und voll Schwere,
Denn seine Riesenflügel hindern ihn am Schreiten.

Die gleichnishaften Verse spiegeln die Auffassung, die Baudelaire vom Erscheinungsbild und von der Rolle des Dichters hat. Er ist der Einsame, der Ausnahmemensch, begnadetes Genie und Verdammter in einem; weil die Welt um ihn herum es nicht anders zulässt, nicht anders will, und niemals anders gestatten würde. Sie bilden zusammen beinahe ein Lehrgedicht über den Sinn der Poesie und der Gefahren, die ihr von einer übelwollenden Mitwelt drohen. Ein wahrhaft königliches Opus, das der Herausgeber der inzwischen berühmten Anthologie „Französische Dichtung", Friedhelm Kemp, in deren drittem Band („Von Baudelaire bis Valery") nicht von ungefähr an den Anfang gestellt hat.

Eines der Lieblingswörter des Dichters ist „Spleen", dem er die meisten seiner Gedichte gewidmet hat. Es stammt aus dem Englischen, meint die Milz oder im übertragenen Sinne: Melancholie; es fand schon im 18. Jahrhundert Eingang in die französische Sprache. Und ist, so wie Baudelaire es verwendet, nicht leicht und oft auch nicht angemessen übersetzbar. Man könnte es in die Nähe von „Überspanntheit", „Lebensekel", „Schwermut" oder sogar „Weltschmerz" rücken. Bei Johann Wolfgang Goethe (1749 - 1832) wäre damit die „Sorge" gemeint (etwa in FAUST II), und vom Philosophen Martin Heidegger (1889 - 1976) wird sie desgleichen als „Sorge" in dessen Hauptwerk SEIN UND ZEIT interpretiert. Alles dreht sich um die „Sünde der Traurigkeit", der Baudelaire in spätromantischer Manier die Sehnsucht nach dem Ideal entgegenstellt.

In seiner Prosaschrift „Mein entblößtes Herz" liefert der Dichter selbst eine Interpretation von Spleen und Ideal, die uns einen Blick in seine Gefühle und Gedankenwelt öffnet:

Jeder Mensch wird zu jeder Stunde von zwei Forderungen bewegt: die eine führt ihn zu Gott, die andere zu Satan hin. Die Anrufung Gottes oder das Streben des Geistes ist die Sehnsucht des Emporsteigens; die Anrufung Satans oder die tierische Lust ist die Wonne des Hinabsteigens.

Baudelaire fühlte sich als glühender Katholik; was davon zu halten ist, bleibt ungeklärt, da der Dichter gewiss nicht die kanonische Seite des Katholizismus gemeint hat. Aber gelegentlich einer Neubearbeitung der FLEURS DU MAL äußerte er in einem Brief an die Leitung der Zeitschrift „Revue contemporaine": „Die protestantischen Professoren werden mit Schmerzen feststellen, dass ich ein unverbesserlicher Katholik bin. Ich werde es so einrichten, dass ich genau verstanden werde – bald sehr niedrig, dann wieder sehr hoch. Nur noch die ganz und gar Böswilligen werden die vorsätzliche Unpersönlichkeit meiner Gedichte nicht begreifen."

Ausgaben

Zu empfehlen die reich kommentierte zweisprachige Ausgabe „Fleurs du Mal / Die Blumen des Bösen". In: Charles Baudelaire, Sämtliche Werke / Briefe in acht Bänden. Band 3. Heimeran-Verlag 1975.

Iwan Alexandrowitsch Gontscharow (1812 - 1891)
OBLOMOW
(Originaltitel: Oblomov)
Erschienen 1859

Ist es vorstellbar, dass man sein Leben ohne jede praktische Tätigkeit verbringt und dabei nicht unglücklich wird? Gibt es das: ein Recht auf Faulheit und sie wollüstig genießen? Man wird an eine öffentliche Diskussion der jüngsten Zeit erinnert, die das menschliche Bedürfnis nach eben diesem Dasein im Müßiggang zu einem für viele, die sich angesprochen fühlen sollten, höchst kontroversen Thema erhob. Der russische Romancier Iwan A. Gontscharow, nicht so bekannt wie Tolstoi oder Dostojewski, diesen aber an Talent ebenbürtig, lässt seinen Helden OBLOMOW über etwaige Trägheitsvorwürfe triumphieren. Die nach ihm benannte *Oblomowerei* (russ. Oblomovscina) wurde zum geflügelten Wort, und das literarische Schicksal ihres Namensstifters unabsichtlich zum Symbol für den allmählichen Niedergang der großbürgerlichen Schichten und des russischen Adels im 19. Jahrhundert.

Dem Leitmotiv melancholischer Resignation folgend ist nur allzu verständlich, dass der Roman einen Handlungsstrang kaum greifbar werden lässt. Die Geschichte in ihren wenigen Konturen ist daher umstandslos zu beschreiben: Der 32jährige Gutsbesitzer Ilja Iljitsch Oblomow dämmert in seiner Petersburger Stadtwohnung aus Entschlusslosigkeit und Trägheit mal mehr, mal weniger zufrieden dahin. Sein vertrottelter Diener Sachar besorgt ihm auf elementare Weise seinen maroden Haushalt. Iljas Freund Stolz, Karrieretyp und Geschäftsmann, bemüht sich ohne den geringsten Erfolg, Oblomow in die Socken zu helfen. Ilja bringt es lediglich fertig, vom Sofa sich erhebend, in einer einzigen

Bewegung mit beiden Füßen zugleich in die Pantoffeln zu schlüpfen. Weder gelingt es Ilja, die Verwaltung seiner herunter gekommenen Wirtschaft auch nur ansatzweise zu reorganisieren, noch eine ebenso ansehnliche, wie interessante Partie zu machen...

Folgen wir nun dem schweizerischen Literaturhistoriker Fritz Ernst (1889 - 1958), der im Nachwort der Manesse-Ausgabe des OBLOMOW schrieb: „Er sollte heiraten, Olga Sergejewna heiraten. Olga ist eines von jenen lichten Wesen, die man nie mehr vergessen kann, wenn man sie je gesehen hat: so lieblich wie Goethes Lotte, so gütig wie Manzonis Lucia, so hoheitsvoll wie Balzacs Eugenie. Und dieses liebliche, gütige, hoheitsvolle Wesen lässt er schnöde fahren, weil er, um es zu heiraten, die üblichen Atteste beschaffen, eine neue Wohnung suchen, seine Gesundheit auf Reisen stärken und seinen Gutshof ein wenig in Ordnung bringen müsste. Er unternimmt wohl rührende Versuche, damit zu Ende zu kommen, und gelangt doch niemals auch nur bis zur Mitte. Und so zerrinnt ihm, jenseits der Doppelfenster seiner Seele, Gut, Liebe und Leben. Er bekommt von seiner Wirtschafterin ein Kind und stirbt am Schlagfluss. Freundeshand pflanzt weißen Flieder auf sein Grab, derweil der Engel seiner Erdentage, der Engel der Stille, davor Wache hält. ... Mein Leben, hatte Oblomow einst gesagt, begann mit dem Erlöschen. Dieses Erlöschen ist seine Geschichte. Sie zählt siebenhundert Seiten."

Keine Frage: dem Trägheitsapostel und Entschlusslosen gilt des Autors ungeteilte Sympathie. Nicht die Tatmenschen und Geltungssüchtigen, die Aktivisten und Könner erregen Gontscharows Aufmerksamkeit; er bleibt in allem, was er schreibt, vorzüglich aber im OBLOMOW, der Liebhaber stiller Ironie und inniger Anteilnahme an einem ausweglos selbstverliebten, selbstbestimmten Individualisten. Letztere Eigenschaft wird vom Dichter hervorgehoben. Wie er hierbei seinen Helden in der Alltäglichkeit seines buchstäblich unbewegten Daseins – äußerlich unbewegten Daseins! – schildert, ist von behutsamer Komik. Eine kleine Kostprobe aus dem ersten Teil soll das verdeutlichen, der ein Drittel des Romans ausmacht, und an einem einzigen Tage spielt! Der Dorfschulze hat Oblomow zum wiederholten Male brieflich um Stellungnahme zu dringend erforderlichen Reformschritten auf seinem Gutshof gebeten, und der Gutsherr sieht sich genötigt, nun endlich zu reagieren:

Er hatte sich gleich beim Erwachen vorgenommen aufzustehen, sich zu waschen und, nachdem er Tee getrunken haben würde, gründlich nachzudenken, manches in Erwägung zu ziehen, zu notieren, sich überhaupt der Sache ganz zu widmen. Er lag eine halbe Stunde lang da und quälte sich mit diesem Vorsatz ab; doch dann überlegte er sich, dass er dies alles auch nach dem Frühstück tun konnte und dass er den Tee, wie immer, liegend trinken könnte, umso mehr, als diese Stellung zum Nachdenken nicht minder geeignet war. So tat er denn auch. Nach dem Tee aber richtete er sich auf seinem Lager auf und wäre beinahe aufgestanden; ja, er hatte sogar begonnen, auf die Pantoffeln blickend, den einen Fuß vom Bette zu ihnen hinab gleiten zu lassen; doch gleich darauf zog er ihn wieder zurück.

So geht das in einem fort. Und doch hat Oblomows Trägheit hauptsächlich physische, weniger geistige Ursachen. Denn sein Schöpfer nennt ihn gelegentlich einen „Feuerkopf", und einen Menschen „mit vulkanischem Innenleben". Das überrascht. Und doch wieder nicht. Der junge Mann, der da zwischen Bett und Diwan wechselt, vom Tagtraum in den Tiefschlaf fällt, entwirft in seinen Gedanken unablässig weit greifende Pläne, macht Lebensentwürfe von ins Endlose gehenden Perspektiven und scheitert doch stets an ihrer Realisierung. Was bedeutet das? Ist es schiere Faulheit, die dann völlig zu Recht in den Untergang führen würde, oder ist vielmehr absichtsvolle Unangepasstheit eines notorischen Einzelgängers gemeint? Gontscharow neigt vermutlich letzterer Auffassung zu, mit absoluter Gewissheit erfährt man es aus dem Buche nicht. Man entnimmt dem OBLOMOW aber, dass sein „Gegenspieler“ Stolz nicht zu jenen gehört, die das neue Russland repräsentieren werden. Oblomow ist nach den Worten des Dichters „eine kristallreine Seele“. Damit werden etwaige Zweifel am Hohelied des Müßiggangs beseitigt, eines Nichtstuns aus Prinzip gewissermaßen. Oblomow als Anarchist, der jegliche Ordnung als für ihn unerträglichen Zwang kategorisch ablehnt; eine Haltung, in der Gontscharow möglicherweise Nihilismus und Anarchie in der Spätphase des zaristischen Russland vorweg nimmt.

Als der Roman in der Mitte des 19. Jahrhunderts erschien, wurde er umgehend zu einem Riesenerfolg für seinen Autor. Das ganze Land las und diskutierte ihn öffentlich. Iwan Alexandrowitsch Gontscharow reagierte auf seinen relativ späten Ruhm gelassen, fast gleichgültig. Sein Leben lang hat er sich, aus einer alten Familie stammend, unabhängig gefühlt. Seine Eltern besaßen im Wolgagebiet ein Dorf, dessen Einwohner noch Leibeigene waren. Der Zar hatte seine schöne Mutter einst beim Ball entdeckt und zum Tanz aufgefordert. Iwan genoss Internatsbildung und besuchte als junger Mann die Moskauer Universität. Als unbedeutender Staatsbediensteter in Petersburg pflegte er sich über fast alles, was ihn dort umgab, zu beklagen, blieb aber sein Leben lang dort zu Hause; sein Held folgt diesem Beispiel. Man muss sich den Dichter als Lebemann mit konservativen Zügen vorstellen, der sich bei allem Widerwillen gegen das ungünstige Klima Russlands und die Gewohnheiten der Petersburger Gesellschaft mit den Verhältnissen schließlich abfindet.

Gontscharows Roman könnte man als eine Vorahnung des unaufhaltsamen Niedergangs des russischen Adels und Großbürgertums im späten 19. Jahrhundert sehen, aber ebenso gut als eine literarhistorisch neuartige Psychologisierung eines Einzelschicksals deuten. Das zentrale 9. Kapitel im ersten Teil dieser großen Erzählung spricht für letzteres. In ihm wird ein Traum geschildert, der Beachtung verdient. Aus ihm möchte ich eine längere Passage zitieren, nicht zuletzt, um Ihnen – den Lesern – Lust auf das ganze Buch zu machen:

Und auch der Phantasie des schlafenden Ilja Iljitsch zeigten sich ebenfalls der Reihe nach, gleich lebenden Bildern, die drei Hauptmomente des Lebens, die sich ebenso wohl in seiner Familie wie auch bei den Verwandten und Bekannten abspielten: Geburt, Hochzeit und Begräbnis. Dann folgte eine bunte Prozession ihrer freudigen und traurigen Unterabteilungen: Taufen, Namenstage, Familienfeste, Fastenanfang und -ende, geräuschvolle Diners, Familienbesuche, Begrüßungen, Gratulationen, offizielle Tränen und Lächeln. Alles wurde so genau, so ernsthaft und feierlich erfüllt. Er sah sogar bekannte Personen vor sich und ihren Ausdruck bei verschiedenen Gelegenheiten, ihre Besorgtheit und Geschäftigkeit. Wenn man ihnen eine noch so kitzlige Heiratsvermittlung, eine noch so feierliche Hochzeit oder einen Geburtstag auszurichten übergeben hätte, würden sie alles nach den Regeln, ohne die geringste Fahrlässigkeit besorgt haben. Warum es sich darum handelte, welcher Platz einem jeden der Anwesenden anzuweisen war, wie und was aufgetragen werden sollte, wer mit wem während der Zeremonie zu fahren hatte, wie man sich bei irgendeinem Vorzeichen verhalten musste, dagegen ward in Oblomowka [russ. für den Gutshof der Oblomows] nie auch nur der geringste Verstoß begangen. Verstand man dort etwa nicht ein Kind aufzuziehen? Man braucht sich nur anzuschauen, was für rosige und gewichtige Kupidos die dortigen Mütter tragen und führen. Sie bestehen darauf, dass die Kinder dick, weiß und gesund sein müssen. Sie werden dem Frühling abschwören und nichts davon wissen wollen, wenn sie bei seinem Antritt nicht eine Lerche gebakken haben.

Wie sollten sie das nicht alles wissen und nicht erfüllen? Das ist ihr ganzes Leben und Wissen, darin sind alle ihre Leiden und Freuden. Sie gehen darum jeder anderen Sorge und Trauer aus dem Wege, weil ihr Leben immer von diesen unvermeidlichen Urereignissen erfüllt war, die ihrem Verstand und ihrem Herzen unendliche Nahrung boten. Sie erwarteten mit Herzklopfen … ein Festessen, eine

Zeremonie, um später, nachdem der Mensch getauft, verheiratet oder begraben, ihn selbst und sein Schicksal zu vergessen und sich in ihre gewohnte Apathie zu versenken, aus der sie erst durch einen neuen, ähnlichen Fall, einen Geburtstag, eine Hochzeit ... aufgerüttelt wurden. ... Es beginnt wieder eine Epoche der Zeremonien, der Festessen, und endlich kommt die Hochzeit, wieder einmal. Darauf konzentriert sich das ganze Pathos des Lebens.

Das ganze Pathos des Lebens. Gontscharow hat es beobachtet und nicht ohne Anteilnahme beschrieben, mit manchmal zarter Ironie, ein andermal in kräftigeren Farben. Der Gegenstand seines Romans ist ohne benennbare Vorbilder; das Buch blieb zugleich ohne Nachahmungen von herausragender Bedeutung. Damit ist es in seiner Art einzigartig; es muss denen bekannt sein, die mitreden möchten, wenn die Sprache auf Literatur kommt.

Abschließend sei das Urteil des Schriftstellers *Hans J. Fröhlich* (geb. 1932) über den Roman wiedergegeben:

„Gontscharows OBLOMOW ist ein realistischer Roman vor allem wegen seiner Psychologisierung des Geschehens, was damit weitgehend moralischen oder gesellschaftlichen Wertungen entzogen wird. Allerdings scheint dieses Buch in unserer Zeit sozusagen nachträglich eine gesellschaftliche Bedeutung zu bekommen, die des Autors Zeitgenossen aufgrund ihres Fortschrittsoptimismus entgangen ist. In der heutigen Leistungsgesellschaft, die langsam zu erkennen beginnt, dass Fortschritt nicht unbegrenzt möglich ist, könnte man die Figur des Ilja Iljitsch Oblomow nämlich durchaus auch als den Prototyp des unangepassten Menschen verstehen, in ihm einen Verweigerer sehen, dessen Trägheit – gewollt oder nicht – zu einer Art passiver Résistance wird. Doch um das gleich hinzuzufügen: in einer aktuellen Deutung sehe ich nicht den Sinn dieses Hinweises auf ein Meisterwerk. Ein Buch wie dieses, an dem Gontscharow fast zehn Jahre gearbeitet hat, ist nicht um einer Quintessenz willen geschrieben. Um zu wissen, was das oblomowsche Lebensgefühl *ist*, nicht, was es *bedeutet*, und wofür Oblomow steht, muss man diesen Roman lesen, Seite für Seite und mit der gleichen Kontemplation, mit der er geschrieben wurde. Weshalb ich denn auch bitte, diesen Hinweis auf Gontscharows OBLOMOW als Einladung zum Lesen zu verstehen."

Ausgaben

Empfehlenswert ist die Ausgabe in der Reihe Manesse-Klassiker, Zürich.

Lewis Carroll (eigentl. Charles Lutwidge Dodgson, 1832 - 1898)
ALICE IM WUNDERLAND
(Originaltitel: Alice in the Wonderland)
Erschienen 1865

Eigentlich war die Geschichte von ALICE IM WUNDERLAND nicht zur Veröffentlichung bestimmt gewesen. 1864 legte der englische Universitätsdozent für Mathematik und Logik Charles Lutwidge Dodgson die kleine Geschichte in einer handschriftlichen Fassung auf den Weihnachtsgabentisch eines kleines Mädchens namens Alice, der siebenjährigen Tochter des Dekans seiner Fakultät. Dass dieses eigentümliche Kinderbuch jedoch mehr Leser interessieren könnte, hatte Dodgson nie für möglich gehalten und auch gar nicht beabsichtigt. Man musste ihn erst überreden, die Geschichte einem Verlag anzubieten, wo sie tatsächlich ein Jahr später unter dem Pseudonym Lewis Carroll erschien und sofort zum Bestseller wurde.

ALICE IM WUNDERLAND ist also zweifelsohne ein Kinderbuch – ein Buch, das für ein Kind geschrieben wurde. Jedoch begeisterte es stets gleichermaßen Kinder wie ihre Eltern; es lag seinerzeit ebenso auf dem Nachttisch von Königin Victoria, wie in den Lesezimmern der Clubs oder den Offizierskasinos in den britischen Kolonien. Das Phänomen erinnert – so schwierig ein Vergleich sein mag – an das HARRY POTTER-Fieber unserer Tage. Nur, dass es sich bei ALICE bereits über 100 Jahre gehalten hat (die neueste, starbesetzte Verfilmung ist gerade erst ein paar Jahre her). Bei HARRY POTTER muss sich die Langlebigkeit noch herausstellen. Zum heutigen Zeitpunkt kann niemand wissen, welche Bücher wirklich das Zeug dazu haben, zu überdauern – und nur mit diesen beschäftigt sich schließlich unsere Auswahl.

Doch zurück zu ALICE: Literaturwissenschaftlich ist das schmale Bändchen schwer beziehungsweise überhaupt nicht einzuordnen. Es ist kein Märchen, und es hat keine pädagogisch-belehrende Aussage, wie andere Kinderbücher dieser Zeit (vielleicht hatte es deswegen so großen Erfolg?). Es ist, genaugenommen, der reine Un-Sinn: Ein kleines Mädchen stolpert durch einen wirren, absurden Traum, in dem alles anders ist als „normalerweise". Geschrieben ist die Geschichte in einem einfachen, „kindgerechten", leicht ironischen Plauderton, mit einer guten Portion schwarzem, britischen Humor.

Der Inhalt ist rasch erzählt: Die kleine Alice sitzt eines nachmittags mit ihrer großen Schwester, die ein Buch liest, an einem Bachufer und langweilt sich. Es wird nebenbei erwähnt, dass sie ziemlich müde ist. Plötzlich sieht sie ein weißes Kaninchen, das eine Weste trägt und gehetzt auf seine Taschenuhr schaut. Dieser Anblick kommt ihr sehr ungewöhnlich vor, und sie beschließt, dem Kaninchen zu folgen. Als sie hinter ihm her in den Kaninchenbau kriecht, erweist sich dieser als eine Art Schacht in den Untergrund (so lautete auch der Titel des handschriftlichen Originals: ALICE'S ADVENTURES UNDERGROUND). In dieser „Unterwelt" begegnet Alice nun allerhand äußerst merkwürdigen Lebewesen: beispielsweise einer Edamer Grinse-Katze, einer Falschen Suppenschildkröte, aber auch sprechenden Meerschweinchen und Eidechsen sowie einem kompletten Kartenspiel und dem verrückten Hutmacher mit seiner niemals endenden Tee-Gesellschaft.

Alice schlendert – mit ständig wechselnder Körpergröße und in zumeist stoischer Ruhe – durch diese beinahe albtraumhafte Welt, in dem festen Glauben, sie sei „mit irgendjemandem vertauscht worden", denn im normalen Leben passierten ihr, Alice, solche Dinge nicht. Ansonsten verfolgt sie kein besonderes Ziel oder sucht einen Ausweg, wie in den klassischen Abenteuer-Geschichten. Statt dessen ist sie stets von ausgesuchter (britischer) Höflichkeit, hört sich die merkwürdigsten Geschichten und Gedichte an und kämpft in dieser unsinnigen Welt einzig mit dem Problem, dass sich die anderen Lebewesen nicht an Regeln halten – weder beim Croquetspielen noch in der Konversation. Alice selbst versucht, sich an diese Regeln zu halten, aber alle um sie herum stellen ständig alles auf den Kopf. Dabei bedienen sich die Unterwelt-Wesen zumeist einer entwaffnenden Logik, die nicht zu widerlegen ist. (Dodgson war, wie bereits erwähnt, Dozent für Logik und Mathematik!) Am Ende wohnt Alice einer parodierten Gerichtsverhandlung der Herzkönigin aus dem Kartenspiel bei, bringt dort endgültig alles durcheinander und findet sich plötzlich am Bachufer bei ihrer Schwester wieder, wo sie am Anfang der Geschichte das Kaninchen gesehen hatte. Die Schwester erklärt ihr, dass sie geschlafen hat, woraufhin Alice ihr von ihrem seltsamen Traum erzählt.

Es ist also deutlich, dass Alice das alles nur geträumt hat. Was sie in dieser Traumwelt erlebt, sind schließlich alles Dinge, die man aus dem realen Erleben des Kindes (und der englischen Familie zu dieser Zeit) herleiten kann: Da ist beispielsweise jene Tee-Gesellschaft, die niemals zu Ende geht, weil man die Uhr verzaubert hat, und es immer fünf Uhr bleibt; ferner gibt es im „Wunderland" eine Falsche Suppenschildkröte – jenes seltsame Tier, aus dem man die falsche Schildkrötensuppe macht, die Alice kennt, ebenso wie den Weißfisch, den sie Freitag erst auf dem Teller gesehen hat. Alices Schwester findet außerdem noch Erklärungen aus der realen Umwelt der Träumerin, wie beispielsweise Geräusche in der Ferne. So werden Aspekte der „normalen" Welt in einem Traumchaos verbunden, verändert und verfremdet, wobei das verwirrendste Element das Auflösen oder Wörtlichnehmen der Regeln und Konventionen ist. Dazu ein Beispiel:

Alice und die Raupe sahen sich eine Zeitlang schweigend an; endlich nahm die Raupe die Wasserpfeife aus dem Mund und sprach Alice mit müder, schleppender Stimme an. „Wer bist denn du?“ sagte sie.

Als Anfang für eine Unterhaltung war das nicht ermutigend. Alice erwiderte recht zaghaft: „Ich weiß es selbst kaum, nach alldem – das heißt, wer ich war, heute früh beim Aufstehen, das weiß ich schon, aber ich muss seither wohl mehrere Male vertauscht wurden sein.“

„Wie meinst du das?“ fragte die Raupe streng. „Erkläre dich!“

„Ich fürchte, ich kann mich nicht erklären“, sagte Alice, „denn ich bin gar nicht ich, sehen Sie.“

„Ich sehe es nicht“, sagte die Raupe.

„Leider kann ich es nicht besser ausdrücken“, antwortete Alice sehr höflich, „denn erstens begreife ich es selbst nicht; und außerdem ist es sehr verwirrend, an einem Tag so viele verschiedene Größen zu haben.“

„Gar nicht“, sagte die Raupe.

„Nun, vielleicht haben Sie diese Erfahrung noch nicht gemacht“, sagte Alice, „aber wenn Sie sich einmal verpuppen und danach zu einem Schmetterling werden, das wird doch gewiss auch für Sie etwas sonderbar sein, oder nicht?“

„Keineswegs“, sagte die Raupe.

„Nun, vielleicht empfinden Sie da anders“, sagte Alice; „ich weiß nur: für mich wäre das sehr sonderbar.“

„Für dich!“ sagte sie Raupe. „Wer bist denn du?“

Mit gnadenloser Logik bewegen sich die Lebewesen in dieser anarchischen Welt, in der Alice, ausgerechnet ein Kind, zum Verfechter der Regeln und der Höflichkeit wird.

Interpretationsversuche zu diesem seltsamen Werk gibt es jede Menge. Vor allem die Beziehung Dodgsons zu der echten siebenjährigen Alice (die Familie des Mädchens verbot ihm schließlich den Umgang mit ihr) interessierte stets Psychologen und Literaturwissenschaftler gleichermaßen. Doch dies erklärt noch nicht den ungeheuren, anhaltenden Erfolg des Buches. Dabei ist dieser Erfolg zunächst einmal ganz einfach zu erklären: Das Buch macht einfach Spaß! Es will nicht erziehen, nicht belehren (man stelle sich nur im Vergleich dazu unseren guten deutschen STRUWWELPETER vor), und wenn es den Erwachsenen – über den reinen Unterhaltungseffekt, den es bei Kindern hat, hinaus – etwas mit auf den Weg gibt, dann ist es sicherlich das entlarvende Wörtlichnehmen von sprachlichen Konventionen, das Spielen mit dem Sinn und Un-Sinn von Regeln. Außerdem zeigt die Geschichte, wie hilflos man dasteht, wenn man zwar Regeln kennt, aber die falschen – zumindest für diese Zeit und diesen Ort –, und dass das, was an der einen Stelle richtig ist, an der anderen völlig falsch sein kann. Insofern ist ALICE IM WUNDERLAND eben doch nicht bloß humorvolle, etwas verrückte Unterhaltung, sondern hat auch eine philosophische, beinahe abgründige Seite, die für ein Kinderbuch ausgesprochen ungewöhnlich ist.

Denn es sind eigentlich die gesellschaftlichen Spielregeln, nicht die merkwürdigen Tiere und Spielkarten, mit denen Alice kämpft. Es ist der Wegfall der Regeln und Konventionen, der das Chaos auslöst – nicht die Tatsache, dass Suppenschildkröten sprechen oder gar tanzen können. Insofern ist ALICE eben mehr als ein Lügenmärchen für Kinder. Dodgson-Carroll, der sich zeitlebens mit starrer Pedanterie selbst an die absurdesten Regeln des Universitätslebens in Oxford gehalten hat und dieses Korsett womöglich genauso brauchte, wie er es hasste, warf in seinen Alice-Geschichten (es gibt noch eine Art Fortsetzung: ALICE HINTER DEN SPIEGELN von 1872) sämtliche Regeln über Bord und schien dies als kindlichen Traum zu genießen. Diese offenkundige Freude am Absurden ist denn auch einer der Aspekte, die den schwer fassbaren Charme des Buches ausmachen:

„Edamer Mieze", begann Alice ein wenig stockend, denn sie war gar nicht sicher, ob ihr diese Bezeichnung wohl angenehm wäre – aber das Grinsen wurde davon nur noch etwas breiter. „Würdest du mir bitte sagen, wie ich von hier aus weitergehen soll?"

„Das hängt zum großen Teil davon ab, wohin du möchtest", sagte die Katze.

„Ach, wohin ist mir eigentlich gleich", sagte Alice.

„Dann ist es auch egal, wie du weitergehst", sagte die Katze.

„Solange ich nur irgendwohin *komme", fügte Alice zur Erklärung hinzu.*

„Das kommst du bestimmt", sagte die Katze, „wenn du nur lange genug weiterläufst."

Die Logik des Gesprächs ist nicht zu widerlegen. Die Fragen werden beantwortet, aber mit den Antworten kann niemand etwas anfangen. Das Prinzip der Konversation ist damit auf den Kopf gestellt und ad absurdum geführt. Gesprächsstrukturen und die Bedingungen, die notwendig sind, um sich zu verstehen, werden daher von Sprachwissenschaftlern immer wieder gerne anhand von ALICE IM WUNDERLAND analysiert.

Trotz ihres großen Erfolges blieben die beiden ALICE-Bücher literarische Einzelstücke, die zwar von zeitgenössischen Schriftstellern – beispielsweise Oscar Wilde – ebenso wie von nachfolgenden bewundert wurden, sich aber jeglicher Nachahmung entziehen. ALICE ging jedoch, besonders in Großbritannien, in den allgemeinen Sprachschatz ein, so dass dort bis heute sowohl in Parlamentsreden als auch in Werbespots gelegentlich ALICE-Zitate anzutreffen sind und verstanden werden. Zahlreiche Verfilmungen zeugen ebenso von ALICE'S Beliebt- und Bekanntheit wie die zahllosen Buchausgaben für Kinder und Erwachsene.

Besonders beliebt war ALICE IM WUNDERLAND wegen seines Un-Sinns und seiner Absurditäten bei den Surrealisten – für ein „Kinderbuch" eine erstaunliche Leserschaft. Es zeigt, wie viel man – auch über sich selbst – hinter dieser scheinbar harmlosen Kinderträumerei entdecken kann. Und nur dadurch ist letztlich diese enorme Wirkung zu erklären. Bleibt abzuwarten, ob HARRY POTTER ein ähnlich anhaltender Erfolg beschieden sein wird. Der amerikanische Thriller-Autor Stephen King verglich die beiden Bücher vor einiger Zeit und kam zu dem Schluss, dass ein Buch vieldeutig sein und zum Nachdenken, zur Beschäftigung mit sich und der Welt anregen muss, um zur Weltliteratur zu gehören. ALICE erfüllt zweifelsohne beide Kriterien.

Ausgaben

Unter vielen Ausgaben kann man wählen, empfehlenswert ist beispielsweise das Taschenbuch bei Insel.

Fjodor Michailowitsch Dostojewski (1821 - 1881)
RODION RASKOLNIKOFF. Schuld und Sühne
(Originaltitel: Prestuplenije i nakasanije)
Erschienen 1866

Der RASKOLNIKOFF ist das vielleicht wirkungsmächtigste Romanwerk der neueren russischen Nationalliteratur, und eines der bestbekannten im Westen. Das Buch ist längst zum Standardwerk der psychologischen Kriminalerzählung und damit zum Vorbild für eine ganze Literaturgattung geworden.

Dostojewski schrieb das Buch in seinen besten Mannesjahren. Die schwere Zeit der Verbannung und Zwangsarbeit in Sibirien lag bereits hinter ihm. Der Schriftsteller befand sich auf dem Höhepunkt seines Schaffens und öffentlicher Anerkennung.

In einem nicht abgesandten Brief an Michail Katkow, Herausgeber der Zeitschrift „Der russische Bote" (in ihr erschien der Vorabdruck), beschreibt der Dichter Inhalt und Absicht seines zunächst als Novelle gedachten RASKOLNIKOFF wie folgt:

... es ist ein psychologischer Bericht über ein Verbrechen. Zeit: die Gegenwart, dieses Jahr. Ein junger Mann von kleinbürgerlicher Abstammung, der, von der Universität relegiert, in äußerster Not lebt, unterliegt einigen sonderbaren, unreifen Ideen, die in der Luft liegen, und beschließt infolge seines Leichtsinns und der Unbeständigkeit seiner Anschauungen, sich mit einem Schlag aus seiner bisherigen dürftigen Existenz zu befreien. Er nimmt sich vor, eine alte Frau, eine Hofrätin, die Geld gegen Zinsen verleiht, zu töten. Die Alte ist dumm, taub, krank, habgierig, fordert jüdische Zinsen, sie ist böse und zerstört eine menschliche Existenz, indem sie ihre jüngere Schwester ausbeutet, die bei ihr zur Aushilfe arbeitet. Sie taugt zu nichts – wozu lebt sie eigentlich? Bringt sie überhaupt irgend

jemandem Nutzen? – diese Fragen und ähnliche bringen den jungen Mann in Verwirrung; er fasst den festen Entschluss, sie zu ermorden, zu berauben, um seine Mutter, die in der Provinz lebt, glükklich zu machen, seine als Wirtschafterin bei einem Gutsbesitzer arbeitende Schwester von dem erniedrigenden Ansinnen des Hauptes dieser Gutsbesitzerfamilie, von schmutzigen Ansprüchen, die ihr ganzes weiteres Leben gefährden, zu befreien, selbst die Universität zu absolvieren und ins Ausland zu gehen, um dann sein Leben lang ein ehrlicher, fester, in der Erfüllung seiner humanitären Pflichten der Menschheit gegenüber konsequenter Mensch zu bleiben, wodurch natürlicherweise die Schuld gesühnt wird, insofern man überhaupt dieser Tat, einer stumpfsinnigen, dummen, bösen und kranken Alten gegenüber, die selbst nicht weiß, wozu sie auf der Welt ist, und die in einem Monat vielleicht eines natürlichen Todes gestorben wäre, ein Verbrechen nennen kann.

Dostojewskis Helden sind nicht nur von ihren, meist Zeitströmungen entnommenen Ideen durchdrungen, sondern stellen praktisch deren Verkörperungen dar, ohne dabei etwas von ihrer Vitalität und ihrem Handlungsdrang im Roman zu verlieren. Um einen kleinen Eindruck von der Intensität des Stils zu vermitteln, der im RASKOLNIKOFF dominiert, sei an dieser Stelle eine Passage zitiert, die den (scheinbar) kalten Realismus des Autors belegt – es handelt sich um den Moment der Tat, die von Raskolnikoff über Wochen hinweg bis ins Detail vorbereitet wurde:

Die Alte war wie immer barhäuptig. Ihre hellen, leicht ergrauten dünnen Haare, wie gewöhnlich fett geölt, waren in rattenschwanzartige kleine Flechten geknotet und wurden von dem Rest eines abgebrochenen Hornkämmchens, das auf ihrem Hinterkopf hässlich abstand, zusammengehalten. Der Schlag hatte sie bei ihrer Kleinheit direkt auf den Scheitel getroffen. Sie schrie auf, aber sehr leise, ihre beiden Hände gegen den Kopf erhebend. … Da schlug er mit aller Kraft ein zweites und drittes Mal zu, immer mit der breiten Rückseite des Beils und immer auf den Scheitel. Das Blut strömte hervor wie aus einem zerbrochenen Glas, und der Körper sank zu Boden, mit dem Gesich nach oben. Er trat einen Schritt zurück, ließ den Körper liegen und beugte sich über ihr Gesicht; sie war schon tot. Die Augen waren weit aufgerissen, als ob sie herausspringen wollten, und die Stirn und das ganze Gesicht waren verzogen und krampfhaft verzerrt.

Er legte das Beil auf die Diele neben die Tote, langte eilends in ihre Tasche, in dieselbe rechte Tasche, aus der sie das vorige Mal die Schlüssel hervorgeholt hatte, und suchte zu verhindern, dass er sich mit dem fließenden Blute beschmierte. Er war bei klarem Verstand, Verdunkelungen vor den Augen und Schwindel fühlte er nicht mehr, aber die Hände zitterten immer noch.

Man könnte die Lektüre des Buches im Laufe einiger Jahre mehrfach wiederholen, ohne sich einen Augenblick der Langeweile auszusetzen. RASKOLNIKOFF ist in alle Weltsprachen übersetzt, oftmals verfilmt und mehrfach dramatisiert worden.

Die Wirkung von Fjodor M. Dostojewskis Genie auf die Weltliteratur ist kaum abschätzbar. Sie dauert noch heute an. Er hat religiöse und nicht religiöse Schriftsteller beeinflusst, und ganze Philosophenschulen mit seinen in den großen Romanen erörterten Fragen bereichert und zu neuen Gedanken angeregt. Obwohl sich die Literaturkritik in Russland zunächst nur mäßig mit dem so Erfolgreichen beschäftigte, gaben seine Werke Anstöße für den russischen Symbolismus und den deutschen Naturalismus. Vor allem aber wurde Dostojewskis Werk anregend für europäische Philosophen. So beeindruckte er in Deutschland namentlich Friedrich Nietzsche (1844 - 1900).

Dostojewski unternahm mehrere ausgedehnte Reisen, vor allem nach Deutschland und in die Schweiz. Sein Leben verlief nicht spektakulärer als das vieler anderer Intellektueller seiner Zeit. An seiner Beerdigung in Petersburg nahmen dann aber an die 60.000 (!) Personen teil. Heute ist Dostojewski eine Legende.

Stimmen zu Dostojewski und RASKOLNIKOFF

Der russische Schriftsteller *Dimitri Mereschkowski* (1865 - 1941) erhob den Autor des RASKOLNIKOFF in den Rang eines Schöpfers unvergänglicher Wahrheiten mit fast religiösem Status. Er nannte das vorliegende Buch im Verein mit den vier weiteren großen Dostojewski-Romanen: „Die Brüder Karamasoff", „Der Idiot", „Der Jüngling" und „Der Spieler" überschwenglich den „russischen Pentateuch" – womit auf das so genannte Fünfrollenbuch (oder: Die fünf Bücher Mose) angespielt wird; für die Juden der erste und wichtigste Teil der Heiligen Schrift.

Nach einem Wort von *Thomas Mann* (1875 - 1955) hat „der russische Roman des 19. Jahrhunderts unsere Kenntnis der menschlichen Seele beträchtlich erweitert", und dies gelte vor allem für die Werke von Dostojewski.

Der Schriftsteller *Horst Bienek* (Jahrgang 1930) äußert im Nachwort zu einer Gesamtausgabe der Werke des russischen Klassikers über den Roman:

„Mir kommt der RASKOLNIKOFF immer wie ein Jugendwerk von Dostojewski vor, dabei war er doch schon fünfundvierzig Jahre, als er ihn schrieb. Vielleicht hängt das mit dem jugendlichen Helden zusammen, mit dem der Leser rasch, ja, ich denke manchmal, allzu rasch sympathisiert. Dostojewski hat tief in die Seele eines Mörders geblickt ..., in Abgründe, die niemals zuvor von einem Prosaschriftsteller so vielschichtig und differenziert beschrieben worden sind. Aber er hat die Tat des Mörders nicht entschuldigt. Er spricht von Schuld, und er spricht von Sühne. Das unterscheidet ihn von den modischen literarischen Advokaten des Bösen. Dostojewski war ein großer Moralist."

Ausgaben

Dostojewski-Gesamtausgabe bei Piper, München.

Charles Robert Darwin (1809 - 1882)
DER AUSDRUCK DER GEMÜTSBEWEGUNGEN BEI DEM MENSCHEN UND DEN TIEREN
(Originaltitel: The Expression of the Emotions in Man and Animals)
Erschienen 1872

Die Abstammung des Menschen vom Affen; mit dieser These hatte der Naturforscher ein ganzes Jahrhundert in Atem gehalten. „Darwinismus" gehört zu den Begriffen, die heute jedes Schulkind im Biologieunterricht kennen lernt. Auch Darwins Hauptwerk: „Die Abstammung des Menschen" (Descent of Man) dürfte jedem durchschnittlich gebildeten Europäer und darüber hinaus Erwachsenen in den meisten zivilisierten Ländern zumindest dem Titel nach vertraut sein. Weniger bekannt ist das Buch, an dem Darwin zwar viele Jahre arbeitete, das er jedoch in wenigen Monaten niederschrieb: „Der Ausdruck der Gemütsbewegungen bei dem Menschen und den Tieren".

Es hatte spontan ebenso großen Erfolg wie seine Abstammungslehre; doch schon wenige Jahre danach verschwand es im Dunkel wissenschaftlicher Bibliotheken und geriet für beinahe 90 Jahre in Vergessenheit. Jetzt wird es wieder gelesen und diskutiert, weil man es – wie ich mit vielen anderen behaupte – gelesen haben muss.

Es ist, als habe ein Künstler dem Rohentwurf seines kolossalen Werkes den letzten Schliff geben wollen, ohne den es einen Teil seines Glanzes eingebüßt hätte. Noch einmal erregte der legendäre Forscher größtes Aufsehen in seiner englischen Heimat, und sehr bald auch auf dem europäischen Kontinent. Die Übersetzung ins Deutsche durch Julius Victor Carus in Leipzig ließ nicht lange auf sich warten.

Was hat Darwin mit diesem Spätwerk bezwecken wollen? Vor allem wohl eines: Belege für seine bis dahin schon bekannte These von der Abstammung des Menschen aus dem Tierreich beizubringen. Er wollte einen weiteren, entscheidenden Nachweis führen, dass der Abstand zwischen Mensch und Tier viel kleiner sein muss, als man bisher angenommen hatte. Erstmals wurden in ein naturwissenschaftliches Werk außer den schriftlichen Beweisen für die vielfältigen Beobachtungen unter Menschen und Tieren für deren verschiedenste Gemütsbewegungen fotografische Illustrationen aufgenommen. Die Sensation in der Fachwelt hätte nicht größer sein können. Noch heute sind sie aufregend, oftmals bewegend.

Darwin betrieb das, was wir inzwischen „Feldforschung“ nennen: Von England aus beauftragte er Missionare, Pflanzer, Kolonialbeamte und andere ihm hilfreich zur Seite stehende Personen, ihre Kenntnisse aufgrund eigener Beobachtungen an Mensch und Tier zu dokumentieren. Hierzu verschickte er ausführliche Fragebögen, über die er die meisten seiner Kenntnisse erlangte, für die sonst noch einmal (wie für die Abstammungslehre) jahrelanges Reisen in exotische Länder erforderlich gewesen wäre. Die Auswertung und Systematisierung des zusammengetragenen Materials ergab dann sein – auch in schriftstellerischer Hinsicht – überzeugendes Buch. Der Herausgeber einer kritischen Edition des Buches, Paul Ekman, hält fest: „Darwin war davon überzeugt, dass Emotionen und ihr Ausdruck keine ausschließliche Eigentümlichkeit des Menschen sind. Manche von denen, die im 20. Jahrhundert Tierverhalten erforschten, scheuten sich noch bis vor relativ kurzer Zeit, das Verhalten von Tieren unter Rückgriff auf Emotionen zu beschreiben.“

Der AUSDRUCK – so wird Darwins Werk in der wissenschaftlichen Verwendung abgekürzt genannt – ist vor allem ein Lesebuch. Der große Forscher liebte seine Kinder sehr; Kinder überhaupt. Er dachte eben, könnte man sagen, in entwicklungsgeschichtlichen Kategorien. Ich zitiere deshalb eine Passage aus der Mitte des Buches, um nicht nur Darwins bedeutende Fähigkeiten der Darstellung hervortreten, sondern auch seine innige Beziehung zu den Nachkommen nicht unerwähnt zu lassen:

Mögen wir das Lachen als die vollständige Entwicklung eines Lächelns betrachten, oder wie es wahrscheinlicher ist, ein leises Lächeln als die letzte Spur einer durch viele Generationen fest eingewurzelten Gewohnheit zu lachen, sobald wir vergnügt gestimmt sind, so können wir bei unseren Kindern den allmählichen Übergang des einen ins andere verfolgen. Es ist denen, welchen die Pflege kleiner Kinder anvertraut ist, wohlbekannt, dass es schwer ist, sich zu vergewissern, wann gewisse Bewegungen um ihren Mund herum wirklich ausdrucksvoll sind, das heißt, wann jene wirklich lächeln. Ich habe deshalb mit Sorgfalt meine eigenen Kinder beobachtet. Eines derselben lächelte im Alter von fünfundvierzig Tagen, während es gleichzeitig in einem glücklichen Gemütszustande war; das heißt, hier wurden die Mundwinkel zurück gezogen, und die Augen wurden gleichzeitig entschieden strahlend. Ich beobachtete dasselbe am folgenden Tage, aber am dritten Tage war das Kind nicht ganz wohl, und da fand sich keine Spur des Lächelns, und gerade dies letztere macht es wahrscheinlich, dass die früheren Zeichen eines Lächelns wirkliche waren. Acht Tage später und während der darauf folgenden Woche war es merkwürdig, wie seine Augen erglänzten, sobald es lächelte, und seine Nase wurde in derselben Zeit quer gefurcht. Dies wurde nun von einem kleinen blökenden Geräusche begleitet, welches vielleicht ein Lachen vorstellen sollte. Im Alter von 113 Tagen nahm dieses kleine Geräusch, welches immer während der Exspiration [Ausatmen] gemacht wurde, einen unbedeutend verschiedenen Charakter an und wurde mehr abgesetzt oder unterbrochen wie beim Schluchzen, und dies war sicherlich beginnendes Lachen. Die Veränderung im Tone schien mir zu der Zeit mit der größten seitlichen Ausdehnung des Mundes zusammenzuhängen in dem Maße, wie das Lächeln breiter wurde. …

In diesem allmählichen Erlangen der Gewohnheit des Lachens bei Kindern haben wir einen Fall vor uns, welcher in einem gewissen

Grade mit dem des Weinens analog ist. Da bei den gewöhnlichen Bewegungen des Körpers, wie beim Gehen, Übung notwendig ist, so scheint dies auch beim Lachen und Weinen der Fall zu sein.

Bevor Darwin daran ging, die Entwicklung der Gemütsbewegungen bei Kindern, und dann natürlich auch bei Erwachsenen, der Natur gemäß zu beschreiben, hatte er seine Studien auf die Affen gerichtet. Als so genannte Primaten (Herrentiere) rangieren sie entwicklungsgeschichtlich vor dem Menschen, an dessen Gefühlsregungen und ihrem physisch wahrnehmbaren Ausdruck er die Abstammungslehre neu zu bestätigen gedachte.

Die Universalität der Ausdrucksformen orientiert sich an drei Prinzipien, als da sind:

– die Relikte (Restbestände) heute noch zu beobachtender, ehemals zweckmäßiger Gewohnheiten.

– das Gegensatzprinzip: etwa Schulterzucken als Ausdruck von Ohnmacht und Ratlosigkeit. Zur Selbstbehauptung wäre der volle Einsatz (hier: der Arme) erforderlich, der erkennbar unterbleibt und dadurch sinnfällig mit dem Schulterzucken kontrastiert.

– die unmittelbare Reaktion des Nervensystems auf Wirkungen von außen, wie Schwitzen bei Schmerz usf.

Das leuchtet alles beinahe spontan ein. Aber haben Sie, Hand aufs Herz, schon gewusst, dass man auch einen indischen Elefanten beim Weinen beobachten kann? Von Darwin haben wir es gelernt, respektive von seinen zahlreichen Spähern in den Savannen und Regenwäldern der südlichen Hemisphäre. Zum Verhalten der Affen noch einige Bemerkungen aus Darwins phänomenaler Schrift:

Die verschiedenen Arten und Gattungen der Affen drücken ihre Gefühle auf viele verschiedene Weisen aus, und diese Tatsache ist interessant, da sie in gewissem Grade sich auch auf die Frage bezieht, ob die so genannten Menschenrassen als verschiedene Spezies (Arten) … aufgefasst werden sollen. Denn wie wir sehen werden …, drükken die verschiedenen Rassen der Menschen ihre Gemütserregungen und Empfindungen über die ganze Erde mit merkwürdiger Gleichförmigkeit aus.

Das heißt: Nach Darwins Erkenntnissen stammen die Menschen sämtlich von einem gemeinsamen, nicht wesenhaft verschiedenen Vorfahren ab. Bis in unsere Tage vagabundieren dagegen Auffassungen über den Erdball, nach denen die „weiße Rasse" auf eine andere Ahnenkette als etwa die „negroide Rasse" zurückgreifen könne. Schon Darwin erteilte solchen irrigen Annahmen mit seiner These von der Gleichförmigkeit ihrer Ausdrucksformen indirekt eine Absage. Auch er spricht zwar in seinem Buch „Abstammung des Menschen" gelegentlich von „höheren" und „niederen" Rassen, ohne freilich auf genauere Abgrenzungen einzugehen. Sein Werk „Ausdruck der Gemütsbewegungen" jedenfalls spricht eine Sprache, die man anders verstehen dürfte. Sie könnte als Beleg dafür genommen werden, dass alle Menschen den gleichen Ursprung haben, egal mit welcher Hautfarbe und welchen anderen körperlichen Merkmalen sie in Erscheinung treten.

Das Überraschende zuletzt: Darwin ist keineswegs, wie man annehmen möchte, in der zivilisierten Welt akzeptiert. Zwar wird die Abstammungslehre und die Verwandtschaft der Arten von Biologen und nahezu allen Sozialwissenschaftlern auf der Welt als unumstößliche Tatsache akzeptiert – nicht hingegen von der breiten Öffentlichkeit. Bei einer 1991 durchgeführten Meinungsumfrage in den Vereinigten Staaten von Amerika wurde folgende Aufgabe gestellt (zit. nach P. Ekman):

„Ich lese drei Feststellungen vor, und Sie sagen mir dann bitte, welche von ihnen Ihrer Ansicht über den Ursprung und die Entwicklung des Menschen am nächsten kommt:

– Gott hat den Menschen, weitgehend so, wie er heute aussieht, irgendwann innerhalb der letzten 10.000 Jahre geschaffen."

(46 Prozent waren dieser Ansicht.)

– „Der Mensch hat sich im Laufe von Millionen Jahren aus primitiveren Formen des Lebens entwickelt. Gott hat mit diesem Prozess nichts zu tun."
  (9 Prozent waren dieser Ansicht.)
– „Der Mensch hat sich im Laufe von Millionen Jahren aus primitiveren Formen des Lebens entwickelt, aber Gott hat den Entwicklungsprozess gesteuert, einschließlich der Erschaffung des Menschen."
  (40 Prozent waren dieser Ansicht.)
  (5 Prozent waren unsicher, für welche Lesart sie sich entscheiden sollten.)

Paul Ekman, der sich um die Neuausgabe von Darwins Werk, das unentbehrlich ist für das Verständnis von der Entwicklung des Menschen und der Arten, so sehr verdient gemacht hat, soll in diesem Buchporträt das letzte Wort haben:

„Nach wie vor streitet man um die Stichhaltigkeit der drei Prinzipien, die Darwin zur Beantwortung der *Warum*-Frage, der Frage also, weshalb es für bestimmte Gefühlsbewegungen eine bestimmte Mimik gibt, in Vorschlag brachte. ... Darwin konzentrierte sich auf die Frage nach dem *Warum* wegen ihrer Bedeutung für ein weit umfassenderes Problem, das eine zentrale Rolle in seiner Evolutionstheorie spielte: das Problem des Zusammenhangs der Arten. Durch das Studium des Ausdrucks (der Gemütsbewegungen) wollte er nachweisen, dass die Menschen keine einzigartige, von Gott geschaffene Spezies sind."

Ausgaben

Charles Darwin: Der Ausdruck der Gemütsbewegungen bei dem Menschen und den Tieren. Einleitung, Nachwort und Kommentar von Paul Ekman. Aus dem Englischen von Julius Victor Carus und Ulrich Enderwitz. Eichborn, Frankfurt/M. 2000.

Friedrich Nietzsche (1844 - 1900)
MORGENRÖTE. Gedanken über die moralischen Vorurteile
Erschienen 1881 (zweite, um eine Vorrede erweiterte Auflage 1887)

Es gibt so viele Morgenröten, die noch nicht geleuchtet haben. Jeden Abend könnten wir diesen Satz in unser Tagebuch schreiben, in der stillen Hoffnung, dass uns am nächsten Tag beim Erwachen eben jene Morgenröte leuchten wird. Ich behaupte, vor allen anderen Werken des „Zarathustra"-Autors muss man die MORGENRÖTE gelesen haben, und dies nicht nur, wenn man Nietzsche besser verstehen will. Ein Literaturkanon ohne wenigstens eine der herausragenden Schriften Nietzsches scheint jedenfalls undenkbar.

Den Spruch aus der indischen Weisheitslehre wählte Nietzsche als Motto für die auf dreihundert Buchseiten verstreuten Gedanken über die moralischen Vorurteile; eine uns am Beginn des 21. Jahrhunderts eher als die Leser im späten 19. berührende Anleihe bei fernöstlicher Philosophie. Das Thema selbst überrascht bei diesem Autor nicht, allenfalls die Fülle von zunächst zusammenhanglos erscheinenden Geistesblitzen über Moral und Vorurteil. Da Nietzsche in dem für ihn typischen dialogischen Stil seine Verbundenheit mit den französischen Vorbildern bekundete, versuchte auch er sich in den meisten seiner Werke im Aphorismus, also in Kurzform ausgedrückter Lebensweisheit. Das wirkt dann oft bunt und abwechslungsreich, scheint zuweilen nicht ganz ernst gemeint, kommt sprachlich federleicht daher, argumentiert spielerisch und ist doch verbindlich in der Aussage. Zuweilen widerspricht er sich in einigen der vorgetragenen Ideen, um sich bei nächster Gelegenheit in eben demselben Punkt aus Trotz oder Laune zu widerlegen.

Nietzsche gelangt mit diesem Werk auf seinen ersten literarischen Höhepunkt, in Gedankenschärfe wie stilistischer Vollendung. Er gewinnt für sich allein, ohne im Geiste schon von Sigmund Freud an der Hand genommen zu werden, Erkenntnisse durch rückhaltlose Selbsterforschung. In der Vorrede zur MORGENRÖTE schreibt der Autor, man werde in seinem Buche

einen Unterirdischen an der Arbeit finden, einen Bohrenden, Grabenden, Untergrabenden. Man sieht ihn, vorausgesetzt, dass man Augen für solche Arbeit der Tiefe hat –, wie er langsam, besonnen, mit sanfter Unerbittlichkeit vorwärts kommt, ohne dass die Not sich allzu sehr verriete, welche jede lange Entbehrung von Licht und Luft mit sich bringt; man könnte ihn selbst bei seiner dunklen Arbeit zufrieden nennen. Scheint es nicht, dass irgendein Glaube ihn führt, ein Trost entschädigt? Dass er vielleicht seine eigne lange Finsternis haben will, sein Unverständliches, Verborgenes, Rätselhaftes, weil er weiß, was er auch haben wird: seinen eignen Morgen, seine eigne Erlösung, seine eigne Morgenröte? … Gewiß, er wird zurückkehren: fragt ihn nicht, was er da unten will, er wird es euch selbst schon sagen, dieser scheinbare Trophonios [böotischer Heros und Orakelgott] *und Unterirdische, wenn er erst wieder Mensch geworden ist. Man verlernt gründlich das Schweigen, wenn man so lange wie er Maulwurf war, allein war - - .*

Von einer durchgängigen Struktur der vorgetragenen Ideen kann bei Nietzsches häufigen stilistischen Purzelbäumen natürlich keine Rede sein. Gleichwohl sollte man versuchen, seine Formulierungskünste angesichts gewagter Gedanken, seinem Jahrhundert weit vorauseilend, in einige Thesen zu gliedern:

These 1: Es ist ratsam, ein absolutes Sittengesetz zu ignorieren, das der Sicherheit und Erfüllung des Individuums im Dasein entgegen steht.

These 2: Sich nach absoluten moralischen Prinzipien zu richten würde bedeuten, sich Illusionen auszuliefern.

These 3: Selbstbewahrung und Lebenstauglichkeit (bei N. = Vitalität) sind Maßstäbe, nach denen wir unser Dasein ausrichten sollten.

These 4: Die herkömmliche Moral ist selbst nur ein Vorurteil, sie hat keine Berechtigung außer jener, sich dem Dienst am Leben zu widmen.

Aus diesen Thesen wäre die Frage abzuleiten: Ist Erkenntnis noch erstrebenswert und möglich, da alle Wahrheit sich an ihrem Wert für das Leben und dessen Steigerung messen soll?

Nietzsche antwortet nach seiner Art in vielen Aphorismen, die man auf die Formel bringen könnte: Ja. Denn die Verneinung einer absoluten Moral bedeutet zugleich, sich allem zuzuwenden, was wirklich ist. Im Sinne des philosophischen „Feldzugs gegen die Moral" wird dies bei radikaler Verweigerung, sich traditionellen Normen zu unterwerfen, nur heißen können: Der neue Mensch wird als einziger Bürge der neuen Wertordnung unter der Forderung unbedingter Redlichkeit stehen. Er hat den Mut zu sich selbst, d. h. zu seiner Wahrheit gefunden. Er darf die Freiheit beanspruchen, sich in einer neuen, dem Leben angemessenen Weise zu verwirklichen.

Das klingt sehr modern, und zwar vordergründig nach der Beliebigkeitsmoral des Genuss- und Konsum-Menschen unserer Tage. Erlaubt ist, was gefällt, mit einem Wort: Die Spaßgesellschaft ist angesagt, weil von Nietzsche voraus gedacht, eine Welt ohne moralische Einengung und lästige Vorschriften, Prinzip „Leben ohne Schuldgefühle", stattdessen hinein ins schrankenlose Vergnügen?! Natürlich ist das zu kurz gegriffen, weil fehlen würde: Der Mensch hat, wenn´s gut geht, „seine" Wahrheit gefunden; und nur dieser Mensch darf für sich Freiheit beanspruchen, da die neue Wertordnung unter dem Primat unbedingter Redlichkeit steht! Denn Nietzsche, der Moralist, mahnt u. a. dazu, *nicht zu vergessen: Je höher wir uns erheben, umso kleiner erscheinen wir denen, welche nicht fliegen können.* (Aph. 574)

Außerdem sind des Philosophen Leitbilder immer nur in der Relation zum Ganzen des Daseins zu betrachten: *Was liegt an einem Denker, wenn er nicht gelegentlich seinen eignen Tugenden zu entlaufen weiß? Er soll ja nicht nur ein ‚moralisches Wesen' sein!* (Aph. 510)

Praxisnähe ist Nietzsche auch in folgendem Aphorismus nicht abzusprechen, der unter der heimlichen Überschrift „Der Chef, die Chefin" stehen könnte. Jeder hat das schon erlebt, und seine eigenen Gedanken dazu entwickelt. Lesen Sie, was Nietzsche über die „Gewissenhaften" schreibt:

Habt ihr acht gegeben, was für Menschen am meisten Wert auf strengste Gewissenhaftigkeit legen? Die, welche sich vieler erbärmlicher Empfindungen bewusst sind, ängstlich von sich und an sich denken und Angst vor anderen haben, die ihr Inneres so gut wie möglich verbergen wollen, – sie suchen sich selber zu imponieren, durch jene Strenge der Gewissenhaftigkeit und Härte der Pflicht, vermöge des strengen und harten Eindrucks, den andre von ihnen dadurch bekommen müssen (namentlich Untergebene). (Aph. 233)

Der Psychologe (ein Lieblingswort Nietzsches) schaut uns aus vielen seiner Geistesblitze an. Als studierter Philologe, der einige Jahre als Professor in Basel dieses wissenschaftliche Fach an der Universität und am Gymnasium lehrte, hat Nietzsche seine Liebe zur reinen Weisheitslehre früh erkennen lassen und ihr dann beherzt zum Durchbruch verholfen. Man kann sagen, dass erst diese Wendung in seinem Leben ihn ganz befreite und u. a. zu heiteren Versen an sein Publikum befähigte. Er hat zwar immer schon geahnt, welche Zumutung viele seiner Texte für Leser und selbst verschworene Adepten bedeuteten. Gleichwohl heißt es im Gedicht gut gelaunt:

Meinem Leser.
Ein gut Gebiss und einen guten Magen –
Dies wünsch ich dir!
Und hast du erst mein Buch vertragen,
Verträgst du dich gewiss mit mir!

Nietzsches MORGENRÖTE, nicht nur ZARATHUSTRA mit der häufig zitierten, weil mißverstandenen Aufforderung: „Wenn du zum Weibe gehst, vergiss die Peitsche nicht...", hat auf Literatur, Musik und Malerei des 20. Jahrhunderts kaum abschätzbare Wirkungen gezeitigt. Sie reichen bis in die Gegenwart.

Stimmen zu Nietzsche

„Die Auseinandersetzung mit Nietzsche hat weder schon begonnen noch sind dafür die Voraussetzungen geschaffen. Bislang wird Nietzsche entweder belobigt und nachgeahmt oder beschimpft und ausgebeutet. Nietzsches Denken und Sagen ist uns noch so gegenwärtig. Er und wir sind geschichtlich noch nicht hinreichend auseinandergesetzt, damit sich der Abstand bilden kann, aus dem eine Würdigung dessen zum Reifen kommt, was die Stärke dieses Denkers ist."
Martin Heidegger (1889 - 1976)

„Eigentlich ist alles, was meine Generation diskutierte, innerlich sich auseinanderdachte, man kann sagen: erlitt, man kann sagen: breittrat – alles das hatte sich bereits bei Nietzsche ausgesprochen und erschöpft, definitive Formulierung gefunden, alles weitere war Exegese. Seine gefährliche stürmische blitzende Art, seine ruhelose Diktion, sein Sichversagen jeden Idylls und jeden allgemeinen Grundes, seine Aufstellung der Triebpsychologie, des Konstitutionellen als Motiv, der Physiologie als Dialektik – ‚Erkenntnis als Affekt', die ganze Psychoanalyse, der ganze Existenzialismus, alles dies ist seine Tat. Er ist, wie sich immer deutlicher zeigt, der weitreichende Gigant der nachgoetheschen Epoche."
Gottfried Benn (1886 - 1956)

„Dass Philosophie nicht kalte Abstraktion, sondern Erleben, Erleiden und Opfertat für die Menschheit ist, war Nietzsches Wissen und Beispiel. Er ist dabei zu den Firnen [Ablagerungen] grotesken Irrtums empor getrieben worden, aber die Zukunft war in Wahrheit das Land seiner Liebe, und den Kommenden, wie uns, deren Jugend ihm Unendliches dankt, wird er als eine Gestalt von zarter und ehrwürdiger Tragik, umloht vom Wetterleuchten dieser Zeitenwende, vor Augen stehen."
Thomas Mann (1875 - 1955)

„Wenn man wenigstens begreift, dass es sich hier [bei der MORGENRÖTE] um eine ganz eigene Art handelt, alle Dinge der Welt zu erfassen und in den Griff zu bekommen – das nämlich bedeutet, sich selbst zu erforschen –, wenn man wahrnimmt, wie alle Überzeugungen, und nicht nur die moralischen, weggefegt werden, dann ist das schon genug – für naive wie für kluge Leser."
Giorgio Colli (Mitherausgeber der Kritischen Studienausgabe von Nietzsches Werken)

Ausgaben

Friedrich Nietzsche, Morgenröte und andere Schriften. In: Kritische Studienausgabe, hrsg. von Giorgio Colli und Mazzino Montinari. Neuausgabe bei dtv, 1999.

Friedrich Nietzsche, Das Hauptwerk. Bd. II, Nymphenburger 1990.

Robert Louis Stevenson (1850 - 1894)
DR. JEKYLL UND MR. HYDE
(Originaltitel: The Strange Case of Dr. Jekyll and Mr. Hyde)
Erschienen 1886

Stevenson, vor allem jugendlichen Lesern seit Generationen als Autor der SCHATZINSEL (Treasure Island) bekannt, schrieb mit dieser, in der Tradition des Schauerromans stehenden Erzählung sein erfolgreichstes Werk. Sein Titel wurde schnell zu einer geläufigen Metapher für den in Gut und Böse gespaltenen Menschen und die Unbeherrschbarkeit zerstörerischer Triebe. Der bedeutende politisch-historische Publizist Sebastian Haffner (1907 - 1999) betitelte ein in der Nachkriegszeit veröffentlichtes Buch über das „Doppelgesicht" der Deutschen: „Dr. Jekyll und Mr. Hyde in Deutschland".

Lange wurde Stevenson als typischer Vertreter der Kunst- und Literaturauffassung des Viktorianischen Zeitalters (ungefähr 1840 bis 1910) in Anspruch genommen. Erst in jüngerer Zeit bemüht man sich um eine Neubewertung des so genannten Viktorianismus und erkennt, dass hier vor allem Stevensons Werke überzeitliche Bedeutung besitzen und auf die Epoche ihrer Entstehung nicht festzulegen sind. Seine Erzählung über die Persönlichkeitsspaltung – von diesem psychischen Phänomen wusste Stevenson freilich noch gar nichts – war mit einem Schlage ein Riesenerfolg. In den ersten sechs Monaten wurden 40.000 Exemplare verkauft, was für damalige Verhältnisse sensationell war. Noch im Jahr der Erstausgabe kamen in Amerika Raubdrucke heraus, erschienen Parodien und Theaterstücke, die Stevensons Erzählung zum Vorwand genommen hatten. Der Viel- und Schnellschreiber verfasste die Geschichte in drei Tagen, nachdem er sie geträumt hatte, doch an ungünstiger Stelle von seiner Frau Fanny unterbrochen worden war. Sie bemängelte an der ersten Fassung die fehlende Moral, woraufhin Stevenson das Manuskript umgehend verbrannte und dann in noch einmal drei Tagen die endgültige Story zu Papier brachte. Man bemerkt an diesem wie an den meisten Werken von Stevenson, dass sein schriftstellerischer Ehrgeiz schon im Handwerklichen auf Wirkung zielt: Der Autor will auf nichts als reines Lesevergnügen hinaus. DR. JEKYLL UND MR. HYDE umfasst rund hundert Buchseiten; sie sind spannend von Anfang bis Ende. Zur Popularität ihres Autors haben sie entscheidend beigetragen, vielleicht noch mehr als die SCHATZINSEL, die freilich bis heute zu den großen Jugendbüchern der Weltliteratur zählt.

Stevenson erzählt die Geschichte eines in der Gesellschaft und von seinen Freunden hoch angesehenen Arztes (Dr. Jekyll), der mit einem aus geheim vorgenommenen alchimistischen Experimenten gewonnenen Trank seine Persönlichkeit so verändert, dass er in einer zweiten Erscheinung, nämlich als Mr. Hyde, ein Leben als hemmungsloser Gewalttäter führt. Er quält grausam ein unschuldiges junges Mädchen auf der Straße, und wird zum Mörder an einem respektierten Parlamentsmitglied. Als sein Experiment nicht länger beherrschbar wird, weil zur Verwandlung von Jekyll in Hyde (und umgekehrt) eine immer größere Dosis des alchimistischen Elixiers notwendig wird, scheidet er durch Selbstmord aus dem Leben. In einem kurz vor seinem Tode verfassten Bekenntnisschreiben offenbart sich Dr. Jekyll in aller Ausführlichkeit seinen Freunden. Dieser Bericht bildet den Schluss der Geschichte.

Die von Stevenson angewandte Erzähltechnik beweist große Routine des Schriftstellers, die zu einem Gesamtwerk in 35 Bänden reichte, obwohl er nur knapp 44 Jahre alt wurde. Das Motiv der Doppelung der Persönlichkeit kehrt in den Personen wieder, von der die Hauptfigur Henry Jekyll umgeben ist: etwa das Freundespaar in ihrer unterschiedlichen Charakterbildung Gabriel Utterson (Anwalt) und Richard Enfield (Lebemann). In den letzten Kapiteln tritt der Erzähler völlig hinter das Geschehen zurück, dessen Aufklärung er Jekylls langjährigem Vertrauten, dem Arzt Dr. Lanyon, überläßt. Die schauerlichen Nebelszenen auf den nächtlichen Londoner Straßen gehören zum Besten der von Stevenson verwendeten Stilmittel. Sie zeigen in gewisser Weise die Gegenwelt zur wohlanständigen Arztpraxis des Herrn Doktors, die das Licht des Tages nicht zu scheuen hat. Ferner gehört zu den Erzählelementen das Merkwürdige, nicht leicht Erklärliche. Dazu eine Leseprobe aus dem Kapitel „Der Zwischenfall am Fenster“:

An einem Sonntag war es. Mr. Utterson und Mr. Enfield machten wie gewöhnlich ihren Spaziergang, und ihr Weg führte sie wieder einmal durch jene Nebenstraße. … Als sie sich der Tür gegenüber befanden, verhielten beide ihre Schritte und blickten sich an.

„Na“, meinte Enfield, „wenigstens hat jene Geschichte ihr Ende gefunden. Wir werden nie wieder etwas von Mr. Hyde zu sehen bekommen.“

„Das hoffe ich“, gab Mr. Utterson zurück. „Erzählte ich dir eigentlich schon, dass ich ihn einmal gesehen habe, und das gleiche Gefühl des Abscheus empfunden habe wie du?“

„Das eine oder das andere wäre auch ganz unmöglich!“ erwiderte Enfield.

„Doch nebenbei, für was für einen Esel musst du mich gehalten haben, dass ich nicht hätte wissen sollen, dass dies hier der Hintereingang zu Dr. Jekylls Haus ist! Es war zum Teil deine eigene Schuld, dass ich es herausbekam.“

„So, du hast es also herausbekommen?“ meinte Utterson. „Da das nun einmal der Fall ist, wollen wir in den Hof gehen und uns die Fenster ansehen. Um dir die Wahrheit zu gestehen: ich bin wegen des armen Jekyll sehr besorgt, und selbst wenn wir uns nur außerhalb befinden, habe ich das Gefühl, die Nähe eines Freundes möchte ihm guttun.“

Der Hof war kühl und ein wenig dumpfig und schon von Zwie-

licht erfüllt, obwohl die Sonne noch nicht ganz untergegangen war, sondern ihre letzten Strahlen vom Himmel herab schickte. Das mittlere der drei Fenster stand halb offen, und dicht daneben sitzend und mit unendlich traurigem Ausdruck die Luft schlürfend, gleich einem verzweifelten Gefangenen, erblickte Utterson Dr. Jekyll.

„Hallo, Jekyll!“ rief er, „ich hoffe, es geht dir besser!“

„Ich fühle mich sehr elend, Utterson“, erwiderte der Doktor traurig, „sehr elend. Gott sei Dank wird es nicht mehr lange dauern.“

„Du hältst dich zu lange im Zimmer auf“, entgegnete der Anwalt, „du solltest auch herauskommen und dein Blut in Bewegung bringen wie Mr. Enfield, mein Vetter, und ich. ... Also komm, nimm deinen Hut und mach mit uns einen raschen Spaziergang.“

„Du bist so gut“, seufzte der andere. „Ich würde es ja so gerne tun, doch nein, nein, nein es ist unmöglich; ich wage es nicht. Wirklich, ich freue mich aufrichtig, dich zu sehen; es ist mir eine ganz große Freude, ich würde dich und Mr. Enfield bitten, zu mir zu kommen, aber dieser Raum ist tatsächlich nicht für einen Besuch geeignet!“

„Na schön“, meinte der Anwalt gutmütig, „das Beste, was wir tun können ist zu bleiben und uns von hier aus mit dir zu unterhalten.“

„Gerade das wollte ich mir eben erlauben vorzuschlagen“, erwiderte der Doktor mit einem schwachen Lächeln; aber kaum waren die Worte heraus, als das Lächeln auch schon auf seinem Gesicht erstarb und einem Ausdruck so grauenvoller Angst und Verzweiflung Platz machte, dass den beiden Herren das Blut in den Adern gefror. Sie sahen das nur einen Augenblick, denn das Fenster wurde heftig zugeworfen, aber dieser kurze Blick hatte genügt. Eilig machten sie kehrt und verließen ohne ein Wort den Hof. In tiefem Schweigen kreuzten sie die Nebenstraße, doch erst als sie die nächste Straße erreicht hatten, wo selbst am Sonntag noch etwas Bewegung und Leben herrschte, wagte Mr. Utterson sich umzuwenden und seinen Begleiter anzusehen. Sie waren beide blass, und jeder las in den Augen des andern den gleichen Schauder.

„Gott vergib uns, Gott vergib uns!“ stieß Mr. Utterson leise hervor.

Aber Mr. Enfield neigte nur schweigend das Haupt und ging stillschweigend weiter.

Die Moral von der Geschicht', um die Stevensons Frau so sehr besorgt war, hat zu vielfach ganz falschen Interpretationen Anlass gegeben. Vor allem in den filmischen Adaptionen erscheint uns Dr. Jekyll als ein grundanständiger viktorianischer Gentleman, der nur durch gewagte Experimente auf die schiefe Ebene gerät – und eigentlich unser Mitleid verdient! „Völlig daneben", meinte schon der Autor selbst. Ein Jahr nach dem Erscheinen des Buches stellte Stevenson seine Absichten unmißverständlich dar: Jekyll sei als „Heuchler" zu verstehen, „der das wilde Tier aus sich herausgelassen hat". Jekyll ist eine Person in zwei Erscheinungsformen. Die ansehnlichere von beiden ist nur Fassade. Die Psychoanalyse beschäftigt sich seit mehr als hundert Jahren mit diesem Phänomen (Schizophrenie).

Der im späten 19. Jahrhundert vorherrschende Realismus in der Literatur stieß bei Stevenson auf Ablehnung. Er wollte auf andere Weise in seinen Büchern „die Wahrheit über das Wesen des Menschen und die Bedingungen seines Daseins" ermitteln. Der Schriftsteller sah den Realismus eher in den Wachträumen der Menschen als in der Außenwelt – eine sehr moderne Auffassung. Auch die Idee zum JEKYLL/HYDE kam ihm ja im Traum. In einem seiner Briefe (von 1884, zwei Jahre vor Niederschrift des Buches) heißt es in diesem Zusammenhang:

„Nach all den Sehnsüchten, nach den unvergänglichen Wachträumen der Jugend ist man nun dazu verdammt dazuhocken, stumpfsinnig den Stuhl an den fetten Tisch zu ziehen und bis in den Tod als viehischer Bürger zu existieren. Kann das wirklich sein? Gibt es denn kein Entkommen, Urlaub vom moralischen Gesetz, irgendeine Ferientour in ein besseres Land? Sollen wir denn nie Blut vergießen? Diese Aussicht ist allzu trübe..." Nach diesem Brief versteht man nun besser, weshalb Stevenson seinen Dr. Jekyll einen „Heuchler" nennt.

Stimmen zu DR. JEKYLL UND MR. HYDE.

„Der Roman beruht nach Stevenson nicht auf der Ähnlichkeit zum Leben, sondern im Gegenteil auf seinem Abstand dazu:

Wenn das Leben wie Leder sei, dann sei der Roman der fertige Schuh. Eben weil uns das Leben chaotisch, zufällig und bedeutungslos erscheine, sei der Roman ausschnitthaft und kalkuliert, jeder Sinn darin ein Triumph seiner Künstlichkeit. Deshalb könne er auch mit dem Leben nicht konkurrieren. Denn wo die wirkliche Welt mit dem Hammer zuschlage, wo ganze Städte geplündert und ganze Reiche versenkt würden, zaubere die Literatur daraus ein Leseabenteuer hervor, das allenfalls den Puls lustvoll beschleunige."

Henry James (Schriftsteller und Bewunderer Stevensons, 1843 - 1916)

„Der springende Punkt der Geschichte ist nicht, dass ein Mensch sich von seinem Gewissen frei machen kann, sondern dass er es n i c h t kann. Der medizinische Eingriff hat tödliche Folgen. Er bedeutet eine Amputation, an der beide Teile sterben."

Gilbert Keith Chesterton (Schriftsteller, 1874 - 1936)

„Das Bewusstsein einer Dualität von Gut und Böse, realisiert durch Schwarzweißmalerei bei Romangestalten ... ist sicher ein viktorianisches Element, das durch das Aufkommen des Darwinismus eher verstärkt wurde. Die Hervorhebung des Guten sowie seine öffentlichkeitswirksame Zurschaustellung in jener Epoche gehen damit einher. Vor diesem kulturgeschichtlichen Hintergrund ist Dr. Jekyll nicht mehr der experimentierhungrige gute Mensch der Verfilmungen, sondern eher eine bittere Satire auf die ehrbaren bürgerlichen Zeitgenossen."

Dieter Hamblock (Literaturkritiker)

Ausgaben

Unter den zahlreichen vorliegenden sei die revidierte Ausgabe bei Reclam 1984 empfohlen.

Oscar Wilde (1856 - 1900)
DAS BILDNIS DES DORIAN GRAY
(Originaltitel: The Picture of Dorian Gray)
Erschienen 1891

Der Roman erschien in erster Fassung im Juni 1890 in „Lippincott's Monthly Magazine". Die überarbeitete und entschärfte Buchausgabe folgte ein Jahr darauf; zehn Jahre später kam die deutsche Übersetzung heraus. Das Werk zählt bis heute zu den erfolgreichsten und meistgelesenen englischen Romanen; Rolf Vollmann nennt es in seinem Romanführer ein „Kultbuch", Richard Ellmann schreibt in seiner Oscar Wilde-Biographie: „Von diesem Datum an (Juni 1890) hatte die viktorianische Literatur ein anderes Aussehen."

Oscar Wilde – auf einer Photographie um 1889 sitzt er in lässiger Haltung, die Zigarette in der Rechten, in gestreiften Hosen, dunklem Jackett, darunter ein weißes Hemd mit großem Kragen und Seidenbinder. Und im Knopfloch die Nelke, sein Markenzeichen. Es war weniger sein Roman über den jungen Dandy, der die viktorianische Gesellschaft in Wallung brachte. Erst als der bis dahin gefeierte Autor vier Jahre später wegen „Sodomie" (so nannte man damals die Homosexualität) vor Gericht bloßgestellt und seine bürgerliche Existenz zerstört wurde, begann man den DORIAN GRAY zu einem homosexuellen Buch umzudeuten.

Auch das gehört noch heute zum Fesselnden dieses Buches: Es ist wie kein anderes Werk Wildes untrennbar verwoben mit Person und Leben des Autors. Wilde, selbst Hauptvertreter des Ästhetizismus (Kult des Schönen) in den 90er Jahren des 19. Jahrhunderts, versuchte, Kunst und Leben unter Missachtung bürgerlicher Moralvorstellungen und Rücksichtnahme auf gesellschaftliche Zwänge zu verbinden, das Leben selbst als Kunstwerk zu gestalten. Er scheiterte damit ebenso fatal wie sein Romanheld Dorian Gray.

Das Buch um die Irrungen und Wirrungen des jungen Schönlings Dorian fasziniert den Leser bis in unsere Tage: Unbeschreiblich anmutig scheint er zu sein, jedenfalls ist der Maler Basil Hallward bezaubert von Dorians Erscheinung und fertigt ein Portrait an, um das Antlitz des jungen Mannes für ewig festzuhalten. Das Bild schenkt er Dorian. Der wird sich seiner Schönheit jetzt erst bewusst und verliebt sich auf der Stelle in sein eigenes Abbild. Dorian ist nun empfänglich für die verführerischen Einflüsterungen Lord Henry Wottons, eines Gesellschaftslöwen im Stile Wildes. Der ebenso geistreiche wie zynische Lebemann überredet Dorian zu einem ausschweifenden, hemmungslosen Dasein, auch auf Kosten anderer: „Eine Versuchung wird man nur los, indem man ihr nachgibt." In der Folge lebt Dorian in Saus und Braus, Zügel- und Skrupellosigkeit sind seine Wesenszüge – und das ohne äußere Folgen für sein Handeln. Denn Dorians Wunsch, statt seiner möge das Portrait altern, geht in Erfüllung! Er lässt sich mit der jungen Schauspielerin Sybil Vane ein, die sich das Leben nimmt, als ihre Liebe nicht erwidert wird. Alsbald zeigt das Portrait erstmals eine Veränderung:

Das vibrierende, strahlende Sonnenlicht zeigte ihm die Linien der Grausamkeit um den Mund so deutlich, als ob er, nachdem er etwas Furchtbares getan, in den Spiegel gesehen hätte.

In den folgenden 20 Jahren lebt er ohne Rücksicht auf Frauen und junge Männer, die er zugrunde richtet, sein Leben aus – ohne moralische Steuerungsfähigkeit. Er huldigt dem schönen Schein, sammelt Kunstwerke und allerlei Tand. Heimlich betrachtet er immer wieder sein Portrait. Das Bild verfällt als „Spiegel seiner Seele" in erschreckendem Maße, sein eigenes Äußeres nicht – allmählich auch zur Verwunderung seiner Freunde.

Als Gerüchte über Dorians Lebenswandel und seine angeblich ewige Jugend überhand nehmen, stellt der Maler des Portraits, Basil Hallward, ihn zur Rede. Dorian zeigt ihm daraufhin das veränderte Bildnis und ersticht den Maler, den er für sein rettungslos verunglücktes Leben verantwortlich macht. Weitere Untaten folgen, und Dorian sucht den letzten verbotenen Reiz in den Opiumhöhlen der Londoner Unterwelt. Doch sein Gewissen lässt ihn nun nicht mehr los. Er zieht sich auf den Dachboden zurück, wo er das Portrait seit Jahrzehnten verborgen hält. In einem Anfall von Wahnsinn sticht er auf das Bild ein und tötet damit sich selbst: Als die Diener am nächsten Tag die Dachkammer betreten, sehen sie *ein glänzendes Portrait ihres Herrn an der Wand hängen, wie sie ihn zuletzt gesehen hatten, in all dem Wunder seiner köstlichen Jugend und Schönheit. Auf dem Boden aber lag ein toter Mann im Gesellschaftsanzug, mit einem Messer im Herzen. Er war welk, runzlig und Abscheu erregend. Erst als sie die Ringe untersuchten, erkannten sie, wer es war.*

Oscar Wilde bevorzugt in diesem Roman einen blumigen, manchmal pompösen Stil, der in Schilderungen und Gefühlen schwelgt – ganz nach der Mode seiner Zeit. So erzeugt bereits die Eingangsszene in uns das Bild eines viktorianischen Salons – man riecht förmlich die schwere Blumenpracht:

Üppiger Rosenduft erfüllte das Atelier, und wenn im Garten der linde Sommerwind durch die Bäume strich, wehte das reiche Arom des Flieders oder der zartere Hauch des rosablütigen Hagedorns durch die geöffnete Tür herein. Von der Ecke aus, wo er auf dem mit persischen Satteldecken drapierten Diwan lag und wie üblich unzählige Zigaretten rauchte, konnte Lord Henry Wotton noch den Schimmer des honigsüßen und honiggelben Goldregens erkennen, dessen zitternde Zweige kaum imstande schienen, die Last dieser flammengleichen Schönheit zu tragen.

In Beschreibungen Dorians und seines Portraits verwendet der Dichter ausdrucksstarke Farben. Als Dorian dem

Maler Basil Hallward nach Jahren das veränderte Portrait zeigt, traut der seinen Augen nicht:

Großer Gott! Es war Dorian Grays eigenes Gesicht, auf das er blickte! Das Grässliche, was es auch war, hatte die wunderbare Schönheit noch nicht ganz zerstört. Noch war etwas Gold in dem dünnen Haar und etwas Rot auf dem sinnlichen Mund. Die stumpfen Augen hatten etwas von ihrem lieblichen Blau bewahrt, die edlen, geschwungenen Linien um die feingebauten Nüstern und der plastische Hals waren noch nicht ganz geschwunden. Ja, es war Dorian selbst. … Er hatte das nie gemalt. Aber doch, es war sein eigenes Bild. Er wusste es und hatte die Empfindung, als wandle sich sein Blut in einem Augenblick aus Feuer in stockendes Eis. Sein eigenes Bild!

Mit der Anlage seines Romans tat sich Oscar Wilde schwer: „Ich fürchte, mit der Geschichte verhält es sich ähnlich wie mit meinem Leben – nur Konversation, keine Handlung", schrieb er an eine Freundin. Einzelheiten recherchierte er peinlich genau: Als er die Beseitigung der Leiche des Malers mit Hilfe von Chemikalien schildern wollte, zog er vorher einen Chemiker zurate. Die Beschreibungen von Musikinstrumenten, Edelsteinen und Spitzen gehen auf den Katalog des South Kensington Museums zurück. Und so sind die stärksten Passagen des Romans die, in denen Wilde Gegenstände beschreibt, Abläufe nacherzählt.

Wilde greift im DORIAN GRAY auf unterschiedliche Motive und Stoffe der Literaturgeschichte zurück. Einerseits verkörpert der Dorian den Narzissus: Der schöne Jüngling, dessen Geschichte der römische Dichter Ovid in seinen „Metamorphosen" beschreibt, war unsterblich in sein eigenes Spiegelbild verliebt. Er versuchte, sein Spiegelbild im Wasser zu umarmen, was ihm natürlich nicht gelang, und ging schließlich an dieser Eigenliebe zu Grunde. Zur Strafe wurde er in eine Blume, die Narzisse, verwandelt.

Im Verhältnis Dorians zu Lord Henry Wotton erkennt man andererseits das Teufelspaktmotiv, das am spektakulärsten Goethe im „Faust“ verwendet hat. Lord Wotton (Mephisto) nimmt die Rolle des Verführers ein, der den labilen Dorian (Faust) dazu bringt, den gesellschaftlichen Moralkodex außer Kraft zu setzen. Alles scheint möglich. Auch die tragische Gestalt Gretchens erscheint in der Person der Sybil Vane. Doch der Dorian bleibt eher vordergründig: Anders als Faust tauscht er seine Seele nicht gegen die Allmacht des Wissens um das, „was die Welt im Innersten zusammenhält“. Hier ist das Tauschobjekt „ewige Jugend und Schönheit“.

Das Doppelgängermotiv ist in der viktorianischen Literatur häufig vertreten, am bekanntesten in Robert Louis Stevensons Geschichte von Dr. Jekyll und Mr. Hyde. Die Trennung von Körper und Seele, von Geist und Moral, Mensch und Gewissen, muss scheitern – so auch bei Dorian: Er „erdolcht“ das verhasste Bildnis und damit sein wahres Ich. Und das ist Oscar Wildes Botschaft: Die Erhebung der Ästhetik über die Moral – der Versuch, dem Leben mehr zu entlocken als es zu bieten hat – stellt sich als nicht realisierbar heraus; es ist kein Lebensmodell, sondern bleibt reine Theorie.

Wildes Roman trägt Züge des Schauerromans der englischen Literatur des frühen 18. Jahrhunderts („gothic novel“). Der bekannteste Schauerroman ist „Melmoth der Wanderer“ von Charles Robert Maturin (1780/82 - 1824). Wilde hat ihn sicher gekannt, denn er nennt sich nach seiner Haftentlassung auf seiner ruhelosen Wanderschaft durch Europa „Sebastian Melmoth“.

Der DORIAN GRAY wird auch als ein Beitrag zur Auseinandersetzung seines Autors mit dem 20 Jahre älteren Maler James Abbott Whistler (1834 - 1903) verstanden. Kennengelernt haben die beiden sich im Frühjahr 1877. Im November desselben Jahres starteten sie einen öffentlich ausgetragenen Disput über die Frage, welcher der wahre Künstler sei: der Dichter oder der Maler. Verständlicherweise plädierte jeder der beiden für seine Kunst. Wilde zeigt im „Dorian", was die Literatur der Malerei voraus hat: Sie kann in der Zeit wandern, Handlungen beschreiben, während die Malerei immer nur einen bestimmten Zeitpunkt abbildet. Der Streit mit Whistler artete bald aus. Freunde berichteten von geistreichen Angriffen des Schriftstellers, die der Maler mit offenen Beleidigungen und persönlicher Herabsetzung beantwortete. So warf er Wilde in einem Brief an die Zeitung „World" Plagiatentum vor: „Oscar – der liebenswürdige, unbekümmerte, gefräßige Oscar –, der von einem Gemälde gerade soviel versteht wie vom Sitz eines Jacketts, vertritt mutig die Überzeugungen – anderer!" Und Wilde konterte: „Denn dass er [Whistler] in der Tat einer der größten Meister der Malerei ist, das ist meine Meinung. Und ich darf hinzufügen, dass Mr. Whistler diese Meinung ohne Vorbehalt teilt."

Literaturwissenschaftler versuchen sich seit Erscheinen des Romans an Deutungen und sehen Parallelen in Wildes Leben. Zunächst verheiratet, wandte sich der junge Schriftsteller alsbald jungen Männern zu; der Vater eines von ihnen ruinierte ihn vor Gericht, so dass Wilde nach zwei Jahren Gefängnis und Arbeitslager, und einem anschließenden Vagabundendasein in Armut und Einsamkeit, mit nur 46 Jahren in einem Pariser Hotel starb.

Nicht richtig ist, dass seine große Liebe Lord Alfred Douglas („Bosie") die Vorlage für den Dorian war. Denn der Roman war bereits erschienen, als Wilde im Frühjahr 1892 Bosie kennenlernte. Der hatte den DORIAN GRAY nach eigener Aussage 14mal hintereinander gelesen und wollte dessen Schöpfer nun unbedingt kennenlernen. Oscar entflammte sofort für den hübschen Jungen. Es sind nicht die Umstände der ersten Begegnung, sondern die Gefühle Wildes für „Bosie" (Basil Hallwards für Dorian), die bereits im Roman beschrieben werden. So scheint sich Wildes These zu bestätigen, „dass die Natur die Kunst nachahmt". Wilde selbst hat einmal über sich und seine Figuren gesagt: „Basil Hallward ist das, wofür ich mich halte; Lord Henry das, wofür die Welt mich hält; Dorian das, was ich gern möchte – in ferneren Tagen vielleicht."

Beim Publikum erregte der Roman Aufsehen wie seit Jahren keine Veröffentlichung; bei der Kritik rief er zunächst Empörung hervor. Ein Rezensent nannte ihn „eine dumme und vulgäre Arbeit", der Autor habe damit seinem Verlangen nach trauriger Berühmtheit nachgegeben. „Es gibt weder moralische noch unmoralische Bücher, nur gute oder schlechte", setzte Oscar Wilde dagegen. Um die für 1891 geplante Buchausgabe zu retten, veränderte Wilde die zunächst in einer Zeitschrift veröffentlichte erste Version und verschleierte die enthaltenen eindeutigen Hinweise auf Männerliebe („die Liebe, die ihren Namen nicht nennt"). Später verfasste er eine Reihe von Aphorismen, die er dem Roman als „Vorrede" voranstellte. Zwei dieser Aphorismen übernahm später James Joyce (1882 - 1941) in Abwandlung für seinen „Ulysses". Max Beerbohm (1872 - 1956) und Lionel Johnson (1867 - 1902) verfassten Gedichte auf den „Dorian" (Johnsons beginnt: „Gesegnet, Oscar, seiest du..."); Bühnenstücke u. a. von Jean Cocteau (1889 - 1963) und John Osborne (geb. 1929) erschienen im Laufe des 20.Jahrhunderts; außerdem wurde der Stoff viele Male verfilmt. Bemerkenswert auch, dass Oscar Wilde im Dritten Reich ausdrücklich zu den erlaubten Autoren gezählt wurde. Den Nazis schien Wildes Kritik an der englischen Gesellschaft offenbar wichtiger als sein „unnatürliches" und damals noch als strafwürdig geltendes Sexualverhalten.

Was der Roman für Leser von heute noch enthält, ist der unbedingte Kult des Schönen und der Jugend. Oscar Wildes Selbstinszenierung findet sich heute wieder im Starkult von boy groups und wandelnden Barbiepuppen. Provokation oder Anpassung, bedenkenloser Lebensgenuss oder Solidarität und Gemeinsinn – im Zeitalter einer Spaßgesellschaft und Big Brother, in der das Ehrenamt verachtet wird und wo man sich kollektiv von der Solidargemeinschaft verabschiedet, erscheint der DORIAN GRAY als ein höchst moralisches Buch. Ein Leben auf der Suche nach Sinnenreiz und Vergnügen, Rausch und Ekstase, führt unwillkürlich zu einem Spiel mit dem Verbotenen. Wilde beschreibt die Oberfläche, um die Tiefe freizulegen, er schildert die Maske, um das Gesicht zu zeigen. Die Botschaft hat Oscar Wilde doppelt übermittelt: in Leben und Werk. Dass wir heute andere strafrechtliche und moralische Regeln haben als noch vor hundert Jahren, macht sein Schicksal so tragisch. Kurz vor seinem Tod schrieb er: „In fünfzig Jahren, wenn wir von heute alle die Augen schließen, wird niemand mehr wissen, wer Curzon, Wynham oder Blunt waren, allen wird es gleichgültig sein, ob sie leben oder tot sind. Aber Millionen von Menschen werden noch meine Lustspiele kennen, lesen und hören und meine Erzählungen und sogar ‚Die Ballade vom Zuchthaus zu Reading', und selbst mein unseliges Schicksal wird das Mitgefühl der ganzen Welt erwecken." Wilde hat es nicht nur geahnt, sondern offenbar gewusst.

Ausgaben

Zu empfehlen die Suhrkamp-Taschenbuchausgabe, in der Übersetzung von Hedwig Lachmann und Gustav Landauer von 1909 und mit einem Nachwort von Norbert Kohl.

Sigmund Freud (1856 - 1939)
DIE TRAUMDEUTUNG.
Erschienen 1900

„Träume sind Schäume", spricht der Volksmund. Der Volksmund irrt. Der Traum ist eine Wunscherfüllung, spricht Professor Sigmund Freud. Und das gilt spätestens seit etwas mehr als hundert Jahren. Wenn wir träumen, denken wir in Wahrheit, allerdings auf verschlungenen, nicht leicht zu erhellenden Pfaden. Denn das Unbewusste ist daran beteiligt, unsere Traumgedanken so zu lenken, dass sie nach dem Erwachen des Träumers einen Sinn ergeben. Das hat erst der Wiener Nervenarzt und Begründer der Psychoanalyse herausgefunden. Und darüber ein Jahrhundertbuch verfasst: DIE TRAUMDEUTUNG. Sie wurde zur Grundlage der analytischen Psychologie überhaupt. An der Unverständlichkeit der erinnerten Träume, mit der auch wir uns für gewöhnlich konfrontiert sehen, sind alle Traumtheorien vor ihm gescheitert. Freud selbst begreift diese Unverständlichkeit als verhüllenden „unwesentlichen Schein", als psychologisch notwendiges, doch falsches Bewusstsein, als Produkt von Zensur, Fälschung und Stilisierung. Sie richtig gedeutet und damit entschlüsselt zu haben, ist Freuds Verdienst.

Das über 600 Seiten umfassende Buch enthält folgende Kapitel:
Die wissenschaftliche Literatur der Traumprobleme
Die Methode der Traumdeutung
Der Traum ist eine Wunscherfüllung
Die Traumentstellung
Das Traummaterial und die Traumquellen
Die Traumarbeit (mit 230 Seiten das umfangreichste Kap.)
Zur Psychologie der Traumvorgänge

Da der Mediziner Freud zugleich ein großer Stilist war, sind seine Ausführungen zu diesem hoch komplizierten Wissensgebiet auch für Laien lesbar und verständlich. Vorausgesetzt, man gewöhnt sich nach und nach an seine Fachbegriffe: Traumarbeit, Traumanlass, Traumgedanken, Trauminhalt, freie Assoziation, und andere Wörter wurden von Freud geschaffen, um die sensationelle Entdeckung des im Schlaf wirkenden Unbewussten angemessen zu beschreiben.

Der Psychoanalytiker Hermann Beland (Jahrgang 1933) schreibt zum Thema Träume und zu Freuds Leistung:

„Die Traumarbeit erlaubt es uns ... verrückt zu sein und trotzdem normal zu bleiben, etwas Verdrängtes visuell wirklich werden zu lassen, aber so entstellt, dass der Träumer nichts von seinem Ritt über den Bodensee merkt.

‚Traumarbeit' ist einer der von Freud geschaffenen Begriffe für spezielle seelische Arbeit, der erste in einer ganzen Reihe von neuen Arbeitsbegriffen, die sich – z. B. Trauerarbeit, Durcharbeiten – einen Platz im gesellschaftlichen Denken erobert haben. ‚Analysenarbeit' ist als Begriff gleich alt. Er hat sich jedoch nicht durchgesetzt, obwohl er als Komplement (Ergänzung) zur Traumarbeit auftaucht und die seelische Anstrengung von Patient und Analytiker auf den Begriff bringt, die zum Verstehen eines Traumes aufgewendet werden muss. Die eine seelische Arbeit muss nämlich noch größer sein als die andere, die Deutungsarbeit größer als die Traumarbeit, sonst kommt man nicht zu den ‚latenten (verborgenen) Traumgedanken'. Ein verdrängter Wunsch zwischen den Traumgedanken ist also der verborgene bittere Mandelkern in der harten, meistens nichts sagenden oder unsinnig-absurden Schale eines erlebten und erinnerten Traumes. Die Traumarbeit des Träumers, die jene harte Schale herstellt, an der sich die Menschheit seit Jahrtausenden die Zähne ausgebissen hatte, ist veritable psychische Arbeit, soviel ist in den zurückliegenden hundert Jahren psychoanalytischer Traumforschung deutlich geworden. Vor Freud war die Traumarbeit überwiegend Entstellungsarbeit, Lügenkram sozusagen, Ausdruck der gnädigen strukturellen Unehrlichkeit der Menschheit, die lieber schläft, als sich von anstrengenden Mandelkern-Wahrheiten ängstigen zu lassen. Freuds Geniestreich bestand in der Entschlüsselung der Methoden dieser Entstellungsarbeit. Sie waren dasjenige, was die Menschheit bei dem Jahrtausende währenden Nachdenken über den Traum bisher nicht entdeckt hatte: die fünf Methoden der unbewussten Denkprozesse, unter ihnen vor allem Verdichtung und Verschiebung, und, damit verbunden, die Existenz und Erforschbarkeit des Unbewussten überhaupt. Der Kern der verborgenen Traumgedanken ... ist nie harmlos. Die meisten Träume versuchen ihn unschädlich zu machen, indem die harte Schale der Unverständlichkeit und Harmlosigkeit um diesen Kern herum gewickelt wird. Irgend etwas vom Tag hatte die Traumgedanken mit der Unterwelt des Verdrängten zusammenkommen lassen. Woraus besteht dann dieser Kern? ... Gieriges Verlangen nach primitiven Befriedigungen am Körper, grausames Besiegen des Rivalen, rücksichtsloser Ehrgeiz, Beseitigen von Bruder oder Schwester aus Neid wegen Kleinigkeiten oder wegen deren Existenz, Elternmord aus kleinlicher oder großer Rache für Beleidigungen des Größenwahns oder für Einschränkungen sexueller Freiheiten – das alles sind solche Wünsche im Kern der verborgenen Traumgedanken; aber auch die Wiederholung aller traumatischen (nicht bewusst wahrgenommenen) Verletzungen ... bilden solche Kerne. Und immer gehören zugleich das schlechte Gewissen und die harten Selbstbestrafungen für alle diese im Traum verwirklichten unerwünschten Egoismen und Roheiten dazu, wie Vergeltungsangst, Verfolgtwerden, Ertrinken für Ertränken, endloses Fallen für Fallenlassen, Angstträume für Zerstört-Haben anderen Lebens. Das alles bildet den Kern der verborgenen Traumgedanken – Abgespaltenes aus den ersten Lebensjahren vor allem, Eigenes, das sozial unerträglich wurde, all das Unerträgliche, was je verdrängt werden musste, weil man es gar nicht verarbeiten konnte." (zit. aus: Kursbuch 138 „Träume", 1999)

Nach Freud gibt es u. a. Angstträume, Tagträume, den Nacktheitstraum, der auf verdrängten Exhibitionismus (Zurschaustellen des eigenen nackten Körpers) schließen lässt; ferner Geburtsträume, Prüfungstraum, Unlust- und Strafträume, Rettungsträume und das Reden im Traum. Die Beobachtungen des Begründers der Psychoanalyse fußen auf 200 analysierten Träumen, darunter 50 eigenen. Inzwischen hat die Forschung zu der von Sigmund Freud entwickelten TRAUMDEUTUNG Erkenntnisse hinzugewonnen, die seine Grundannahmen in keiner Weise korrekturbedürftig erscheinen lassen. Rund 50 Millionen Träume wurden seit Erscheinen von Freuds TRAUMDEUTUNG bis heute untersucht; eine ungeheure Datenmenge, welche die wesentlichen Freudschen Erkenntnisse voll bestätigt. Rufen wir uns bei dieser Gelegenheit ins Gedächtnis zurück, was Freud selbst dazu kategorisch feststellte:

Es ist eine Erfahrung, von der ich keine Ausnahme gefunden habe, dass jeder Traum die eigene Person behandelt. Träume sind absolut egoistisch. Wo im Trauminhalt nicht mein ICH, sondern eine fremde Person vorkommt, da darf ich ruhig annehmen, dass mein ICH durch Identifizierung hinter jener Person versteckt ist.

Abschließend soll eine Textprobe aus seinem Meisterwerk folgen, mit dem Freud seinen Weltruhm begründete und neuen analytischen Methoden einen Weg bahnte, wie es keiner vor ihm oder danach vermochte. Im III. Kapitel der TRAUMDEUTUNG („Der Traum ist eine Wunscherfüllung") heißt es:

Der Traum ist nicht vergleichbar dem unregelmäßigen Ertönen eines musikalischen Instruments, das anstatt von der Hand des Spielers, von dem Stoß einer äußeren Gewalt getroffen wird, er ist nicht sinnlos, nicht absurd, setzt nicht voraus, dass ein Teil unseres Vorstellungsschatzes schläft, während ein anderer zu erwachen beginnt. Er ist ein vollgültiges psychisches Phänomen, und zwar eine Wunscherfüllung; er ist einzureihen in den Zusammenhang der uns verständlichen seelischen Aktionen des Wachens; eine hoch komplizierte geistige Tätigkeit hat ihn aufgebaut. Aber eine Fülle von Fragen bestürmt uns im gleichen Moment, da wir uns dieser Erkenntnis freuen wollen. Wenn der Traum laut Angabe der Traumdeutung einen erfüllten Wunsch darstellt, woher rührt die auffällige und befremdende Form, in welcher diese Wunscherfüllung ausgedrückt ist? Welche Veränderung ist mit den Traumgedanken vorgegangen, bis sich aus ihnen der manifeste Traum, wie wir ihn beim Erwachen erinnern, gestaltete? Auf welche Weise ist diese Veränderung vor sich gegangen? Woher rühren manche der Eigentümlichkeiten, die wir an den Traumgedanken bemerken konnten, wie z. B. dass sie einander widersprechen dürfen? ...

Es ist leicht zu zeigen, dass die Träume häufig den Charakter der Wunscherfüllung unverhüllt erkennen lassen, so dass man sich wundern mag, warum die Sprache der Träume nicht schon längst ein Verständnis gefunden hat. Da ist z. B. ein Traum, den ich mir beliebig oft, gleichsam experimentell, erzeugen kann. Wenn ich am Abend Sardellen, Oliven oder sonst stark gesalzene Speisen nehme, bekomme ich in der Nacht Durst, der mich weckt. Dem Erwachen geht aber ein Traum voraus, der jedesmal den gleichen Inhalt hat, nämlich dass ich trinke. Ich schlürfe Wasser in vollen Zügen, es schmeckt mir so köstlich, wie nur ein kühler Trank schmecken kann, wenn man verschmachtet ist, und dann erwache ich und muss wirklich trinken. Der Anlass dieses einfachen Traumes ist der Durst, den ich beim Erwachen verspüre. Aus dieser Empfindung geht der Wunsch hervor zu trinken, und diesen Wunsch zeigt mir der Traum erfüllt.

Stimmen zu Freud

„Einige außerordentliche Verdienste wird dem Begründer der Psychoanalyse kein Unbefangener absprechen dürfen. Zunächst hat er nicht bloß den Behaviourismus (Ver-

haltenslehre), sondern alle positivistische Psychologie gegenstandslos gemacht durch die Enthüllung der bedeutenden Rolle, die dem Unbewussten zugeteilt ist. Zugleich liegt in der entscheidenden Bedeutung, die er der Macht des Wortes ... einräumt, eine klare Anerkenntnis der Vormachtstellung des Geistigen über das Physische. Eine neue, überaus fruchtbare Orientierung liefert auch die Entdeckung, dass die Erlebnisse des infantilen Lebensabschnitts die richtunggebenden sind, und die höchst scharfsinnige Durchforschung jenes geheimnisvollen Beziehungssystems der Verdrängungen, insbesondere der Fehlleistungen: des Sichversprechens, Sichverhörens, Vergessens, das unser ganzes Alltagsleben beherrscht. ... Und vor allem hat Freud durch die Aufdeckung des Ödipus-Komplexes, des ‚Kernkomplexes aller Neurosen' eine Art Befreiungstherapie an einem ganzen Zeitalter vollzogen."
Egon Friedell (Kulturhistoriker, 1878 - 1938)

„Die Träume sind schon auf Klärung aus und führen sie versteckt herbei, ehe der Analytiker sie und die sie zum Stocken bringenden Blockaden deutet. Symptome sind immer Blockade und Hilferuf zugleich. Kurz, auch die Geschichte der Gattung war niemals nur die ihrer Blockade, sondern immer auch Selbstaufklärungsprozess. So wie Philosophen und Propheten diesem Prozess ihre Stimme verliehen haben, hat das auch Freud getan. In einer Situation, in der das Wort Aufklärung klein geschrieben wird und Selbstzerstörungsprozesse darum so gefährlich sind, weil sie mit kleinen und großen Regressionsversprechen locken (psychologisch: Zurückgehen auf primitivere Entwicklungstufen), verdient der Übersetzer Freud, der uns diese Lockung verständlich macht, ungeteilte Aufmerksamkeit. Freud – das gehört zu seiner Entdeckung dazu – hat, realistischer Skeptiker, der er ist, doch auch die Basis, oder sagen wir besser: das Bündnis verständlich gemacht, mit dem Skepsis nutzt und nicht in Selbstzerstörung endet, mit dem

das Traumleben ein Lebenstraum werden kann."
Caroline Neubaur (in: Frankfurter Allgemeine Zeitung, 25. 11.1999)

Ausgaben

Sigmund Freud: Die Traumdeutung. Mit einem Nachwort v. Hermann Beland. Fischer-Taschenbuch 1993.

Ebenfalls bei Fischer liegt ein Reprint der Erstausgabe des Buches von 1900 vor.

Georg Simmel (1858 - 1918)
PHILOSOPHIE DES GELDES
Erschienen 1900 (erweiterte 2. Auflage 1907)

„Ganz Berlin ist eine Aktie – Geld sucht Zukunft“: eine „Welt“-Schlagzeile im Frühjahr 2001. Und eine eindrucksvolle Bestätigung für den Soziologen und Philosophen Georg Simmel, der in seinem in der Philosophiegeschichte einzigartigen Werk schildert, auf welche Weise das Geld die Welt schon verändert hat und wohl noch verändern wird. Auch der Buchmarkt hat ihn wieder entdeckt und zum hundertsten Jahrestag des Erscheinens seines Hauptwerkes den großen Wissenschaftler mit einer Gesamtausgabe geehrt.

Um die Jahrhundertwende (1900) galt der in Berlin geborene und in Straßburg gestorbene Simmel als einer der führenden Intellektuellen der damaligen Reichshauptstadt. Simmel hat es nicht nur vorausgesehen, sondern das Zeitalter des großen und kleinen Geldes in allen Einzelheiten beschrieben – und gedeutet. Philosophisch ausgefeilt, doch allgemein verständlich geschrieben, gewährt Simmel mit seinem umfänglichen Opus noch heute ungewöhnliche Einsichten in das Geflecht der Finanzwelt wie in die psychologisch ausgeleuchteten Winkel des Verhältnisses zwischen Geld und Individuum.

Der russische Dichter Fjodor Dostojewski (1821 - 1881) schrieb: „Geld ist gemünzte Freiheit“. Simmel setzt dagegen die neuen Abhängigkeiten, in die Geld uns stürzen kann – allen Freiheiten, die es nebenbei gewährt, zum Trotz; und nennt es ein „Symbol für den absoluten Bewegungscharakter der Welt“. Dem Buch vorausgegangen war ein Beitrag des Soziologen in der Neuen Deutschen Rundschau 8/1897 mit der programmatischen Überschrift: „Die Bedeutung des Geldes für das Tempo des Lebens“

Einige Themen des Buches:

- Geld als Träger der unpersönlichen Beziehungen zwischen Personen und dadurch der individuellen Freiheit.
- Der Besitz als Handeln. Gegenseitige Abhängigkeit von Haben und Sein.
- Differenzierung von Person und Besitz.
- Durch die Geldwirtschaft vermitteltes Übergewicht der intellektuellen über die Gefühlsfunktionen.
- Charakterlosigkeit und Objektivität des Lebensstils.
- Die Doppelrolle des Intellekts wie des Geldes; ihrem Inhalt nach überpersönlich, ihrer Funktion nach individualistisch und egoistisch.
- Das rechnende Wesen der Neuzeit.
- Das Tempo des Lebens, seine Veränderungen und die des Geldbestandes.
- Beharrung und Bewegung als Kategorien des Weltverständnisses.

Das Werk gliedert sich in einen analytischen, also untersuchenden und forschenden Teil, dem drei Kapitel zugeordnet sind. Der anschließende, so genannte „synthetische" Teil, ebenfalls mit drei Kapiteln, versucht die Zusammenfassung und Anwendung der ermittelten Erkenntnisse in der realen Welt. Hier wird dann der Philosoph sichtbar, der hinter den tatsächlichen Verhältnissen des Lebens die Wirkungen des Geldes wahrnimmt. Ein Ergebnis:

Alles ist relativ, vor allem unsere Vorstellungen vom Dasein, selbst wenn sie in früheren Zeiten als absolut richtig gegolten haben. Absolut ist nur der „Bewegungscharakter des Geldes". Wahrheit ist immer nur relativ. So ist – nach Simmel – auch jede „Vorstellung [von den Dingen der Welt] nur im Verhältnis zu einer anderen wahr."

Im weiteren versucht Simmel, am Beispiel der „großen Tendenzen des Lebens" die Entwicklung der Geldwirtschaft darzustellen. Was darauf hinausläuft, dass Wert am Ende nur noch Menge bedeutet. Der Autor spricht von der

„Reduktion der Qualität auf die Quantität". Die durch das Geld geschaffene Trennung von allem Unmittelbaren, und dies im Wortsinne, habe nicht nur den Entstehungsprozesss der Freiheit hervorgerufen. Sie sei zugleich Ursache für neue Abhängigkeiten und Entfremdungen.

Simmel musste sich mehrfach den Vorwurf seiner Kritiker in Politik und Gesellschaft gefallen lassen, eine „Philosophie des kapitalistischen Geistes" geschaffen zu haben.

Eine historische Erinnerung, die in Simmels Buch eine bedeutende Rolle spielt: Die persönliche Bindung der Bauern – bis ins neunzehnte Jahrhundert hinein – bedeutete beispielsweise, wenn sie im Frondienst ihrer Lehnsherren standen, festgesetzte, oft unangemessene Arbeit zu leisten oder Teile des Bodenertrages zu liefern. Diese Abhängigkeiten konnten in dem Maße gelockert oder gar aufgehoben werden, in dem derartige Schuldigkeiten durch Geldleistungen (des Bauern) abgegolten wurden. Dadurch wurde der Bauer frei in der Wahl seiner Arbeit, wenn sie nur den erforderlichen Lohn in Bargeld erbrachte. Simmel:

Deshalb hat die völlige Ablösung der bäuerlichen Dienste und Lieferungen vielfach ihren Weg über die Umwandlung in Geldbezüge genommen. Entsprechendes begegnet uns auch auf dem politischen Gebiet: die Freiheit des englischen Volkes seinen Königen gegenüber beruht zum Teil darauf, dass es sich ein für alle mal durch Kapitalzahlungen in bezug auf bestimmte Rechte mit ihnen auseinandersetzte. Nicht trotzdem, sondern gerade weil eine solche Handelschaft um die Freiheiten des Volkes einen etwas brutalen und mechanischen Charakter trägt, bedeutet sie ein reinliches Sich-Abfinden Miteinander, den völligen Gegensatz zu den Empfindungen des Königs, dass sich ‚kein Blatt Papier zwischen ihn und sein Volk drängen sollte' – aber eben deshalb auch eine radikale Beseitigung aller jener Imponderabilien gemütvollerer Beziehungen, die bei einem weniger geldgeschäftsmäßigen Erwerb von Freiheiten oft die Handhabe bieten, sie zurückzunehmen oder illusorisch zu machen.

Auf Neudeutsch heißt dies: Durch illusionslos klare Abmachungen, bei denen auf der einen Seite Geld gezahlt, auf der anderen notwendige Freiheiten gewährt werden, sind für alle Zeit klare Verhältnisse geschaffen.

Lesen wir einige Absätze aus dem Kapitel „Die individuelle Freiheit", die diesen Zusammenhang in seinen Grundsätzen erläutern und gedanklich erweitern:

Wir haben am Geld das formal nachgiebigste, aber, aus eben dem Grunde, der es dazu macht, nämlich durch seine völlige Leerheit, das unnachgiebigste Objekt: indem das Geld, das wir besitzen, uns von vornherein und wie mit einem Schlage auch wirklich absolut und vorbehaltlos gehört, können wir ihm nun auch sozusagen nichts weiter entlocken. Im allgemeinen muss man sagen: nur indem ein Objekt etwas für sich ist, kann es etwas für uns sein; nur also, indem es unserer Freiheit eine Grenze setzt, gibt es ihr Raum. Diese logische Entgegengesetztheit, in deren Spannung sich dennoch die Einheit unseres Verhaltens zu den Dingen realisiert, erreicht am Gelde ihr Maximum: es ist mehr für uns als irgend ein Besitzstück, weil es uns ohne Reserve gehorcht – und es ist weniger für uns, als irgend eines, weil ihm jeglicher Inhalt fehlt, der über die bloße Form des Besitzes hinaus aneigenbar wäre. Wir haben es mehr als alles andere, aber wir haben weniger an ihm, als an allem andern. …

Jene Nachgiebigkeit des Geldes findet, wie so viele seiner Wesensfolgen überhaupt, ihren reinsten und gesteigertsten Ausdruck an der Börse, an der die Geldwirtschaft ebenso zu einem selbständigen Gebilde kristallisiert ist, wie die politische Organisation im Staate. Die Kursschwankungen zeigen nämlich vielfach subjektiv-psychologische Motivierungen, wie sie in dieser Krassheit und dieser Unabhängigkeit von aller objektiven Begründung ganz unvergleichlich sind. Zwar wäre es oberflächlich dafür anzuführen, dass den Kursbewegungen nur selten reale Veränderungen in der Güte des einzelnen, das Papier fundierenden Objekts genau entsprechen. Denn diese Güte, in ihrer Bedeutung für den Markt, besteht doch nicht bloß in den inneren Qualitäten des Staates oder der Brauerei, des Bergwerks oder der Bank, sondern in dem Verhältnis derselben zu den gesamten sonstigen Inhalten des Marktes und ihrer Lage.

Was gilt nun: Ist Geld tatsächlich „gemünzte Freiheit"? Ja, sagen wir mit Georg Simmel. Aber wir werden dieser Freiheit, besser vielleicht: der dadurch gewonnenen Freiheiten, nicht immer froh. Wer wüsste besser als wir Heutigen, von welchen Faktoren Geldgewinn und dessen Mehrung abhängen. Die Aktienbörsen spielen fast jeden Tag verrückt, und manchen beschleicht des Abends bei den aktuellen Börsennachrichten das sattsam bekannte Gefühl, das in dem Sprichwort zum Ausdruck kommt: „Wie gewonnen so zerronnen". Simmel hat recht: Es ist das Tempo, das uns antreibt und zuweilen beklommen macht. Eine treffendere Analyse als die seines Buches hat es bisher zum GELD nicht gegeben. Er hat keinen erwähnenswerten Nachfolger bei diesem philosophischen Thema gehabt. Doch ist er selbst beeinflußt worden von den Schriften eines Charles Darwin (1805 - 1882), Karl Marx (1818 - 1883) und Friedrich Nietzsche (1844 - 1900).

Simmel hat in seinem noch ganz jungen Fach eine bemerkenswerte wissenschaftliche Karriere gemacht, und die eines brillanten Autors hinzugefügt, die freilich des rasch sichtbaren Glanzes entbehren musste. So verhinderte der herrschende Antisemitismus im wilhelminischen Zeitalter und die noch ungefestigte Anerkennung der Soziologie eine Universitätslaufbahn, wie sie bei minderen Begabungen an der Tagesordnung war – sofern die Herkunft stimmte. Bereits 1885 reichte der 27jährige Simmel seine Habilitation ein, mit Erfolg. Doch die Ernennung zum Professor ließ bis 1901 auf sich warten. Eine Professur bekam er erst 1914 in Straßburg, wo er vier Jahre darauf verstarb.

Mit so unterschiedlichen Themen wie Kulturgeschichte (Michelangelo, Rembrandt, Rodin) hat der große Soziologe sich beschäftigt, und sich mit den vielfältigsten Fragen auseinandergesetzt, darunter Probleme des Zeitgeschmacks („Die Mode") oder die „Frauenbewegung".

Simmel hat Essays geschrieben über alltägliche Erscheinungen („Soziologie der Mahlzeit") oder sich beschäftigt mit „Begriff und Tragödie der Kultur“. Er hat keine Zeitströmung von einiger Bedeutung an sich vorüberziehen lassen, ohne sie einer (oft kristallklaren) Analyse zu unterziehen. Aus fast allen seinen Schriften aber geht hervor, dass Georg Simmel unser Zeitgenosse ist. So lautet sein abschließendes Urteil über den ruhelosen Charakter der Sozialbeziehungen in der modernen Gesellschaft:

Der Mangel an Definitivem im Zentrum der Seele treibt dazu, in immer neuen Anregungen, Sensationen, äußeren Aktivitäten eine momentane Befriedigung zu suchen; so verstrickt uns dieser erst seinerseits in die wirre Halt- und Ratlosigkeit, die sich bald als Tumult der Großstadt, bald als Reisemanie, bald als die wilde Jagd der Konkurrenz, bald als die spezifisch moderne Treulosigkeit auf den Gebieten des Geschmacks, der Stile, der Gesinnungen, der Beziehungen offenbart.

Simmels Wirkung auf so unterschiedliche Gestalten der Soziologie wie Max Scheler (1874 - 1928), Ernst Bloch (1885 - 1977), Georg Lukács (1885 - 1971), Siegfried Kracauer (1889 - 1966) und Theodor [Wiesengrund] Adorno (1903 - 1969) ist ein getreues Spiegelbild seines thematisch vielfältigen Werkes.

Der Nationalökonom Gustav Schmoller (1838 - 1917), Mitglied des Preußischen Staatsrates und des Preußischen Herrenhauses, schrieb über Simmel: „Der eigentliche Zweck des Buches aber ist – könnte man sagen – festzustellen, was die Geldwirtschaft, besonders die moderne des 19. Jahrhunderts, aus den Menschen und der Gesellschaft, aus ihren Beziehungen und Einrichtungen gemacht habe.“

Der Berliner Soziologe Hans-Peter Müller (Humboldt-Universität) urteilt im Jahre 2000 über Georg Simmel: „Wenn Karl Marx´ drei Bände des KAPITALS die Bibel, Max Webers PROTESTANTISCHE ETHIK der Katechismus des Kapitalismus sind, dann ist Georg Simmels PHILOSOPHIE DES GELDES das moderne Handbuch der Geldwirtschaft.“

Ausgaben

Georg Simmel: Philosophie des Geldes (hrsg. v. David P. Frisby und Klaus Christian Köhnke). Band 6 der Simmel-Gesamtausgabe. Suhrkamp-Taschenbuch.

Marcel Proust (1871 - 1922)
AUF DER SUCHE NACH DER VERLORENEN ZEIT
(Originaltitel: A la recherche du temps perdu)
Erschienen 1913-1927

Hinter dem poetischen Titel des monumentalen Werkes, an dem der Franzose Marcel Proust über siebzehn Jahre gearbeitet hat, verbergen sich sieben Romane: IN SWANNS WELT (1913), IM SCHATTEN JUNGER MÄDCHENBLÜTE (1918), DIE WELT DER GUERMANTES (1920/21), SODOM UND GOMORRA (1920/21), DIE GEFANGENE (posthum 1923), DIE ENTFLOHENE (posthum 1925) und DIE WIEDERGEFUNDENE ZEIT (posthum 1927).

Obwohl – nicht zuletzt durch die Verfilmung – IN SWANNS WELT sicherlich der bekannteste der sieben Romane ist, sei an dieser Stelle exemplarisch der letzte und vielleicht eigentliche Schlüsselroman DIE WIEDERGEFUNDENE ZEIT (Le temps retrouve) behandelt.

Der Roman war der letzte, an dem Proust arbeitete und wurde in jenem noch wenig überarbeiteten und stellenweise unvollendeten Zustand, wie der Autor das Manuskript hinterließ, veröffentlicht. Allerdings hat Proust den Schluss dieses Romans, die letzten Seiten, bereits geschrieben, als er den SWANN, das erste Buch des Zyklus', gerade vollendet hatte. Hieraus sieht man bereits, dass es sich bei der SUCHE NACH DER VERLORENEN ZEIT keineswegs um eine mehr oder weniger zufällige Zusammenfassung einiger Romane, sondern um ein Werk handelt, das einem genauen Plan folgt.

Das Thema dieser Romane ist gewissermaßen – wie der Titel schon sagt – die Zeit, die verlorene Zeit, insbesondere die des Autors. Um zu verstehen, was es mit dieser poetischen Wendung, der SUCHE NACH DER VERLORENEN ZEIT, auf sich hat, muss man kurz auf die biographischen Umstände eingehen, die zu einem nicht geringen Anteil die besondere Tragik dieses Werkes ausmachen. Marcel Proust war eine Art Lebemann in den vornehmen Pariser Salons der Jahrhundertwende. Zwar hatte er stets literarische Ambitionen, aber seine Trägheit, die er selbst häufig anführt, hinderte ihn am Durchbruch seiner dichterischen Tätigkeit. Erst die Verschlimmerung seiner stets vorhandenen latenten Asthma-Erkrankung, die ihn schließlich zwang, sich in Sanatorien und zuletzt nur noch in den eigenen vier Wänden aufzuhalten, ließ Proust sich der „verlorenen Zeit" widmen – eben jener Jahre, in denen er ein gern gesehener Gast der „guten Gesellschaft" war, wo er Adel und Großbürgertum kennenlernte und bereits der hervorragende und detailversessene Beobachter war, der später in seinen Romanen eine untergegangene, verlorene Welt wiedererstehen ließ.

Doch DIE SUCHE NACH DER VERLORENEN ZEIT ist mehr als eine autobiographisch gefärbte Gesellschaftsdarstellung. Proust, der die Malerei leidenschaftlich liebte, vollzog eine ähnliche Wendung, wie sie in der Kunst zu beobachten war: Im Zeitalter der Photographien war es sinnlos geworden, nach dem größtmöglichen Realismus zu streben; ebenso wollte Proust keinen „kinematographischen Ablauf der Dinge" darstellen, sondern – ähnlich der Kunst des Impressionismus – die Eindrücke der Dinge auf den Einzelnen, jene einmalige und subjektive Sicht der Wirklichkeit, die, so Proust, sowieso die einzige Wirklichkeit ist, die es gibt. Diese einmaligen Eindrücke, Ansichten und Assoziationen so perfekt wie möglich wiederzugeben: Dies ist die Art, wie Proust „die Zeit wiederfindet", die sonst unwiederbringlich verloren wäre, wenn die Literatur sie nicht festhält. Denn:

Dank der Kunst verfügen wir, anstatt nur eine einzige Welt – die unsere – zu sehen, über eine Vielheit von Welten, das heißt über so viele, wie es originale Künstler gibt, Welten, die, untereinander verschiedener als jene, die im Unendlichen kreisen, uns viele Jahrhunderte noch, nachdem der Fokus erloschen ist, der sein Ausgangspunkt war – mag dieser Fokus nun Rembrandt geheißen haben oder aber Vermeer –, einen Strahl zusenden, der nur ihnen eigentümlich ist.

So heißt es in DIE WIEDERGEFUNDENE ZEIT, jenem letzten der sieben Romane, der zur Hälfte aus Betrachtungen über die Kunst, die Zeit und eben jene Hauptthese und -ansicht des Autors besteht.

Wie man aus dem bisher Gesagten bereits entnehmen kann, ist der Inhalt der SUCHE NACH DER VERLORENEN ZEIT nicht leicht zusammenzufassen. Geschrieben sind alle sieben Romane aus der Perspektive des gleichen Ich-Erzählers, der nie mit Namen genannt wird (in den wenigen Versuchen, das Werk zu verfilmen, jedoch meist „Marcel“ heißt). Die Parallelen zum Autor sind natürlich deutlich und letztendlich – wenn man seine Auffassung von der Subjektivität der Literatur bedenkt – auch unvermeidlich. Dennoch sind die Romane nicht sozusagen eins-zu-eins übertragbar. Beispielsweise ist der Erzähler – im Gegensatz zu Proust – heterosexuell. Die Namen der betreffenden Frauen sind jedoch stets „feminisierte“ Männernamen (wie z. B. „Albertine“). Trotz dieser Verhüllung ist Homosexualität jedoch ein großes Thema der Romane, wie auch im Paris dieser Zeit und dieser gesellschaftlichen Schichten. Auch andere Figuren der Romane sind nicht eindeutig auf ein Vorbild zurückzuführen. Vielmehr fasst Proust verschiedene reale Charaktere in einem zusammen, wieder andere spaltet er auf mehrere Figuren auf. Dennoch sind manche portraithaft zu identifizieren, ebenso wie die Orte, an denen der Roman spielt, und deren reale Vorbilder sich heute mit touristischen Hinweisschilden rühmen, dieser oder jener Ort aus der SUCHE NACH DER VERLORENEN ZEIT zu sein.

Damit ist die Erzählperspektive klar. Aus dieser Sicht schildert der Erzähler nun seine „verlorene Zeit", jene Jahre in der Pariser Gesellschaft, die Intrigen, Freundschaften und Feindschaften und natürlich die Liebesverhältnisse. Besonders die beiden großen Beziehungen, die von Swann zu Odette und später seine eigene zu Albertine, beschreibt der Erzähler in einer bis dahin in der Literatur ungekannten psychologischen Tiefe, Einsicht und Detailversessenheit. Die Erzählzeit (das heißt, die Zeit, die der Erzähler zur Beschreibung braucht) übersteigt dabei in der Regel die erzählte Zeit (die, in der sich die eigentliche Handlung abspielt) um ein vielfaches. Aber nicht nur die Gefühle der Personen zueinander werden derart präzise analysiert, sondern auch die Eindrücke, die der Erzähler von der Welt hat, vom Licht an einem bestimmten Abend, vom Schatten an einer Hauswand, von einer einzigen Blüte, irgendwo. In einer hochpoetischen Sprache zeichnet Proust präzise jedes noch so kleine Gefühl und alle dazu gehörenden Assoziationen nach:

In dem Augenblick aber verspürte ich bei dem durchdringenden Ton des Dampfes im Rohr, einem Ton, der dem langgezogenen Tuten ähnlich war, das manchmal im Sommer die Vergnügungsdampfer abends in Balbec draußen auf dem Meer vernehmen ließen, weit mehr (so wie es mir schon einmal in Paris in einem großen Restaurant beim Anblick eines luxuriösen, halb leeren, sommerlich warmen Speisesaales ergangen war) als nur ein Empfinden, das einfach demjenigen analog war, das ich am Spätnachmittag in Balbec gehabt hatte, damals – nachdem alle Tische bereits mit Wäsche und Silberzeug gedeckt waren und die großen glasverkleideten Fensteröffnungen ohne einen einzigen Zwischenraum sich weit auf die Mole öffneten, während die Sonne langsam hinter dem Meer unterging, auf dem die Schiffe bereits ihre Stimme erhoben.

So entwirft er eine Welt, genauer gesagt, seine eigene Ansicht von seiner Welt. Er hält – in seinem Krankenzimmer selbst völlig abgeschlossen von der Außenwelt – jeden Lichtstrahl in Worten fest, der einmal einen Eindruck bei ihm hinterlassen hat. Zwischen diese subjektiven Bilder mischen sich die Geschehnisse in der Gesellschaft mit einer Fülle von Personal mit verstrickten sozialen und verwandtschaftlichen Beziehungen zueinander, die – und das ist etwas schwierig, wenn man nicht alle Romane lesen möchte, beziehungsweise nicht beim ersten anfängt – ständig wiederkehren und deren Geschichten und Verhältnisse natürlich nicht in jedem Roman erneut erklärt werden.

DIE WIEDERGEFUNDENE ZEIT nimmt in dieser Reihe als Schlusspunkt eine ganz besondere Stellung ein. Der Roman zerfällt im Grunde in zwei Teile. Der erste (genau die Hälfte des Buches) schildert das Paris kurz vor und während des ersten Weltkrieges. Nach langem Sanatoriumsaufenthalt ist der Erzähler in die Hauptstadt zurückgekehrt und findet vieles verändert vor: nicht nur die Mode, sondern auch die „Gesellschaft" hat sich gewandelt. Aufstrebende Bürger und fragwürdige Künstler halten Einzug in die vormals adelsdominierten Kreise. Dann bricht der Krieg aus. Paris ist zwar weit weg von der Front, aber es kommt zu nächtlichen Bombardements durch die Deutschen. Besonders interessant ist hier die Darstellung – und Fehleinschätzung – des Krieges durch die Bevölkerung. Außerdem sind die meisten Männer an der Front, was wiederum die Gesellschaft stark verändert, in der der Erzähler (der aufgrund seiner Krankheit nicht Soldat werden muss) verkehrt. Das Nachkriegs-Paris verändert sich erneut: Einige der alten Bekannten sind gefallen, viele sind völlig verändert und noch mehr als vor dem Krieg drängen sich Neureiche und „Fragwürdige" in die alten Zirkel.

Den Einschnitt zum zweiten Teil des Romans bildet eine Matinee-Einladung der – in den vorherigen Romanen eine entscheidende Rolle spielenden – Familie Guermantes. So kommt es nach Jahren zu einer Wiederbegegnung des

Erzählers mit vielen der wichtigen Figuren aus den Romanen. Dieses Fest, das im Grunde nur in einigen wenigen Begegnungen geschildert wird, ist jedoch der Anlass zu der entscheidenden Erkenntnis des Erzählers: Noch bevor er den Festsaal betritt, macht er die Beobachtung, dass das eigentliche Glück nicht im Augenblick liegt, sondern in der Erinnerung an den Augenblick. Assoziationen reihen sich aneinander, in denen der Erzähler frühere Glücksmomente erneut durchlebt. Diese zufällige Vision (ausgelöst durch allerhand Belanglosigkeiten) zusammen mit dem erschütternden Bild des Verfalls, das sich dem Erzähler wenig später auf dem zu einem Greisenball mutierten Fest präsentiert, bewirken schließlich jene Erkenntnis über das „Wiederfinden" der Zeit, die bereits anfangs beschrieben wurde. Noch während dieser Feier fasst der Erzähler den Entschluss, die „verlorene Zeit", jene vergangenen Jahre und jene Epoche, deren Ende ihm an diesem Abend schmerzlich bewusst wird, durch die Literatur zu erhalten, beziehungsweise durch ihre Nachschöpfung „wiederzufinden". Das Buch, das der Erzähler noch an diesem Abend zu schreiben beschließt, ist DIE SUCHE NACH DER VERLORENEN ZEIT, das der Leser schon längst in Händen hält. Diese Seiten, dieser Schluss und diese Absicht stehen ja auch tatsächlich am Anfang von Prousts Roman-Planungen, und so wird hier, im letzten Band, der Kreis geschlossen. Daher auch der Titel DIE WIEDERGEFUNDENE ZEIT, denn im Moment der Vollendung hat der Autor die verlorene Zeit wiedergefunden. In seinen eigenen Worten klingt dies so:

Da aber ging ein neues Licht in mir auf, weniger strahlend gewiss als jenes, dem ich die Erkenntnis verdankte, dass das Kunstwerk das einzige Mittel ist, die verlorene Zeit wiederzufinden. Ich begriff, dass die Summe aller Materialien des literarischen Werkes mein vergangenes Leben war; ich begriff, dass sie in oberflächlichen Vergnügungen, in Trägheit, in Zärtlichkeit, im Schmerz zu mir gekommen und von mit gespeichert waren, ohne dass ich ihre Bestimmung, ja auch nur ihr Fortleben besser erraten hatte, als der Same es tut, wenn er die Elemente in sich aufhäuft, durch welche die Pflanze ernährt werden soll. Wie jenes Samenkorn würde ich möglicherweise sterben, sobald die Pflanze entwickelt wäre; ich hatte offenbar für sie gelebt, ohne es zu wissen oder das Gefühl zu haben, mein Leben müsse jemals in Kontakt mit jenen Büchern kommen, die ich hätte schreiben mögen und für die ich, wenn ich mich früher an den Arbeitstisch setzte, nie ein Thema fand.

Nachahmer fand das monumentale Werk Prousts nicht; anfangs nicht einmal einen Verleger. Denn die Subjektivität und der assoziative Stil des Romanzyklus‘ sind eben untrennbar mit dem außergewöhnlichen Wahrnehmungsvermögen Prousts verbunden. Es gibt kaum einen Winkel seiner Empfindungen, den er nicht bis auf den Grund ausleuchtet und so – weitab vom „Geschichten-Erzählen“ – feinste psychologische Nuancen festhält.

Literaturhistorisch liegt die Bedeutung dieses Werkes vor allem in seinem Abschied von bis dahin bekannten Erzählformen. Im 20. Jahrhundert fällt der Glaube an neutrale, übergeordnete Erzähler zunehmend schwer. Prousts Werk ist bestimmt von der Erkenntnis, dass es keine Objektivität gibt, und dass gerade das Festhalten der individuellen Gefühle die Aufgabe der Literatur ist. Der Leser soll keine „Wahrheiten“ vorgegaukelt bekommen, sondern die größtmögliche Einsicht in die Psyche eines Einzelnen erhalten. Vielleicht war gerade dies auch ein Grund, warum die frühen Versuche des Literaturwissenschaftlers Walter Benjamin, Proust bereits Ende der zwanziger, Anfang der dreißiger Jahre in Deutschland populär zu machen, im damaligen Umfeld scheiterten. Erst nach dem zweiten Weltkrieg wurde Proust hierzulande bekannt.

Proust wurde somit Wegbereiter des modernen Romans. Von ihm führt der Weg zur Avantgarde-Literatur, die in die letztlich nicht mehr lesbaren Assoziationsketten beispielsweise Arno Schmidts (1914-1979) mündete (ZETTELS TRAUM, 1970).

Doch davon abgesehen liegt die große Bedeutung Prousts in seiner minutiösen Schilderung einer untergegangenen Welt, die uns ohne ihn niemals in diesen Details hätte vertraut werden können. Darüber hinaus ist DIE SUCHE NACH DER VERLORENEN ZEIT aber nicht nur von historischem Interesse, sondern sie zeigt uns auch viel von unserem eigenen Innern. So fasst Proust oftmals komplizierte Gefühle in Worte, die so zuvor noch nie analysiert und festgehalten wurden, und die man doch häufig von sich selbst kennt. So schreibt er etwa über Erinnerungen, die man mit Büchern verbindet:

Ich weiß zu gut, wie leicht solche vom Geiste hinterlassenen Bilder vom Geiste ausgelöscht werden. Den alten schiebt er neue unter, die nicht mehr die gleiche Macht der Wiederauferweckung haben. Und wenn ich noch jenen ‚François de Champi' hätte, den Mama eines Abends aus dem Bücherpaket hervorholte, das die Großmutter mir zum Geburtstag hatte schenken wollen, würde ich ihn niemals anschauen. Ich hätte zu große Angst, ihm meine Eindrücke von heute einzufügen und mitanzusehen, wie etwas allzu Gegenwärtiges daraus würde, so dass, wenn ich von ihm erwartete, er werde noch einmal jenes Kind zum Leben erwecken, das in dem kleinen Zimmer von Combray seinen Titel buchstabierte, dieses Kind den Tonfall des Werkes nicht wiedererkennen, seinem Ruf nicht folgen würde und für immer begraben und vergessen bliebe.

Ausgaben

Empfehlenswert die Suhrkamp-Taschenbuchausgabe (jeder Roman ist einzeln erhältlich).

Oswald Arnold Gottfried Spengler (1880 - 1936)
DER UNTERGANG DES ABENDLANDES
Umrisse einer Morphologie der Weltgeschichte
Erschienen 1918-1922

Kann man Geschichte vorausbestimmen? Absurd, meinen die einen; denkbar, meinen die andern. Oswald Spengler, der Naturwissenschaften und Mathematik studierte und drei Jahre als Oberlehrer an einem Hamburger Gymnasium unterrichtete, spricht zu diesem Punkt ein unmissverständliches Wort gleich zu Beginn der Einleitung zu seinem Epoche machenden Werk DER UNTERGANG DES ABENDLANDES:

In diesem Buche wird zum erstenmal der Versuch gewagt, Geschichte vorauszubestimmen. Es handelt sich darum, das Schicksal einer Kultur, und zwar der einzigen, die heute auf diesem Planeten in Vollendung begriffen ist, der westeuropäisch-amerikanischen, in den noch nicht abgelaufenen Stadien zu verfolgen.

Als die ersten deutschen Leser diese Eingangssätze in Spenglers Aufsehen erregendem Werk lasen, mögen sie den Atem angehalten haben. Einige von ihnen dürften zugleich ungläubig auf das gestarrt haben, was diesen verbalen Hammerschlägen folgte. Schon von seinem Umfang her war dieser enorme Wälzer höchst eindrucksvoll. Kein Wunder, dass bis zum heutigen Tage die Meinungen über Spengler weit auseinander gehen. Man hat ihm – vorschnell – vorgeworfen, zu den geistigen Wegbereitern Hitlers und seines Gewaltregimes gehört zu haben. Umgekehrt rühmen andere, wie das in ganz Europa hoch geschätzte französische Qualitätsblatt „Le Monde“, Spenglers noch in unseren Tagen spürbare visionäre Kraft: „Trotz der Erdstöße, die seit der Niederschrift auftraten, hat das Werk seine ganze Unabhängigkeit und Hellsichtigkeit in unserer Zeit bewahrt.“ Wer hat nun Recht? Spenglers Bewunderer oder dessen Kritiker?

Die Frage lässt sich nicht beantworten, Sie werden es schnell erraten, ohne dem Buche selbst Aufmerksamkeit geschenkt zu haben. Es ist mit seinen rund 1.200 Seiten nachgerade unanständig umfangreich, doch anerkannter Maßen spannend geschrieben, in einer Sprache, die zuweilen an begnadete Redner oder gar Dichter erinnert. Spengler selbst wusste offenbar um die Wirkung seiner Prosa, denn er hielt sie für „anschaulich durch und durch“, und von einer Art, „welche die Gegenstände und die Beziehungen sinnlich nachzubilden sucht, statt sie durch Begriffsreihen zu ersetzen ... sie wendet sich an Leser, welche die Wortklänge und Bilder ... nachzuerleben verstehen.“ Dieser Oberlehrer war kühn in seinen Vorstellungen, vielleicht gar besessen von der Idee, das Einzigartige und kaum Glaubhafte in einer teilweise magisch anmutenden Diktion aufzurufen. Keine Frage daher, dass DER UNTERGANG DES ABENDLANDES zu den Büchern gehört, die man gelesen haben muss, um auf die eine oder andere Weise mitreden zu können. Geschichtsphilosophie, eine neuere wissenschaftliche Disziplin, befasst sich seither mit den Gesetzmäßigkeiten historischer Abläufe; und einer der berühmtesten geistigen Erben Spenglers, der englische Historiker Arnold Joseph Toynbee (1889 - 1975) gehört zu den viel gelesenen Autoren unserer Zeit. Spengler offensichtlich nicht minder; denn dass er nicht vergessen sein kann, geht schon aus dem Umstand hervor, dass allein die moderne Taschenbuchausgabe seines Hauptwerks Ende 2000 die 15. Auflage erreichte!

Gleichwohl erklärt sich der aberwitzige Publikumserfolg zunächst aus einem Missverständnis, nämlich der Tatsache, dass – natürlich ungeplant und nicht vorhergesehen! – die Buchpremiere 1918 mit dem für das Kaiserreich so schmachvollen Ende des Weltkrieges zusammenfiel. Man stelle sich vor: In jenen Tagen, in denen die Meldung über die Kapitulation die Deutschen bis ins Mark erschüttert, prangt in den Schaufenstern der Buchhändler das dickleibige Werk mit dem drohenden Titel UNTERGANG DES ABENDLANDES! Den reißenden Absatz, den sein Buch daraufhin fand, hätte sich Spengler nicht im Traume vorstellen mögen. In wenigen Monaten wurde der bis dahin unbekannte Autor zu einer der gefragtesten Persönlichkeiten des öffentlichen Lebens. Der vermeintliche Untergang des Abendlandes, als von vielen Menschen nun vermuteter Folge des verlorenen Krieges, hatte seinen Philosophen gefunden. Ein Irrtum, eine Verkettung von Umständen, die nicht das Geringste miteinander zu tun hatten. Denn Spengler hatte eine Weltgeschichte schreiben wollen, deren Abläufe eine berechenbare Gesetzmäßigkeit aufzuweisen hatten, die Rückschlüsse auf künftige Entwicklungen zuließ. Mit dem aktuellen und womöglich nur zeitweiligen Niedergang des Reiches wiesen dagegen seine Darlegungen keinerlei Gemeinsamkeiten auf. In seiner Geschichtsphilosophie, so behauptete Spengler selber, könne man ebenso gut von „Untergang" wie von „Vollendung" sprechen; seine Kulturkreistheorie zeichne sich durch Wertneutralität aus. Sie sei gekennzeichnet durch Blüte, Reife und Verfall, ein Kreislauf, der sich an allen Kulturen nachweisen lasse, und in dessen Endstadium die europäisch-amerikanische unterdessen eingetreten sei.

Werfen wir einen Blick in eines der späten Kapitel des Spenglerschen Werkes, das seinen Platz unter den ewig aufregenden Buchabenteuern behalten wird. Es behandelt die „Formenwelt des Wirtschaftslebens"; es geht im Besonderen um „die Maschine". Wenn wir dieses Wort durch „Computer" oder „Rechner" ersetzen, rücken wir die Problematik direkt in unser Zeitalter:

Niemals hat sich ein Mikrokosmos dem Makrokosmos überlegener gefühlt. Hier gibt es kleine Lebewesen, die durch ihre geistige Kraft das Unlebendige von sich abhängig gemacht haben. Nichts scheint diesem Triumph zu gleichen, der nur einer Kultur geglückt ist und vielleicht nur für eine kleine Zahl von Jahrhunderten.

Aber gerade damit ist der faustische Mensch zum Sklaven seiner Schöpfung geworden. Seine Zahl und die Anlage seiner Lebenshaltung werden durch die Maschine auf eine Bahn gedrängt, auf der es keinen Stillstand und keinen Schritt rückwärts gibt. Der Bauer, der Handwerker, selbst der Kaufmann erscheinen plötzlich unwesentlich gegenüber den drei Gestalten, welche sich die Maschine auf dem Weg ihrer Entwicklung herangezüchtet hat: dem Unternehmer, dem Ingenieur, dem Fabrikarbeiter. Aus einem ganz kleinen Zweige des Handwerks, der verarbeitenden Wirtschaft, ist in dieser einen Kultur und keiner andern der mächtige Baum aufgewachsen, welcher über alle sonstigen Berufe seinen Schatten wirft: die Wirtschaftswelt der Maschinenindustrie. Sie zwingt den Unternehmer wie den Fabrikarbeiter zum Gehorsam. Beide sind Sklaven, nicht Herren der Maschine, die ihre teuflische geheime Macht erst jetzt entfaltet. Aber wenn die sozialistische Theorie der Gegenwart nur die Leistung des letzten hat sehen wollen und für sie allein das Wort Arbeit in Anspruch nahm, so ist diese doch nur durch die souveräne und entscheidende Leistung des ersten möglich. Das berühmte Wort von dem starken Arm, der alle Räder stillstehen lässt, ist falsch gedacht. Anhalten – ja, aber dazu braucht man nicht Arbeiter zu sein. In Bewegung halten – nein. Der Organisator und Verwalter bildet den Mittelpunkt in diesem künstlichen und komplizierten Reich der Maschine.

Der Gedanke hält es zusammen, nicht die Hand. Aber gerade deshalb ist eine Gestalt noch wichtiger, um diesen stets gefährdeten Bau zu erhalten, als die ganze Energie unternehmender Herrenmenschen, die Städte aus dem Boden wachsen lassen und das Bild der Landschaft verändern, eine Gestalt, die man im politischen Streit zu vergessen pflegt: der Ingenieur, der wissende Priester der Maschine. Nicht nur die Höhe, das Dasein der Industrie hängt vom Dasein von hunderttausend begabten, streng geschulten Köpfen ab, welche die Technik beherrschen und immer weiter entwickeln. Der Ingenieur ist in aller Stille ihr eigentlicher Herr und ihr Schicksal. Sein Denken ist als Möglichkeit, was die Maschine als Wirklichkeit ist.

Wer sich nicht an Begriffen wie „Herrenmenschen" (im Sinne von Herr der Lage), „wissender Priester der Maschine“ (will heißen: eingeweiht in die Geheimnisse der Technik) stört, die entweder wertneutral gebraucht werden oder den etwas pathetischen Stil kennzeichnen, in den Spengler gelegentlich ausrutscht, entdeckt in dieser Textprobe die Beschreibung industrieller Muster auch unserer Tage. Man könnte sogar das aktuelle Beispiel von den dringend benötigten Computer-Experten für die deutsche Industrie heranziehen, um Spengler rund 80 Jahre nach Erscheinen seines sensationellen Buches noch Recht zu geben. Es ist die industrielle Intelligenz, welche für die Wirtschaftsabläufe unentbehrlich bleibt, damals wie heute.

Nebenbei sei der Hinweis gestattet, dass Spengler – „Herrenmenschen“ hin oder her – kein Vorläufer und später nicht Lobredner der Nationalsozialisten war. Selbst wenn seine Rhetorik zuweilen deutschnationale Töne anschlägt, täte man dem Geschichtsphilosophen Unrecht, ihn in die Nazi-Ecke zu stellen. Er hasste sie vielmehr, wie viele seiner Freunde bezeugen. So hatte Spengler in privatem Kreise nur bissige Bemerkungen für die NSDAP und ihre Führer übrig. Hitler nannte er unumwunden „einen Dummkopf“. Und „anders als viele konservative Intellektuelle, die der nationalsozialistischen Euphorie in jenen Tagen erlagen, hat Spengler zu keiner Zeit dem neuen Regime öffentlich das Wort geredet“, bemerkt Detlef Felken im Nachwort zu einer Neuausgabe des Werkes. Den Rassenwahn der Nazis geißelte Spengler als „eine phrasenhafte Verkleidung des Ärgers über jüdische Überlegenheit“ und eine „Weltanschauung für die geistig Minderbemittelten“.

Deutlicher kann man seinen Abscheu wohl nicht zum Ausdruck bringen.

Stimmen zum Buch

„Jetzt ist das Bewusstsein, in einer heftigen, untergangsdrohenden Kulturkrise zu leben, bis in breite Schichten vor-

gedrungen. Spenglers UNTERGANG DES ABENDLANDES ist für zahllose Menschen in der ganzen Welt das Alarmsignal gewesen. Dies bedeutet nicht, dass all die Leser des berühmten Buches sich zu den dort gebotenen Einsichten bekehrt hätten. Aber es hat sie vertraut gemacht mit dem Gedanken an die Möglichkeit eines Versinkens der heutigen Kultur, während sie vorher noch befangen waren in einem selbstverständlichen Fortschrittsglauben."
Johan Huizinga (niederländischer Historiker und Kulturphilosoph [1872 - 1945], 1935 in einem Buch, das sich den geistigen Strömungen der Zeit widmete)

„Das Massenzeitalter und seine kommunikativen Bedingungen haben Gesellschaft und Kultur grundlegend verändert. Es ist nicht zu übersehen, dass dabei auch jene spezifische Bildungsidee ihren einstigen Stellenwert eingebüßt hat, die zu den konstitutiven Bedingungen für Spenglers Begriff der Kultur gehört. An ihre Stelle sind vorwiegend materielle Kategorien der individuellen Sinnbestimmung getreten, die den sozialen und politischen Konsens der westlichen Gesellschaften neuen Belastungsproben aussetzen. Daneben dehnt sich – gleichsam unterhalb der öffentlichen Diskurse – ein esoterischer Eskapismus (Weltflucht) immer tiefer in den gesellschaftlichen Raum aus. Dieser noch längst nicht abgeschlossene Wandlungsprozess ist im UNTERGANG DES ABENDLANDES in einer Weise vorweggenommen, beschrieben und analysiert worden, die Spenglers Buch klassischen Rang verleiht."
Detlef Felken (Spengler-Herausgeber und -Experte)

Ausgaben

Ungekürzte Ausgabe bei dtv, 15. Aufl. 2000.

Thomas Mann (1875 - 1955)
DER ZAUBERBERG
Erschienen 1924

Dem Roman war ein durchschlagender Erfolg beschieden. Drei Jahre nach Erscheinen des Buches wurde bereits die 95. (!) Auflage erreicht. Fast fünfzig Jahre nach dem Tod des Dichters gehört der ZAUBERBERG zu Thomas Manns meist gelesenen Werken. Auch die filmische Adaption durch Hans W. Geißendörfer erntete viel Beifall von Publikum und Fachkritik.

Das 1000 Buchseiten umfassende Meisterwerk in knapp zehn Zeilen nacherzählt? Manns jüngster Biograph Hermann Kurzke, Jahrgang 1943, hat es geschafft. Hier sind sie:

„Der Hamburger Kaufmannssohn Hans Castorp will vor Beginn seiner Ingenieurausbildung einen Erholungsurlaub machen. Er reist deshalb zu seinem lungenkranken Vetter Joachim Ziemßen in ein Hochgebirgssanatorium in Davos, zu Besuch auf drei Wochen. Die Welt des Sanatoriums zieht ihn in ihren Bann. Er verliebt sich in Clawdia Chauchat, diskutiert mit Naphta und Settembrini und bewundert Mynheer Peeperkorn. Aus den drei Wochen werden sieben Jahre. Erst der Kriegsausbruch 1914 versetzt den jungen Mann abrupt zurück ins Flachland. Als Soldat, verloren im Gewimmel der Schlacht, kommt er uns aus den Augen."

Damit ist der Rahmen abgesteckt. Mann füllt ihn mit einer Prosa aus, die bis dahin unbekannt war. Wer über die erste Hälfte des Buches hinaus will, nehme eine gute Portion französische Sprachkenntnisse mit ins Gepäck einer faszinierenden Lesereise. Notfalls genügt ein Dictionnaire. Alles, was er sich nicht auf gut Deutsch zu sagen traut, drückt der Schriftsteller in Französisch aus, jedenfalls die wörtliche Rede bei den Begegnungen zwischen Madame

Chauchat und ihrem jungen Liebhaber Hans Castorp. Die Lesereise verläuft durchweg angenehm. Kurzweil wäre freilich der falsche Ausdruck dafür. Konzentration ist angesagt, die hier nur in der Form von Spannung auftritt.

Wer zuvor die bedeutende Familiensaga BUDDENBROOKS gelesen hat, wäre nicht mehr gänzlich unvorbereitet. Thomas Manns Stil ist anstrengend. Gewöhnt man sich an seinen ironischen Ton, erscheint er dem Leser bald unentbehrlich. Er würde nach ihm Ausschau halten, begegnete er uns nicht auf jeder Seite von neuem. Der erste Satz, ein wahres Ungetüm von wiederum zehn Zeilen (siehe oben), klärt uns über den Sinn des gewaltigen erzählerischen Unternehmens auf:

Die Geschichte Hans Castorps, die wir erzählen wollen, – nicht um seinetwillen (denn der Leser wird einen einfachen, wenn auch ansprechenden jungen Menschen in ihm kennenlernen), sondern um der Geschichte willen, die uns in hohem Grade erzählenswert scheint (wobei zu Hans Castorps Gunsten denn doch daran erinnert werden sollte, dass es seine Geschichte ist und nicht jedem jede Geschichte passiert): diese Geschichte ist sehr lange her, sie ist sozusagen schon ganz mit historischem Edelrost überzogen und unbedingt in der Zeitform der tiefsten Vergangenheit vorzutragen.

Die Sache mit dem Erzählstil muss man vorneweg klären, schon um zu verhindern, dass man allzu früh die Lust daran verliert, das Buch zu Ende zu lesen. Zu Recht ist darauf hingewiesen worden, dass die Erzählweise auf einen „endlosen“ Roman deutet, der nach „nur“ tausend Seiten unvermittelt abbricht. Irgendwie aber muss der Leser da durch, wenn er keine ästhetische Einbuße erleiden möchte. Er wird es nicht bereuen. Die nach Millionen zählende Thomas-Mann-Gemeinde in aller Welt hat es vorgemacht. Diesen Roman kann man nicht wirklich nacherzählen. In einem Romanlexikon wie dem von Reclam wird dies zwar versucht; eine akademische Leistung, fürwahr. Aber gesagt ist damit fast nichts. Der Dichter wünscht sich, dass man seinen verschlungenen Pfaden folgt, und mit eigenen Augen die oft bizarren Muster auf seinem facettenreichen Wortteppich nachzeichnet. Wenn man dazu bereit ist, wird das Buch zu einem Vergnügen, das uns auf die sanfteste Art unterhält; nicht minder aber begeistert und belehrt.

Wie in jenen Jahren der französische Romancier Marcel Proust, so ist auch Thomas Mann vom Phänomen der Zeit fasziniert. Es muss Anfang der 20er Jahre in der Luft gelegen haben, diese mal verlorene, dann plötzlich wieder gewonnene, mal vertane, ein andermal vergessene Zeit in Literatur zu bannen. Deshalb kann man darauf verzichten, aus dem ohnedies eher dürren Handlungsablauf des Buches zu zitieren. Stattdessen diene dem Leser eine philosophische Passage zum erwähnten Thema, die ebenso charakteristisch wie aussagekräftig für den ZAUBERBERG sein mag:

Was ist die Zeit? Ein Geheimnis, – wesenlos und allmächtig. Eine Bedingung der Erscheinungswelt, eine Bewegung, verkoppelt und vermengt dem Dasein der Körper im Raum und ihrer Bewegung. Wäre aber keine Zeit, wenn keine Bewegung wäre? Keine Bewegung, wenn keine Zeit? Frage nur! Ist die Zeit eine Funktion des Raumes? Oder umgekehrt? Oder sind beide identisch? Nur zu gefragt! Die Zeit ist tätig, sie hat verbale Beschaffenheit, sie ‚zeitigt'. Was zeitigt sie denn? Veränderung! Jetzt ist nicht Damals, Hier nicht Dort, denn zwischen beiden liegt Bewegung.

Da aber die Bewegung, an der man die Zeit misst, kreisläufig ist, in sich selber beschlossen, so ist das eine Bewegung und Veränderung, die man ebenso gut als Ruhe und Stillstand bezeichnen könnte; denn das Damals wiederholt sich beständig im Jetzt, das Dort im Hier. Da ferner eine endliche Zeit und ein begrenzter Raum auch mit der verzweifeltsten Anstrengung nicht vorgestellt werden können, so hat man sich entschlossen, Zeit und Raum als ewig und unendlich zu d e n k e n, – in der Meinung offenbar, dies gelinge, wenn nicht recht gut, so doch etwas besser. Bedeutet aber nicht die Statuierung des Ewigen und Unendlichen die logisch-rechnerische Vernichtung alles Begrenzten und Endlichen, seine verhältnismäßige Reduzierung auf Null? Ist im Ewigen ein Nacheinander möglich, im Unendlichen ein Nebeneinander?

Mehr Fragen als Antworten, so ist das nun mal mit philosophischen Spekulationen. Sie bemerken: Der Dichter treibt gelinden Spott mit derlei Gedankenspielen. Vieles in seinem großen Roman muss der Leser nicht Wort für Wort nachstammeln. Und ist nicht immer ganz ernst zu nehmen, und im nächsten Augenblick dann wieder doch! Die Hauptgestalten des Werkes, soviel steht außer Frage, verkörpern jeweils einen Kosmos für sich. Da ist zunächst Hans Castorp. Er spielt die Rolle des naiven jungen Mannes, der neugierig ins Leben tapst. Er ist offen für alles, was er noch nicht kennt und erlebt hat. Lodovico Settembrini stellt ihm den Aufklärungsoptimisten entgegen. Leo Naphta, die gelehrteste und zugleich schwierigste Gestalt, ist professioneller Todesfanatiker, der einerseits die Askese predigt und andererseits zum Terror aufruft. Er hat einen Hass auf die Zivilisation, die sich in zunehmendem Maße vom Menschen abzuwenden droht. Mynheer Peeperkorn, der dritte im Bunde, symbolisiert den Lebensgenuss. Die schon mehrfach erwähnte schöne Clawdia Chauchat, sie ist russischer Herkunft, steht für Sinnlichkeit und Verführung.

Der ZAUBERBERG gehört zu den so genannten hermetischen Romanen. Das heißt, seine Handlung spielt in einer geschlossenen, von außen nicht zugänglichen gesellschaftlichen und geistigen Sphäre. An ihr lässt sich am besten demonstrieren, was verändernd und bewegend auf Menschen einwirkt. Damit wandelt sich auch der Zeitbegriff der handelnden Personen, obwohl der Autor keinen Zweifel daran lässt, dass der historische Hintergrund die Jahre des ersten Weltkriegs sind. Doch darin erfüllt der Roman nur die vom Autor angestrebten formalen Kriterien eines Werkes, das höheren literarischen Ansprüchen genügen will. Das Buch selbst ist ein übernationales, mindestens europäisches Ereignis. Die entsprechend ausgewählten Gestalten entstammen absichtlich verschiedenen Nationen, aus dem westlichen Teil Europas. Die slawische Komponente wird nicht ganz ausgespart. Die wesentlichen geistigen Strömungen dieses Europa werden von den vorgeführten Personen Peeperkorn, Settembrini und Naphta vertreten; vor allem letztere suchen oft heftigen Streit miteinander. Zuvörderst der fortschrittsgläubige Settembrinit und der konservative Revolutionär Naphta – wie Mann selber von den notorischen Pessimisten Schopenhauer, Nietzsche und Oswald Spengler beeinflusst – verbeißen sich in unversöhnliche Kontroversen. Sie enden in einem Duell, das mit dem Selbstmord Naphtas seinen Abschluss findet – weil Settembrini absichtlich daneben schießt. Die Symbolik ist teils auf Elemente der Dichtungen Goethes, zum andern auf die seinerzeit hochaktuellen philosophischen Auseinandersetzungen ausgerichtet. Der Titel weist auf die Verwandtschaft des Textes mit dem Märchen hin. Der Held wird „verzaubert“ und auf den ZAUBERBERG entrückt. Der goethesche Begriff der „Steigerung“ spielt eine Rolle, ebenso die erotische Verklärung des naiven Helden in der „Walpurgisnacht“, die sogar eine Kapitelüberschrift hergibt. Zugleich ist das Buch dem klassischen Bildungsroman ähnlich, mit Anklängen an Motive des Abenteurer- und Schelmenromans. Die Zahl 7 als eine magische spielt eine bedeutende Rolle; als ein sexuelles Symbol (nach Freud) wird der Schreibstift in den Geschehnissen zwischen Castorp und Madame Chauchat verwendet.

Nach der Novelle TOD IN VENEDIG hatte Thomas Mann ein „humoristisches Gegenstück“ im Sinn. Er plante, nachdem er seine kränkelnde Frau in Davos besucht hatte, die von spätbürgerlichem Luxus und Todesverfallenheit geprägte Atmosphäre des Sanatoriums zu karikieren. Aus der Karikatur wurde (fast) nichts. Dafür wurde der Roman immer länger, an dem – mit jahrelangen Unterbrechungen – der Autor von 1912 bis 1924 arbeitete.

Was ist das Besondere, so ganz Außergewöhnliche dieses

Buches, das nicht leicht zu lesen ist, und das dennoch ungezählte Liebhaber gefunden hat und immer noch findet? Vielleicht liegt es an der Kunst des Autors, die Mythen aller Epochen, von der griechischen Antike bis in die Gegenwart des frühen 20. Jahrhunderts als eine dem Leser selbstverständlich erscheinende literarische Komposition zusammengefügt zu haben. Der Mythos wirkt, ohne sich dem Leser aufzudrängen. Das macht das Buch unwiderstehlich, auch in den Momenten, in denen es Mühe bereitet, sich durch den Zeilenwald der tausend Seiten einen geraden Weg zu bahnen.

Manns kompetentester Kritiker, der Romanautor Robert Musil (1880 - 1942), bemühte zunächst literarische Kategorien. Zu wenig, um mit einem großen Werk fertig zu werden. Seine formalen Bedenken gegen den ZAUBERBERG überzeugen nicht. Musil schien das selbst zu ahnen, denn er sparte nicht mit Spott und inhaltlichen Einwänden. Während Mann zur Zeit der Arbeit am Roman in seinem Tagebuch notierte, es werde „das Sinnlichste sein, was ich geschrieben haben werde“, mokierte sich Musil später darüber, „Castorp (habe) ein Glied aus Gips“. Tatsächlich erlaubt der Dichter seinem Helden auf den tausend Seiten des Romans nur eine einzige Liebesnacht – und selbst auf die muss Castorp sieben Jahre warten!

Musil aber blieb mit seiner Kritik ziemlich allein. Mediziner jedoch meldeten sich in Scharen zu Wort, um an der behaupteten Richtigkeit der therapeutischen Einzelheiten des Klinikbetriebs Anstoß zu nehmen. Es half nichts, der Roman eroberte sich seinen festen Platz in Hirn und Herz seiner Leser, vor allem – kein Wunder – der deutschen; danach vielleicht der Franzosen, Spanier und Amerikaner. DER ZAUBERBERG hat längst Goethes WILHELM MEISTER in der Wertschätzung der Leser eingeholt, ein Werk, von dem Thomas Mann in seiner Verehrung für den Weimarer Klassiker sagt, es handle sich um d e n Roman der Deutschen überhaupt.

Die in unseren Tagen geäußerte Kritik kommt eher einem Lob gleich. Etwa die seines Biographen Kurzke. Er schreibt: „Der ZAUBERBERG ist ein ausartendes Buch. Er ähnelt einem auf die Spitze gestellten Dreieck. Jedes Kapitel ist länger als das vorige. Das letzte ist geradezu eine Ausschweifung. Es hätte nicht anders enden können als durch einen Donnerschlag. Es hätte sonst nie aufgehört."

Das Buch endet mit Sätzen, die an Hans Castorp gerichtet sind, der gerade dabei ist, auf den Schlachtfeldern des Krieges unseren Blicken zu entschwinden:

Fahr wohl – du lebest nun oder du bleibest! Deine Aussichten sind schlecht; das arge Tanzvergnügen, worein du gerissen bist, dauert noch manches Sündenjährchen, und wir möchten nicht hoch wetten, dass du davonkommst. Ehrlich gestanden, lassen wir ziemlich unbekümmert die Frage offen. Abenteuer im Fleische und Geist, die deine Einfachheit steigerten, ließen dich im Geist überleben, was du im Fleische wohl kaum überleben sollst. Augenblicke kamen, wo dir aus Tod und Körperunzucht ahnungsvoll und regierungsweise ein Traum von Liebe erwuchs. Wird auch aus diesem Weltfest des Todes, auch aus der schlimmen Fieberbrunst, die rings den regnerischen Abendhimmel entzündet, einmal die Liebe steigen?

Ausgaben

Empfehlenswert die Taschenbuchausgabe bei Fischer; sie enthält im Anhang die von Helmut Bartuschek übersetzten fremdsprachigen Textstellen des Romans.

Egon Friedell (eigentl. Egon Friedmann, 1878 - 1938)
KULTURGESCHICHTE DER NEUZEIT
Die Krisis der europäischen Seele von der Schwarzen Pest bis zum Ersten Weltkrieg
Erschienen 1927-1931

Egon Friedell war Journalist, Schauspieler und Kabarettist in Wien, bevor er sich größeren kulturhistorischen Projekten zuwandte, wie seinem Hauptwerk, der KULTURGESCHICHTE DER NEUZEIT. Seine wissenschaftsfernen Tätigkeiten haben die Darstellungsform und den Stil der schriftstellerischen Arbeiten geprägt. Man kann Kulturgeschichte natürlich nach den Methoden der Schulwissenschaft betreiben, nach streng akademischen Maßstäben ausrichten, Bücher mit Anmerkungsapparaten vollstopfen, die Fußnoten nicht zu knapp bemessen und den Leser mit Verweisungen auf gelehrtes Quellenmaterial langweilen. Man kann aber auch wie dieser geistreiche Autor der Wiener Feuilletonszene dem Affen Zucker geben und die Puppen tanzen lassen.

So entsteht ein Feuerwerk an Witz, Beziehungsreichtum der Themen und Figuren, und dies alles in einer Sprache, von der Thomas Mann gesagt hat, sie mache „Friedell zu einem der größten Stilisten der deutschen Literatur".

So glaubt man denn auch, wenn man Friedell gelesen hat, so nebenbei an die hundert Einzeldarstellungen zur Kulturgeschichte mit konsumiert zu haben: über die Renaissance, die Zeit der Reformation, des Barock und Rokoko, der Aufklärung, Französischen Revolution und Romantik. Des weiteren der Epochen des Liberalismus und Imperialismus. Dieser Kulturhistoriker kommt beinahe schwerelos daher, setzt einem Lichter auf, die den Widerschein vielfältigster Erkenntnisse oft in Sekundenschnelle sehen lassen. Ist das ein Fehler? Fast alle, die sich mit Friedell befasst haben, nennen ihn wechselweise „brillant“, „überragend“, „bestrickend“ gar. Selbst seine Kritiker bescheinigen ihm „wissenschaftlichen Verstand“. Ungeachtet dessen nehmen sie sich die Freiheit, an der Stichhaltigkeit seiner wissenschaftlichen Informationen zu zweifeln.

Friedells Leser sind da offenbar ganz anderer Meinung. Die derzeit gültige Ausgabe seines fast 1.600 Seiten umfassenden Werkes (1996) erreicht das 162. Tausend. Allein dieser Umstand als untrüglicher Ausweis hoher Anerkennung eines historisch wie literarisch gewagten Unternehmens darf Geltung beanspruchen. Seine KULTURGESCHICHTE DER NEUZEIT ist jedenfalls auf dieser Seite der Ehrenmedaille als ein Standardwerk zu betrachten, aus dem Friedells viele Bewunderer nicht nur ein ungeheures Faktenwissen schöpfen, sondern zugleich in keinem Augenblick um ihr ästhetisches Vergnügen gebracht werden.

Dem beliebten Wiener Schauspieler selbst und weit über den deutschen Kulturraum hinaus berühmten Autor – er widmete sein Buch dem Theatergenie Max Reinhardt – verging der Genuss am Leben dagegen allzu früh. Wenige Tage nach dem Einmarsch der deutschen Wehrmacht 1938 in Österreich und dem Beginn des Gestapo-Terrors sprang Egon Friedell aus einem Fenster seiner Wohnung im Zentrum Wiens in den Tod.

Als Goethe-Verehrer fiel es Friedell leicht, ganz im Sinne des Weimarer Klassikers „dilettantisch“, also aus Liebe zur Sache, nicht von Berufs wegen, an „eine seelische Kostümgeschichte“ der zurückliegenden 500 Jahre heranzugehen. In Anspielung auf Friedrich Schillers geschichtsphilosophische Abhandlung ist die Einleitung zur KULTURGESCHICHTE ironisch überschrieben: „Was heißt und zu welchem Ende studiert man Kulturgeschichte?“ Um Widerspruch und Verdruss der Schulwissenschaft herauszufordern, präsentiert der Autor mit einem Oscar-Wilde-Zitat das Leitmotiv seiner unorthodoxen Arbeit:

Ausführlich zu schildern, was sich niemals ereignet hat, ist nicht nur die Aufgabe des Geschichtsschreibers, sondern auch das unveräußerliche Recht jedes wirklichen Kulturmenschen.

Eine Provokation der historischen Zunft, fürwahr. Und eine gelungene dazu. Falls seine Kritiker dennoch bis zur Seite 1104 vorgedrungen sind, haben sie es zähneknirschend erleben und hinnehmen müssen, dass Friedell sein literaturästhetisches und philosophisches Credo ausgerechnet an einem Komödiendichter, nämlich seinem genialen Landsmann Johann Nepomuk Nestroy (1801 - 1861) demonstriert.

Mit einer Leseprobe möchte ich Ihnen Friedell nahe bringen; das ganze Buch ist in diesem, niemals ermüdenden, sondern stets kurzweiligen Stil geschrieben:

Ein Menschenalter lang genoss Nestroy in seiner Vaterstadt durch die hinreißende Komik seiner endlosen schlenkernden Gliedmaßen und blechern schnarrenden Zungenvoltigen, durch seine schlagenden geistesgegenwärtigen Extempores und zähen drolligen Kämpfe mit der Zensur und schließlich auch durch eine lange Reihe glücklich zusammengestellter Gelegenheitspossen eine große und ungebrochene Popularitat. Dies war die eine Hälfte Johann Nestroys, seine äußere Hülle, die von der Welt, und zumal von der wienerischen, so oft und gern für den ganzen Menschen genommen zu werden pflegt. Daneben aber gab es einen zweiten Nestroy, einen sokratischen Dialektiker und kantischen Analytiker, eine shakespearisch ringende Seele, die mit einer wahrhaft kosmischen Phantasie das Maßsystem aller menschlichen Dinge verzerrte, um diese eben dadurch erst in ihren wahren Dimensionen aufleuchten zu lassen. Dieser schöpferische Ironiker in Nestroy war, seinen Zeitgenossen völlig unbekannt, zu einem posthumen Leben verurteilt, ja, er führt sogar noch bis zum heutigen Tage für die meisten ein anonymes Dasein. … Nestroy war ein Philosoph auch darin, dass er kein System besaß. Deshalb hat er auch niemals ein politisches Programm gehabt und galt gleichermaßen den Konservativen als bedenklicher Umstürzler wie den Liberalen als finsterer Reaktionär. Von rechts und links angefeindet zu werden, ist aber immer das Los aller echten Komödien-

temperamente, die die Dinge gar nicht anders als von oben betrachten können, von einem erhöhten Standpunkt olympischer Heiterkeit, vor dem rechts und links nur zwei Hälften desselben menschlichen Grundwesens sind. Nestroys Witterung für alles Komplizierte, Widerspruchsvolle, Vieldeutige, sich Kreuzende und Aufhebende in der menschlichen Natur, seine Gabe, gerade die halben, gemischten, gebrochenen Seelenfarben auf seine Palette zu bringen, macht ihn zum Erben Laurence Sternes und stellt seine Bühnenpsychologie neben die moderne Chromatik eines Wilde und Shaw. Und auch darin erinnert er an die beiden Iren, dass er ganz skrupellos gerade die ordinären Sorten der Bühnenliteratur: das Familienmelodram, den Schwank und die Posse bevorzugte, aber zugleich im höchsten Maße veredelte, indem er ihnen seinen reifen, funkelnden, facettenreichen Geist einpflanzte. Er nahm eben nichts ernst, auch sein eigenes Handwerk nicht: obgleich er natürlich das Hohle und Leere aller Theatermache vollkommen durchschaute, arbeitete er doch ganz unbefangen mit den hergebrachten Requisiten und uralten Versatzstücken, denen die Lustspielschreiber seit Menander und Plautus Publikumsgelächter zu entlocken pflegen; auch hat er ebenso unerschrocken gestohlen wie Shakespeare, Molière oder Sheridan. An Shaw gemahnt er übrigens auch darin, dass er ein Auflöser der Romantik war, ein unerbittlicher Unterminierer alles Pathos und Zerreißer Leben fälschender Illusionen. Sein ‚Lumpazivagabundus' ist die dramatische Vernichtung der romantischen Form, seine späteren Werke zerstören die romantischen Inhalte: eine lebensgefährlichere Parodie auf den Byronismus als der ‚Zerrissene' ist nie geschrieben worden. Aber es war eine seltsame Tragikomödie im Leben Nestroys, dass seine Generation den großen Zeitkritiker und Gesellschaftssatiriker, den sie so dringend nötig hatte, in ihm nicht erkannte. ‚Soziale Lustspiele sind ein wahrer Schatz für die Bühne', sagte [Heinrich] Laube und beklagte, dass die deutsche Produktion auf diesem Gebiete so viel ärmer sei als die französische, ohne zu bemerken, dass neben ihm ein Dichter lebte, der alljährlich mit der größten Mühelosigkeit soziale Lustspiele produzierte, die die zeitgenössischen französischen ebenso weit hinter sich ließen wie ein lavaspeiender Krater ein Brillantfeuerwerk.

Friedell hat, jenseits des Formenreichtums seiner Sprache, in der er uns seine Kulturbetrachtungen darbietet, mit großer Berechtigung und eben solchem Erfolg seine Auffassung von subjektiver Geschichtsschreibung verteidigt. Denn selbst wenn ein Autor sich noch so sehr bemüht, die sogenannten „historischen Tatsachen" leidenschaftslos und trocken zu referieren, wird er um eine Auswahl und Gruppierung dieser Fakten nicht herum kommen. Alles Denken, ja unsere ganze Vorstellungswelt, so mag man Friedell bei dieser Definition seiner Absichten vielleicht zusammenfassen, ist immer darauf gerichtet, auswählend zu verfahren. Sonst würden wir schnell an die Grenzen unserer geistigen Möglichkeiten gelangt sein. Folglich kann es d i e objektive Wirklichkeit nicht geben.

Stets werden die der Wirklichkeit entnommenen Ausschnitte in eine bestimmte Anordnung gebracht, in der sie so erscheinen, wie wir sie sehen und sehen möchten. Darum kommen wir offenbar nicht herum. Friedells Resultat lautet deshalb: *Sobald die referierende Geschichtsschreibung versucht, eine Wissenschaft zu sein, hört sie auf, objektiv zu sein, und sobald sie versucht, objektiv zu sein, hört sie auf, eine Wissenschaft zu sein.*

Die Schriftstellerin Hilde Spiel (geb. 1911) schrieb über sein Hauptwerk:

„Friedells KULTURGESCHICHTE nimmt in der Historienschreibung eine besondere Rolle ein – als einer der eigenwilligsten und faszinierendsten jener Exkurse in die Vergangenheit, die es vermögen, uns frühere Zeiten und Erscheinungen nahe zu bringen. Durch seine Gabe einer ebenso klugen und klaren wie leuchtenden Sprache verstand er ein Gedankengebäude wie die Kant´sche Philosophie nicht minder genial zu umreißen als dem Zeitgeist des Rokoko oder des zweiten Kaiserreichs lebendige Existenz einzuhauchen. Mit einer unglaublichen Belesenheit, einem bestrickenden Witz, einem exakt wissenschaftlichen Verstand und wahrhaft subtilen Kunstgeschmack gibt er unzählige Aspekte der kulturellen Entwicklung des europäischen

– und amerikanischen – Menschen von der Renaissance bis zum Ersten Weltkrieg. Er stellt ihn in seine äußere und geistige Umwelt, schildert seinen Alltag, seine Tracht und Sitte mit derselben evokativen Frische wie die großen ideologischen Strömungen seiner Zeit. In Friedell stand noch einmal die berauschende Fiktion vom universalen Menschen vor uns auf."

Ausgaben

Die beste, derzeit verfügbare ist die Sonderausgabe in einem Band bei C.H. Beck (mit einer ausführlichen Zeittafel).

Hermann Hesse (1877 - 1962)
DAS GLASPERLENSPIEL
Erschienen 1943

Hermann Hesses großes Alterswerk erschien kriegsbedingt 1943 in der Schweiz, wo der Dichter bereits seit 1912 lebte. Zwar gehörte er nicht zu den von den Nationalsozialisten ausdrücklich verbotenen Autoren, aber er war ihnen doch suspekt, und so erschien sein Buch erst 1946 in Deutschland. Die Thematik des GLASPERLENSPIELS beschäftigte Hesse bereits seit 1931. Mit längeren Schaffenspausen brauchte er elf Jahre, bis das Manuskript fertig war.

In eine bestimmte literarische Richtung wollte Hesse zeitlebens nicht eingeordnet werden. Seine schriftstellerische Laufbahn begann er zu Anfang des 20. Jahrhunderts mit impressionistischen und romantischen Gedichten. Die bald darauf folgenden Erzählungen und Romane sind zumeist autobiographisch gefärbt und handeln in der Regel von der Suche des Helden nach seinem Weg in der Welt, nach der ihm gemäßen Art zu leben. Die Sprache Hesses ist kunstvoll-schlicht, die Form der Erzählungen traditionell. Dies klingt – obwohl sicherlich eine unstatthafte Vergröberung – nicht sehr ausgefallen. Und dennoch ist Hermann Hesse der meistgelesene deutsche Autor. Besonders in den USA und im Fernen Osten ist sein Werk erstaunlich populär. Bereits beim Erscheinen der Bücher in Deutschland hatte Hesse einen ungeheuren – und gar nicht recht beabsichtigten – Erfolg. Stets trafen seine großen Romane offenbar genau den Nerv der Zeit. DEMIAN (1919) wurde von den Kriegsheimkehrern des ersten Weltkrieges verschlungen, das GLASPERLENSPIEL schließlich wurde nach dem zweiten Weltkrieg begeistert aufgenommen. Bereits 1946 erhielt Hesse – ein deutschsprachiger Autor! – den Literatur-Nobelpreis.

Das GLASPERLENSPIEL gilt als Hesses wichtigstes Werk. In ihm werden seine Ansichten zu Welt und Geist, Individuum und Hierarchie, zur Rolle der Kunst und des Künstlers in der Gesellschaft, zu Moral und Bildung – kurz: zu den zentralen Themen seiner Bücher – umfassend behandelt. Mitten in den Unruhen und Greueln von Nationalsozialismus und Krieg findet Hesse seine ganz persönliche Art, mit dem Schrecklichen umzugehen: Er befasst sich nicht direkt damit, sondern entwirft eine Utopie, schreibt einen Roman, der in der Zukunft spielt, und in dem die Gegenwart des 20. Jahrhunderts als das „kriegerische Zeitalter" längst abgelegt und fast vergessen ist.

In abgeklärter, scheinbar distanzierter Sprache schildert ein Erzähler, der sich selbst als objektiven Biographen sieht und stets genau seine Quellen angibt, das Leben von Josef Knecht, einem berühmten Glasperlenspiel-Meister. Zu dieser Pseudo-Biographie werden als Anhang noch einige „überlieferte" persönliche Texte und Gedichte von Knecht mitgegeben, sowie vorab eine Erklärung, was es überhaupt mit dem Glasperlenspiel auf sich hat (obwohl der Erzähler davon ausgeht, dass das eigentlich jeder weiß – in der Zukunft zumindest).

In dieser Einleitung wird erklärt, dass die Welt sich nach dem 20., dem „kriegerischen Jahrhundert" völlig zerstört habe. Die wenigen Überlebenden wollten es nun besser machen und wollten vor allem durch eine allgemeine Besinnung auf Geist, Bildung und Kultur verhindern, dass es jemals wieder zu solchen Katastrophen kommen könnte. Die Idee von „Kastalien" entsteht – einem Land im Land mit eigener Verwaltung und eigenen Hierarchien, das sich ausschließlich der Bildung, dem Lernen und den Wissenschaften widmet. Kastalien zieht durch Prüfungen stets die Besten (Männer) eines Landes an sich, die bereits im Kindesalter in die Schulen aufgenommen werden und dort später einer Art Orden beitreten, wo sie in Ehelosigkeit und einer klösterlichen Einfachheit nur für die Wissenschaft – ohne weltliche Erfolge – leben. Die einzige Verbindung zur Außenwelt besteht darin, dass Kastalien wiederum die Lehrer des Landes stellt, weswegen es von der weltlichen Regierung finanziert wird. Ansonsten leben die Kastalier nur für sich selbst. Sie bewahren, analysieren, erforschen und katalogisieren in friedlicher Harmonie und Meditation. Produktiv werden sie nicht. Die Beschäftigung mit Politik oder Geschichte ist verpönt. Das Zentrum und die Königsdisziplin Kastaliens ist das Glasperlenspiel, ein ursprünglich tatsächlich vorhandenes Spiel mit Glasperlen, das das musikalische Improvisieren erleichtern sollte. Später entwickelte sich daraus ein komplexes Gedankenspiel, in dem man mit einer eigenen universellen Sprache gedankliche Verbindungen herstellen soll über Grenzen von Kulturen und Wissenschaften hinweg. Es werden beispielsweise Verknüpfungen hergestellt zwischen Musik und Mathematik, Grammatik und Astronomie. Ziel ist eine universelle Kultur, eine Verbindung zwischen Ländern, Epochen und Kulturen.

Das Spiel wird in jährlichen Großveranstaltungen wie Gottesdienst zelebriert, und die Spieler brauchen meist ein Leben lang, um es einigermaßen zu beherrschen. Der Ablauf eines solchen Spieles wird im Roman nie geschildert. Es ist sozusagen nur das Symbol für die angestrebte Art von universellem Wissen und Verstehen.

Der oberste Spielleiter, der die Festlichkeiten ausrichtet und die Lernenden ausbildet, ist Magister Ludi, der Glasperlenspiel-Meister. Und zu einem solchen wird der junge Josef Knecht, dessen Lebenslauf biographisch erzählt wird. Knecht – der Name als Dienender ist durchaus wörtlich gemeint – wird als Kind wegen seiner besonderen musikalischen Fähigkeiten ausgewählt, nach Kastalien zu kommen. Er geht dort zur Schule sowie auf die Universität und entwickelt sich zum „Muster-Kastalier“. Bei den wenigen Kontakten mit der Außenwelt, die durch einen Gast-Schüler und später durch den Aufenthalt in einem katholischen

Kloster entstehen, ist Knecht stets ein glühender Verteidiger des kastalischen Prinzips, zu dem es auch gehört, sich den Anweisungen der obersten Behörden, was beispielsweise die Verteilung der Posten anbelangt, unbedingt zu unterwerfen und möglichst seine Persönlichkeit völlig zurückzustellen. Erst die Begegnung mit einem der katholischen Kloster-Brüder, der sich ganz auf das Studium der Geschichte spezialisiert hat, bringt dem bis dahin völlig weltabgewandten und unpolitischen Knecht zum ersten Mal zum Bewusstsein, dass Kastalien aus bestimmten historischen und politischen Umständen hervorgegangen ist und dass es somit – trotz aller Weltabgewandtheit – doch in der Welt steht. Dieser Gedanke lässt Knecht von da an nicht mehr los. Selbst als er schließlich Glasperlenspiel-Meister wird und somit auch noch die „weltfremdeste Disziplin“ von allen betreibt, nagen Zweifel an ihm, ob es nicht eigentlich seine Aufgabe wäre, in die Welt zu gehen und zu lehren.

Schließlich gewinnt dieser Gedanke bei ihm die Oberhand. Knecht gelangt zu der Überzeugung, dass Kastalien, um lebendig zu bleiben, auch Veränderungen gegenüber aufgeschlossen sein muss. Die Gefahr, als „l'art pour l'art“ schließlich jegliche Berechtigung zu verlieren und so von der Außenwelt als purer Luxus angefeindet zu werden, wächst in seinen Augen ständig. Zudem sieht er in dem „Beruf“ des Magister Ludi keine Entwicklungsmöglichkeiten mehr für sich selbst. Nach langem Kampf teilt er der Obersten Behörde daher seinen Entschluss mit, sein Amt niederzulegen und Kastalien zu verlassen, um „in die Welt“ zu gehen und dort den widerspenstigen Sohn jenes früheren Gast-Schülers zu unterrichten. Die kastalischen Behörden sehen darin einen Treuebruch und zudem ein unzulässiges Ausleben von eigenen Wünschen, von eigener Persönlichkeit. Dennoch lassen sie ihn notgedrungen gehen. Doch kaum ist Knecht in der Gebirgshütte angekommen, wo er den Jungen unterrichten soll, ertrinkt er in einem Bergsee beim Wettschwimmen mit seinem Schüler.

Das GLASPERLENSPIEL bietet also keine utopische Vision einer idealen Welt. Auch diese Weltordnung der Zukunft ist noch keine perfekte, wie man sieht. Denn:

Wäre nur Kastalien die Welt, die ganze mannigfaltige und doch unteilbare, statt dass es eben nur ein Weltchen in der Welt oder ein kühner und gewagter Ausschnitt aus ihr war! Wäre die Erde eine Eliteschule, wäre der Orden die Gemeinschaft aller Menschen und der Ordensvorstand Gott, wie vollkommen wären dann jene Sätze und die ganze Regel! Ach, wäre es doch so gewesen, wie hold, wie blühend und unschuldig schön wäre das Leben! ... Und wenn er jetzt für kastalische Begriffe Abfall und Untreue beging, wenn er, aller Ordensmoral entgegen, scheinbar im Dienst der eigenen Persönlichkeit, also in Willkür handelte, so würde auch dies im Geiste der Tapferkeit und der Musik geschehen.

Hesse ging es also nicht darum, eine neue, bessere Ordnung vorzuschlagen. Kastalien, eine Welt des Geistes und der Gelehrsamkeit, ist zwar durchaus ein Ideal, das er selbst als Kind für kurze Zeit in einer Klosterschule erlebte, und das er erstrebenswert fand, aber es ist gefährlich als Elfenbeinturm, wenn „draußen" weiterhin die Welt existiert. Kastalien, so scheint es, ist vielmehr das „Reich des Geistes" im eigenen Kopf und zwischen Menschen mit ähnlichen Ansichten und Werten. Dieses Reich war denn auch Hesses Fluchtpunkt während des Krieges, den er aufgrund der Dummheit, geistigen Verrohung und Wahrheitsverfälschung der Nationalsozialisten und ihrer Anhänger schon lange vorausgesehen hatte. Dagegen setzte er Kastalien, dessen oberstes Prinzip die Wahrheit ist.

Ein weiterer wichtiger Aspekt des Romans ist die Persönlichkeitsentfaltung. In diesem Sinne steht das GLASPERLENSPIEL in der Tradition der klassischen Bildungsromane, vor allem Goethes WILHELM MEISTER. Knecht, der zunächst bedingungslos Gehorchende, verlässt am Ende das System:

Mehr und mehr wurde ihm in der Zeit dieses langsamen Sichlö-

sens und Abschiednehmens klar, dass der eigentliche Grund seines Fremdwerdens und Fortwollens wohl nicht das Wissen um die für Kastalien bevorstehenden Gefahren und die Sorge um dessen Zukunft sei, sondern dass es einfach ein leer und unbeschäftigt gebliebenes Stück seiner selbst, seines Herzens, seiner Seele sei, das nun sein Recht begehrte und sich erfüllen wollte.

Und damit sind wir wohl an dem Punkt angelangt, der die große Wirkung der Werke Hesses ausmacht: Ganze Generationen fanden sich wieder in diesen Figuren (sei es nun Knecht oder Siddhartha aus der gleichnamigen Erzählung), die schließlich aus den Konventionen und Gesetzen ausbrechen, um ihren eigenen Weg zu gehen – und sei es ins Verderben. Besonders Jugendliche gehörten stets zu seinen Lesern, die dem Autor Tausende von Briefen in seine schweizer Bergeinsamkeit schrieben, worin sie ihm ihre Lebensprobleme schilderten (und die Hesse fast immer persönlich und ausführlich beantwortete).

Doch auch unter den zeitgenössischen Schriftstellern hatte Hesse viele Anhänger und Freunde: Franz Kafka las Hesse mit Begeisterung, Stefan Zweig sowie der französische Autor André Gide. Besonders Thomas Mann schätzte Hesses Werk. Über das GLASPERLENSPIEL schrieb er: „Es gehört zu dem wenigen Wagemutigen und eigensinniggroß Konzipierten, was unsere verprügelte, verhagelte Zeit zu bieten hat. ... Er hebt das Trauliche auf eine neue, geistige, ja revolutionäre Stufe."

In den fünfziger Jahren, kurz vor und nach Hesses Tod, wurde es jedoch ruhig um ihn. Es schien, als würde sein Werk schnell aus der Mode geraten. Deutsche Literaturwissenschaftler und -kritiker begannen, den Wert seiner Werke anzuzweifeln. Hesse galt als Konservativer und „Epigone", als Nachahmer, der nichts Neues geschaffen habe. Doch dann ereignete sich eine der seltsamsten Entwicklungen der Literatur-Geschichte: Einer der Gurus der amerikanischen Hippie-Szene äußerte sich begeistert über Hermann Hesse als „Typ des rebellierenden Menschen", ja als „größten Schriftsteller der Weltliteratur". Die Folge war, dass die Hippie-Generation Hesse zum Kult-Autor erhob. Sein SIDDHARTHA (1922), der STEPPENWOLF (1927) und insbesondere das GLASPERLENSPIEL wurden zu ständigen Begleitern der Szene. „Steppenwolf" nannte sich bald auch eine amerikanische Rockgruppe und sorgte so für weitere Verbreitung des Titels. Die Werke Hermann Hesses wurden über den Umweg USA auch in Deutschland wieder populär, und Hesse wurde nun zum meistgelesenen deutschen Autor weltweit.

Das Erstaunliche an dieser Verbreitungs-Geschichte ist, dass sich die begeisterten Leser hauptsächlich auf die Aspekte der Persönlichkeitsfindung, des Friedens und der Zivilisationskritik fixierten sowie auf die Liebe Hesses zu Indien und China. Fernöstliche Meditations- und Philosophie-Formen kommen häufig vor in Hesses Werken, zumal er aus einer Familie stammt, die als Missionare viel mit diesen Kulturen zu tun hatte. Die Beschreibung von Yogis und meditierenden Einsiedlern, die sich ganz der Versenkung und Selbstfindung widmen, wurde von der Hippie-Generation dankbar aufgenommen. Dabei wurden die konservativen und moralischen Ansichten Hesses, sein Ideal von Bildung und Gelehrtheit jedoch weitgehend unberücksichtigt gelassen.

Dennoch hat Hesse – auch nach Ende der Hippie-Zeiten – seinen Platz in der Literatur behaupten können. So schrieb der Schriftsteller Peter Handke 1970: „Ich habe die Bücher mit großem Staunen und immer mehr Neugierde gelesen. Dieser Hermann Hesse ist nicht nur eine romantische Idee der Amerikaner, sondern ganz gewiss ein vernünftiger, überprüfbarer großer Schriftsteller."

Ausgaben

Empfehlenswert die Suhrkamp-Taschenbuchausgabe.

Sir Karl Raimund Popper (1902 - 1994)
DIE OFFENE GESELLSCHAFT UND IHRE FEINDE
(Originaltitel: The Open Society And Its Enemies)
Erschienen 1945

„Heute geschlossene Gesellschaft!“ Haben Sie sich nicht auch schon mal über ein solches Schild vor Ihrem Lieblingslokal geärgert, weil es Ihnen den Eintritt verwehrte? Ärgerlich ja, aber nicht tragisch. Doch stellen Sie sich vor, Sie wären von allen öffentlichen Einrichtungen, Ämtern und Entscheidungen ausgeschlossen. Schlimmer noch: Sie sollten denken, handeln und leben wie Ihnen vorgegeben wird. „Ausgeschlossen“, werden Sie empört ausrufen. „Wir lassen uns nichts vorschreiben, schließlich leben wir in einer Demokratie.“ Heute, im 21. Jahrhundert, nach über 50 Jahren Erfahrung mit demokratischer Freiheit ein vergleichsweise bequemes Bekenntnis.

Der Philosoph Karl Popper – geboren 1902 in Wien, 1938 Emigration nach England, 1965 von Queen Elizabeth II. in den Adelsstand erhoben – plädierte bereits 1945 leidenschaftlich für die OFFENE GESELLSCHAFT und kritisierte ihre Feinde schonungslos. Im Schatten des Zweiten Weltkrieges verfasste der Erkenntnistheoretiker einen Klassiker der modernen Philosophie, Soziologie und Politologie, der noch heute weltweit Beachtung findet. Namhafte Politiker haben sich gerne auf Popper wegen seines glühenden Plädoyers für eine liberale Demokratie berufen. Und Sir Ralf Dahrendorf schrieb: „Man darf Popper getrost als Begründer eines modernen, neuartigen Verständnisses von Demokratie bezeichnen. Demokratie ist die Verfassungsform, in der es nötig ist, neue Wege zu suchen, aber möglich bleibt, Irrtümer zu korrigieren. Sie ist die politische Form der offenen Gesellschaft.“

Poppers Buch hat ihm aber nicht nur Freude eingebracht. Vor allen von orthodoxen Marxisten wurden seine Auffassungen scharf angegriffen. DIE OFFENE GESELLSCHAFT zählt zu den sozialwissenschaftlichen Schriften unserer Zeit, die am meisten diskutiert wurden.

Mit treffsicherer Kritik und Polemik nennt der Autor die Gegner der Demokratie beim Namen. Im Totalitarismus sieht Popper den Hauptfeind unserer offenen, soll bedeuten rationalen, mobilen Gesellschaft. Einer Gesellschaft, die sich noch nicht erholt habe vom „Schreck ihrer Geburt aus der geschlossenen oder stammesmäßig bedingten Gesellschaft mit ihrer Bindung an magische Kräfte". Eine Rückkehr zum „harmonischen Naturzustand" sei aber nicht möglich, stellt der Soziologe fest.

Seine Analyse der Geschichtsphilosophie und des Utopismus mitsamt den Unzulänglichkeiten historischer Entwürfe hat weit über die akademische Betrachtung hinaus für Diskussionsstoff gesorgt. Dazu schreibt Bertrand Russell: „Poppers Kritik und Analyse von Hegel ist tödlich. Marx zerlegt er mit gleichem Scharfsinn, und gibt ihm seinen fälligen Anteil an der Verantwortung neuzeitlichen Unglücks. Sein Buch ist eine energische und tiefgreifende Verteidigung der Demokratie. Sehr interessant, und sehr gut geschrieben."

Einer von Poppers wesentlichen Beiträgen zur politischen Diskussion besteht darin, die Frage Platons „Wer soll herrschen?" umzumünzen in „Wie richten wir unser politisches System ein, um die Machthaber (ob Einzelne oder Mehrheiten) daran zu hindern, zuviel Schaden anzurichten?"

Unser heutiges demokratisches Staatsgefüge versucht diese Frage zu beantworten: Die Gewaltenteilung, mit dem Volk als Souverän, parlamentarischer Kontrolle der Regierungsmacht und unabhängiger Rechtsprechung, scheint geeignet, Poppers Forderung nach Begrenzung politischen und gesellschaftlichen Schadens zu erfüllen. Einrichtungen wie parlamentarische Untersuchungsausschüsse oder etwa der Bundesrechnungshof und nicht zuletzt die Medien als sogenannte vierte Gewalt dienen zusätzlich zur Kontrolle der politisch Verantwortlichen, als Regulativ in einem pluralistischen System.

Im ersten Teil seines zweibändigen Werkes – überschrieben mit „Der Zauber Platons" – setzt sich der Philosoph mit den antiken Vorgängern des modernen Historizismus auseinander. Der Historizismus behauptet, grob gesagt, dass es Gesetze geschichtlicher Entwicklung gibt, die uns den Weg gesellschaftlichen Fortschritts vorschreiben. Popper wendet sich gegen diese Ansicht. Insbesondere widerspricht er der Auffassung des antiken Denkers Heraklit, dass alle Dinge im dauernden Fluss seien und ein Wissen um sie daher nicht möglich sei. Ebenso lehnt er Platons Glauben an den idealen Staat ab. Seine Kritik an der Gesellschaftslehre Platons richtet sich vornehmlich gegen dessen politisches Programm der totalitären Gerechtigkeit und gegen das Prinzip des Führertums.

Popper beschuldigt Platon gar des Verrats an seinem Lehrer Sokrates, auf den er große Stücke hält. Sokrates sei der wichtigste Vertreter der „großen Generation" des frühen athenischen Imperiums. Eine Generation, die einen neuen Glauben an die Vernunft, an die Freiheit und an die Brüderlichkeit vertrat. Die Rede des Perikles, einem Mitstreiter des Sokrates, nennt der Autor denn auch „das Glaubensbekenntnis der offenen Gesellschaft". Ihre Gegner sind diejenigen, die die Herrschaft weniger (Oligarchie) fordern, und sich die Rückkehr zur Stammesmagie wünschen. Eine solche Rückkehr aber ist nicht möglich, meint Popper:

Für die, welche vom Baum der Erkenntnis gekostet haben, ist das Paradies verloren. Je mehr wir versuchen, zum heroischen Zeitalter der Stammesgemeinschaft zurückzukehren, desto sicherer landen wir bei Inquisition, Geheimpolizei und einem romantisierten Gang-

stertum. Wenn wir erst mit der Unterdrückung von Vernunft und Wahrheit beginnen, dann müssen wir mit der brutalsten und heftigsten Zerstörung alles dessen enden, was menschlich ist.

Im zweiten Band zeigt der Verfasser die aristotelischen Wurzeln im Werk von Hegel auf. Der von Hegel entworfene und später von Karl Marx entwickelte Historizismus sei entscheidend beeinflusst von Aristoteles' Auffassungen von Platon, dessen Schüler er war. Diese Lehre führe allerdings in eine Sackgasse, resümiert Popper. Hegel sei das Bindeglied zwischen Platon und den modernen Formen des Totalitarismus:

Die eigentümliche Kunst des Wortemachens, die sich im Geiste Hegels mit dem Historizismus vereinigte, erzeugte jene giftgeschwängerte intellektuelle Geisteskrankheit, die ich die orakelnde Philosophie nenne.

Popper zeigt die Verbindungen von Hegels Lehre zum Faschismus. Marx wirft er vor, zwar löblicherweise *die Dinge vor ihrem ökonomischen Hintergrund zu betrachten*, aber die Macht der Freiheit zu unterschätzen und in der Hierachie der Gewalten der politischen nur eine dritte Stelle einzuräumen.

Poppers Analyse der Vergangenheit soll helfen Fehler zu vermeiden, damit wir für eine bessere Zukunft lernen können. Frei nach Goethes Wort: „Es irrt der Mensch, so lang er strebt" warnt der Erkenntnistheoretiker davor, allzuviel von der menschlichen Vernunft zu erwarten. Sein Modell des kritischen Rationalismus soll uns als Wegweiser dienen, um Anmaßungen nach Möglichkeit zu vermeiden und den Glauben an die Lehre der absoluten Wahrheit endlich aufzugeben. Popper empfiehlt die rationale Auseinandersetzung als das Wesentliche im Kampf gegen Theorien, die gefährlichen sozialen und politischen Bewegungen zugrunde liegen.

Er entwickelt allerdings keine Idealvorstellung des gesellschaftlichen Zusammenlebens in künftiger Zeit. Der Autor entwirft keine politische Utopie, sondern kritisiert vielmehr diejenigen, die einen solchen Versuch unternommen haben. Er nennt Hegel und Marx „falsche Propheten", wenngleich er zumindest für einige Passagen der Gesellschaftsanalyse von Karl Marx eine gewisse Bewunderung durchschimmern lässt. Dennoch schreibt Popper:

Ich glaube, dass Marx trotz seiner Verdienste ein falscher Prophet gewesen ist. Er war ein Prophet des Ablaufs der Geschichte, und seine Prophezeiungen haben sich nicht bewahrheitet; aber das ist nicht mein Hauptvorwurf. Viel wichtiger ist, dass er zahllose intelligente Menschen dazu verführte, zu glauben, dass die wissenschaftliche Behandlung sozialer Probleme in der Aufstellung historischer Prophezeiungen besteht.

Folge man bestimmten Gesetzen, die sich aus geschichtlichen Abläufen ergeben, könne man alle gesellschaftlichen Probleme beseitigen, und der Weg in ein – salopp gesprochen – soziales Paradies sei frei. Popper widerspricht dieser Auffassung vehement. Die Verwirklichung eines idealisierten Bildes einer humanen Gesellschaft sei nur am Reißbrett der sich selbst erfüllenden Einbildungskraft planbar. Utopien entspringen der Phantasie einiger weniger, die die Grenzen unserer Vernunft außer acht lassen und vorgeben, über ein göttliches Wissen der Entwicklungsgesetze zu verfügen, die sich allerdings nicht überprüfen lassen.

Die Gefahr, die Utopie mit Gewalt durchzusetzen, sei enorm groß, meint Popper. Denn alles was sich der Verwirklichung einer solchen idealisierten Vorstellung in den Weg stellt, müsse den utopischen Plänen weichen. Daraus folgt zwangsläufig die Anwendung von Gewalt, denn das Programm der Utopie kann es sich nicht leisten, ständig korrigiert und verändert zu werden. Der Philosoph warnt daher:

Wir können wieder zu Bestien werden. Aber wenn wir Menschen bleiben wollen, dann gibt es nur einen Weg, den Weg in die offene Gesellschaft. Wir müssen ins Unbekannte, ins Ungewisse, ins

Unsichere weiterschreiten und die Vernunft, die uns gegeben ist, verwenden.

Ausgaben

Die deutsche Ausgabe in zwei Bänden liegt bei J.C.B. Mohr, Tübingen, vor (Uni-Taschenbücher).

Annelies Marie (Anne) Frank (1929 - 1945)
DAS HINTERHAUS. Die Tagebücher der
Anne Frank
(Originaltitel: Het Achterhuis)
Erschienen 1947

... weil ich noch immer an die innere Güte der Menschen glaube. Dieses mittlerweile tausendfach zitierte Bekenntnis schrieb die gerade 15jährige Anne Frank in ihr Tagebuch, knapp vier Wochen bevor Hitlers Handlanger in den besetzten Niederlanden sie selbst, die Familie und deren Freunde in ihrem Versteck in der Amsterdamer Prinsengracht 263 aufspürten und in das Vernichtungslager Auschwitz verschleppten. Anne wurde von dort in das Konzentrationslager Bergen-Belsen verbracht, wo sie im März 1945 – nur noch Wochen vor Beendigung des Krieges – umgebracht wurde. Allein Otto Frank, Annes Vater, Geschäftsmann aus Frankfurt am Main, überlebte den Nazi-Terror. Und rettete bei seiner Rückkehr nach Amsterdam die vielen Tagebuchaufzeichnungen und weitere Handschriften seiner Tochter.

Anne wurde weltberühmt. Weitaus berühmter jedenfalls, als sie sich in ihren Kinderträumen hatte ausmalen wollen. Ja, als Journalistin hätte sie später gern gearbeitet; und vielleicht würde sie einmal Schriftstellerin werden...

Sie ist es posthum geworden. Eine Chance, es zu erleben, wurde ihr aus den bekannten Gründen verwehrt. Im März 1944 notiert sie: *... ich muss arbeiten, um nicht dumm zu bleiben, um weiter zu kommen, um Journalistin zu werden, denn das will ich! Ich weiß, dass ich schreiben kann. ... Mit Schreiben werde ich alles los, mein Kummer verschwindet, mein Mut lebt wieder auf!* Trotz Festhalten an dem Glauben, die „innere Güte der Menschen" sei unverlierbar, ergänzt Anne ihren Tagebucheintrag um den bangen Satz: *Aber – und das ist die große Frage, werde ich jemals noch etwas Großes schreiben können?*

Es erscheint zweifelsfrei, dass aus Anne Frank, hätte sie den Holocaust überlebt, eine Autorin von hohen Graden hervorgegangen wäre. Ihr Talent ist unübersehbar, die genaue und schonungslose Selbstbeobachtung bei einem jungen, fast noch im Kindesalter befindlichen Wesen erstaunlich. Darüber hinaus entwickelt sie streckenweise eine wahre Besessenheit zu schreiben, wie man sie nur bei ausgewiesenen Profis findet. Dieser dem Mädchen sich aufdrängende Zwang zur Mitteilung, Geschichten zu erfinden, fiktive Briefe an Freundinnen zu entwerfen; das alles kennzeichnet die jugendliche Schriftstellerin. Ihr Credo ist so eindrucksvoll wie einst Graham Greenes Stoßseufzer, er bedauere alle Menschen, die um die Lust des Schreibens gebracht werden. Anne im April 1944: *Niemand, der nicht schreibt, weiß wie toll schreiben ist … und wenn ich kein Talent habe, für Zeitungen oder Bücher zu schreiben, nun dann kann ich noch immer für mich schreiben.*

Anne Frank hat sich mit ihren Aufzeichnungen im „Hinterhaus" an der Prinsengracht 263, wo sie, ihre Angehörigen und vier weitere Leidensgefährten ein absolut sicheres Versteck vor den Nazis gefunden zu haben glaubten, ein Denkmal gesetzt, das einzigartig dasteht: als Zeugnis der Selbstbehauptung unter der Verfolgung verbrecherischer Mächte einerseits, aber auch in literarischer Hinsicht. Erst in jüngerer Zeit wurde die Bedeutung der schriftlichen Hinterlassenschaft von Anne Frank mit einer großen wissenschaftlichen Ausgabe ihrer TAGEBÜCHER gewürdigt. Herausgegeben vom Niederländischen Staatlichen Institut für Kriegsdokumentation, belegen sie alle verfügbaren Texte, Abschriften und Ergänzungen des historischen Materials; die deutsche Ausgabe erschien bei S. Fischer in Frankfurt/M, Annes Geburtsort.

Die von Anne Frank überlieferten Tagebuchaufzeichnungen erstrecken sich auf den Zeitraum 12. Juni 1942 (Annes 13. Geburtstag) bis 1. August 1944, wenige Tage vor dem Verrat ihres Verstecks und der Verschleppung nach Auschwitz. Das Bekanntwerden ihrer Tagebücher nahm einen umständlichen Weg; es war keineswegs, wie mancher vermuten möchte, eine Ad-hoc-Entdeckung; vielmehr erfolgte der Durchbruch erst mit der Dramatisierung des Stoffs durch Frances Goodrich und Albert Hackett 1955, der sich eine noch heute oft gezeigte Verfilmung in Hollywood, weitere Bühnenfassungen und Bearbeitungen für das Kino anschlossen. Die jüngste TV-Version in zwei Teilen entstand 2001 in den Vereinigten Staaten von Amerika, mit Hannah Taylor Gordon und Ben Kingsley in den Hauptrollen.

Die fünfziger Jahre markierten die Wende in der Akzeptanz des Buches: Von da an gab es Jahr für Jahr zahllose neue Auflagen und Übersetzungen. Unterdessen liegt die Weltauflage bei mindestens 16 Millionen Exemplaren. Entschieden möchte man der amerikanischen Journalistin Cynthia Ozick widersprechen, die 1997 im „New Yorker" schrieb, da Annes Tagebuch noch vor dem Abtransport in die Vernichtungslager endete, „hätte es besser verbrannt werden oder verlorengehen sollen." Diese Kritik an einer nun angeblich weithin fiktiven Anne Frank, die zur universalen Symbolfigur menschlicher Widerstandskraft angesichts unmenschlichster Qual verdammt worden sei, ihr Judentum damit neutralisiere und den Holocaust entschärfe, ist so nicht hinnehmbar. Bei allem Verständnis für Ozicks Äußerungen, die offenbar aus dem Schmerz der unermesslichen Demütigungen der Vergangenheit herrühren, hat nach meinem Verständnis Anne Frank gerade durch ihr Lebenszeugnis sich selbst und ihren Leidensgefährten posthum jene Würde bewahrt, die ihnen auch der schlimmste physische Terror der KZ-Schergen offenbar nicht nehmen konnte. Darin besteht die Größe und – ich scheue mich nicht, das Wort auszusprechen: Erhabenheit, deren Anne teilhaftig wurde. Kein anderes Buch über die Nazi-Epoche, auch nicht über deren schreckliche Folgen nach Innen und

Name

Straße

PLZ Ort

Rückantwort

Bitte
freimachen

edition q in der
Quintessenz Verlags-GmbH
Ifenpfad 2–4

12107 Berlin

Liebe Leserin, lieber Leser,

edition q – dieser Name steht für ein interessantes und internationales Verlagsprogramm in den Bereichen Belletristik, Zeitgeschichte, Kulturgeschichte und Kunst.
Schicken Sie uns einfach diese Karte. Sie bekommen dann regelmäßig im Frühjahr und Herbst unseren neuesten Gesamtkatalog frei Haus und können bei Ihrem Buchhändler gezielt nach unseren Titeln fragen.

Außen, und nicht einmal die historisch-politischen Schriften von Eugen Kogon bis Daniel Goldhagen, von Erwin Leiser bis William Shirer, von Joachim Fest bis Ian Kershaw vermögen uns das TAGEBUCH DER ANNE FRANK zu ersetzen, und dies gerade wegen dessen unspektakulären Charakters. Deshalb gehört es zu den Büchern, die man gelesen haben muss.

Zu den ersten Journalisten, die über Annes Aufzeichnungen berichteten, zählt der Niederländer Jan Romein. Er veröffentlichte am 3. April 1946, ziemlich genau ein Jahr nach Anne Franks Tod in Bergen-Belsen, unter der Überschrift „Kinderstimme“ in „Het Parool“, Amsterdam, diesen aufwühlenden und anklagenden Bericht:

„Durch einen Zufall habe ich ein Tagebuch in die Hand bekommen, das während der Kriegsjahre geschrieben wurde. Das Niederländische Staatliche Institut für Kriegsdokumentation besitzt schon ungefähr 200 solcher Tagebücher, aber es würde mich erstaunen, wenn noch ein einziges dieser Art darunter wäre, so rein, so intelligent und so menschlich wie dieses, das ich, die Gegenwart mit ihren vielen Verpflichtungen für einen Abend vergessend, auf einen Rutsch durchgelesen habe. Als ich es fertig gelesen hatte, war es Nacht, und ich wunderte mich, dass das Licht noch brannte, dass noch Brot und Tee vorhanden waren, dass ich keine Flugzeuge brummen hörte und keine Soldatenstiefel auf der Straße klangen, so sehr hatte mich die Lektüre gefangen genommen und zurück geführt in die unwirkliche Welt, die nun schon fast wieder ein Jahr hinter uns liegt. Es ist von einem jüdischen Mädchen geschrieben worden, das 13 Jahre alt war, als es mit seinen Eltern und der älteren Schwester untertauchte und dieses Tagebuch anfing, und es endet gut zwei Jahre später, als die Gestapo die Familie an einem unglücklichen Tag entdeckte. Einen Monat vor der Befreiung ist Anne in einem der schlimmsten deutschen Konzentrationslager umgekommen, noch vor ihrem 16. Geburtstag. ... Die Art ihres Todes ist ... nicht wichtig. Wichtiger war dieses junge Leben, das mutwillig abgeschnitten wurde von einem System, dessen geistlose Grausamkeit wir einander zwar geschworen haben, nie zu vergessen oder zu vergeben, als es noch wütete, aber das wir dennoch, da es nun vorbei ist, bereits auf dem Wege sind, zwar nicht zu vergeben, aber doch zu vergessen, was letztlich auf dasselbe hinaus läuft. ... Für mich aber spiegelt sich in diesem scheinbar unbedeutenden Tagebuch eines Kindes, dem Stammeln einer Kinderstimme, alle Abscheulichkeit des Faschismus, mehr als in allen Akten der Nürnberger Prozesse. Für mich ist im Schicksal dieses jüdischen Mädchens das größte Verbrechen zusammengefasst, das der auf ewig verabscheuenswerte Ungeist beging. Denn das größte Verbrechen ist nicht die Vernichtung von Leben und Kultur an sich: diese können auch einer Kultur erschaffenden Revolution zum Opfer fallen, sondern es ist das Verstopfen der Quellen dieser Kultur, die Vernichtung von Leben und Talent aus einem puren, dummen Vernichtungstrieb heraus. ... Dieses Mädchen wäre, wenn nicht alle Anzeichen trügen, eine begabte Schriftstellerin geworden, hätte es den Terror überlebt. In ihrem vierten Lebensjahr aus Deutschland zugereist, schrieb Anne schon zehn Jahre später ein beneidenswert reines und knappes Niederländisch und zeigte eine Einsicht in die Mängel der menschlichen Natur – ihre eigene nicht ausgenommen –, und zwar so untrüglich wahr, dass dies selbst bei Erwachsenen erstaunen würde, umso mehr aber bei einem Kinde. ... Dass dieses Mädchen geraubt und getötet werden konnte, ist für mich der Beweis, dass wir den Kampf gegen das Tier im Menschen verloren haben."

Dieser Zeitungsbeitrag erregte in den Niederlanden und bald darüber hinaus größtes Aufsehen; er ist heute fast vergessen, wurde aber durch die o. a. wissenschaftliche Edition der Tagebücher in die Erinnerung zurück gerufen. Nach Erscheinen des Artikels von Jan Romein fanden sich 1947 niederländische Verleger dazu bereit, Anne Franks Aufzeichnungen heraus zu bringen. Zunächst mit mäßigem Erfolg.

Annes Aufzeichnungen haben es wahrhaft in sich. Deshalb will sie, wie mehrfach angemerkt, freilich unter Verwendung jeweils unterschiedlicher Formulierungen, sich niemals von ihrem Buch trennen: *Mein Tagebuch nicht, mein Tagebuch nur zusammen mit mir!* Es ist für das einsame, heranwachsende, pubertierende, oft mit sich und der Welt im Streit liegende Mädchen von so empfindsamer Natur mehr als nur ein seelischer Rettungsanker, mindestens eine spirituelle Bezugsperson. Ihr Buch ist ihr Ich, kein zweites oder drittes, sondern ihr eigentliches Ich. Sie spricht in ihren Eintragungen wie mit einem lebenden Wesen, und meint doch immer nur sich selbst. Die Tagebuch-Schreiberin beginnt im Stile des jungen, ein wenig in sich selbst verliebten Mädchens, indem sie zunächst ihr Porträt kommentiert (Original Rückseite Deckblatt): *Ein goldiges Foto, gell!!!*

Anne beschließt, über das Tagebuch (ein Geburtstagsgeschenk) insgeheim mit „unserem lieben Club", einer Gruppe von Freundinnen, zu kommunizieren. Die ersten Eintragungen fallen noch in die Zeit vor dem Untertauchen ins Versteck an der Prinsengracht. Eine „Kitty" wird auf diese Weise zu einer häufigen fiktiven Adressatin; es handelt sich um den Vornamen einer Freundin aus den frühen Schuljahren, mit der es ein schweres Zerwürfnis, aber auch eine Versöhnung gab. Kitty hat mit wenigen anderen das Konzentrationslager Theresienstadt überlebt.

Noch bevor sie ins „Hinterhaus" ziehen, um für die Mitwelt verborgen zu sein, trägt Anne mit ihren Worten und unterschwellig zunehmender Furcht vor dem, was noch kommen wird, die Hauptpunkte der so genannten Judengesetze ein:

Juden müssen einen Judenstern tragen; Juden müssen ihre Fahrräder abgeben; Juden dürfen nicht in die Straßenbahn; Juden dürfen in kein Auto, auch nicht in ein privates; Juden dürfen nur von 3 - 5 einkaufen, außer in jüdischen Läden, auf denen jüdisches Geschäft steht; Juden dürfen nur zu einem jüdischen Friseur; Juden dürfen von 8 Uhr abends bis 6 Uhr morgens nicht auf die Straße; Juden dürfen sich nicht in Theatern, Kinos und anderen dem Vergnügen dienenden Plätzen aufhalten; Juden dürfen nicht in ein Schwimmbad, ebenso wenig zu Tennis, Hockey oder anderen Sportplätzen; Juden dürfen nicht rudern; Juden dürfen in der Öffentlichkeit keinerlei Sport treiben. Juden dürfen nicht nach 8 Uhr abends in ihrem Garten sitzen; ebenso wenig bei ihren Bekannten; Juden dürfen nicht zu Christen ins Haus kommen; Juden müssen auf jüdische Schulen gehen, und viel dergleichen mehr, so ging unser Leben weiter und wir durften dies nicht und das nicht. Jacques sagte immer zu mir: ‚Ich traue mich nichts zu machen, denn ich habe Angst, dass es nicht erlaubt ist.'

Und so erging es Anne selbst, die nur einen kleinen dramaturgischen Kniff anwendete, um sich nicht selbst als diejenige hinstellen zu müssen, die Angst hat. Diese Notizen gehören auf die ersten Seiten des Tagebuchs; nur zwei Jahre später, Anne ist noch nicht ganz fünfzehn, regt sich in der Heranwachsenden die junge, immer selbständiger denkende Frau mit entschieden emanzipatorischen Vorstellungen:

Ich will weiter kommen. Ich kann mir nicht vorstellen, so leben zu müssen wie Mutter ... und alle die anderen Frauen, die wohl ihre Arbeit tun, aber später vergessen sind. Ich muss neben Mann und Kindern noch etwas haben, dem ich mich ganz weihen kann! Ich will noch fortleben nach meinem Tode. Und darum bin ich Gott so dankbar, dass er mir bei meiner Geburt schon die Möglichkeit mitgegeben hat, meinen Geist zu entfalten und schreiben zu können, um alles zum Ausdruck zu bringen, was in mir lebt.

Miep Gies, jene unerschrockene Frau, die gemeinsam mit ihrem Ehemann Jan der Familie Frank durch das Versteck im „Hinterhaus" an der Amsterdamer Prinsengracht zwei Jahre ihres Lebens schenkten, und damit erst das TAGEBUCH DER ANNE FRANK möglich machten, hat im Nachwort zu einer Biographie über Anne im Jahre

1998 etwas Schönes gesagt: „Durch ihr Tagebuch lebt Anne nun wirklich weiter. Sie steht für den Sieg des Geistes über das Böse und den Tod."

Ausgaben

Textkritische Ausgabe mit zahlreichen Anmerkungen: Die Tagebücher der Anne Frank (Hrsg.: Niederländisches Staatliches Institut für Kriegsdokumentation. Einführung: Harry Paape u. a.), S. Fischer 1988.

Ebenfalls bei Fischer die Taschenbuchausgabe in der „endgültigen deutschsprachigen Fassung" mit bisher unveröffentlichten Texten, 2001.

George Orwell (eigentl. Eric Blair, 1903 -1950)
1984
(Originaltitel: Nineteen Eighty-Four)
Erschienen 1949

„Big Brother is watching you!“ Sie kennen das: Ein Gesicht blickt einen mit stechenden Augen von einem großformatigen Plakat an, wo man auch sein mag. Die beschwörende Formel von ständiger Beobachtung und Kontrolle verfolgt Sie bis in Ihre Träume. Albträume können das nur sein. Aus der Literatur oder vom Film her ist dies ungezählten Menschen in aller Welt präsent; „vertraut“ wäre vielleicht das falsche Wort. Geprägt hat die magische Warnung der britische Schriftsteller George Orwell, der eigentlich Eric Blair hieß, doch mit seinem Autorennamen Weltruhm erlangte.

Fünfzig Jahre nach Orwell schaut man sich, in Umkehrung der bedrohlich klingenden Metapher, „Big Brother“ im Fernsehen an. Dürfen wir uns jetzt als emanzipiert, aufgeklärt, immun gegen Beeinflussungsversuche totalitärer Regime (wie des nationalsozialistischen) empfinden? Sollte George Orwell etwa nicht recht gehabt haben mit seiner eindringlichen Warnung vor der Entmündigung des Menschen durch machtgeile oder schlicht profitgierige Volksverdummer? Er hatte recht, dies vorneweg: Ernsthaft hat Orwell zwei Jahrzehnte v o r den TV-Irrläufern mit „Big Brother“ – weshalb nennen die Macher das Ganze nicht einfach: „My home ist my container“? – erkennbar auf Demokratisierungsbestrebungen in Osteuropa und die Befreiung vom Kommunismus Einfluss genommen. Es begann damit, dass der Erzbischof von Krakau in der Kirche einen Vortrag über den Autor von „1984“ halten ließ. Bei der polnischen Solidarnosc kursierten dann im Jahre 1984 heimlich Orwell-Briefmarken und -Kalender. Man veranstaltete

Filmvorführungen mit „1984“, und vieles andere mehr, was an den großen Schriftsteller erinnerte, und diskutierte darüber, was aus ihm zu lernen sei.

Was nun die TV-Produktionen („Big Brother“ u. ä. m.) betrifft, ist ja nicht geklärt, wer sich hier vorführen, beobachten und womöglich verblöden lässt: die wenigen Probanden im TV-Käfig oder die Millionen am Bildschirm deutscher Wohnstuben? Orwell indessen wusste, was er wollte; und er hat die Welt mit seinem Roman „1984“ aufhorchen lassen.

Das Buch erschien vier Jahre nach Beendigung des letzten großen Krieges. Seither ist die Diskussion um die Gefahr der totalen Manipulierbarkeit des Menschen – denn darauf läuft sie hinaus – nicht verstummt. Spannend an dieser Jahrhundertgeschichte ist zugleich, dass jenes magische Datum, das dem Buch seinen Titel gab, bereits hinter uns liegt, ohne dass diese Tatsache uns von der Angst vor unwägbaren Risiken der Zukunft zu befreien vermag.

Das Geschehen des Buches: Die Welt ist aufgespalten in die Sphären Ozeanien, Eurasien und Ostasien. Schauplatz der imaginären Handlung ist London. In Herrschaftsstruktur und Ideologie sind die genannten politischen Regionen einander bis zur Austauschbarkeit ähnlich. Sie führen andauernd Krieg miteinander, doch nur, um sich eine Art Rechtfertigung für Terror nach innen zu verschaffen. An der Spitze der Herrschaftsapparate steht der Große Bruder.

Das Ziel der totalitären Herrschaft nach Orwell ist die Auslöschung individueller Regungen und personeller Entscheidungs- und Denkfreiheit. Die Leitsätze heißen u. a.: Krieg ist Frieden, Freiheit Sklaverei, Unwissenheit Stärke... Damit stellen sie die herkömmlichen Werte auf den Kopf. Es ist Parteidiktatur, wie Orwell sie am Beispiel des Nationalsozialismus und Stalinismus noch selbst erlebt hat. Die Masse der Menschen wird von gezielter Bespitzelung ausgenommen; sie hat sich bei den 85 Prozent so genannter

Proles (gemeines Volk) infolge geistiger Unmündigkeit und Verlust jeglicher eigenständiger Willensbekundungen erübrigt. Den Terror bekommen aber die Intellektuellen und Angestellten des Regimes zu spüren.

Das menschliche Gedächtnis wird ständig neu programmiert (!); am Ende geht der Sinn für die geschichtlichen Gegebenheiten verloren. Der Mensch sucht vergeblich nach seinem historischen Standort, den Stationen des eigenen Lebenslaufs. Überdies versteckt eine Neusprache alle traditionellen Begriffe hinter plakativen Tarnformeln, die Recht und Unrecht nicht mehr erkennen lassen. Ergebnis: Totale Lenkbarkeit durch geistige Beeinflussung.

Das schwerste Unrecht besteht folglich in einem Gedankenverbrechen. Man fühlt sich schlagartig an die zunehmende Verdunkelung sprachlicher Klarheit durch Begriffe der so genannten Politischen Korrektheit erinnert, die bekanntermaßen auf nichts weniger als Denkverbote hinausläuft.

Der Hergang im einzelnen ist rasch erzählt: Winston Smith, ein unbedeutender Mitarbeiter des Wahrheitsministeriums, in dem vornehmlich an der Verfälschung der Geschichte gearbeitet wird, erkennt, dass es praktisch unmöglich wird, sich in dieser durchkontrollierten Welt als Individuum zu behaupten. Er sucht in der Liebe zu einer gewissen Julia, die sich dem gedankenlos- lustvollen Dasein verschrieben hat, ein trügerisches privates Glück. Sexuelle Liebe ist bis auf den Akt der Fortpflanzung verpönt; für die Liebenden wird deshalb ihre Zuneigung zu einem heftigen, doch vergeblichen Aufbegehren gegen die anonymen politischen Zuchtmeister. Winston sucht nach Bestätigung durch Anschluss an eine Untergrundbewegung, die von einem gewissen Emmanuel Goldstein geführt wird. Der Verbindungsmann O´Brien erweist sich jedoch schon bald als Funktionär der Gedankenpolizei; Goldstein selber als Handlanger der Partei, welche den vermeintlichen Untergrund ohnehin nur zugelassen hat, um dem unterdrückten Aggressionstrieb der Menschen eine Ventilfunktion zu verschaffen. Winston Smith wird schließlich verhaftet, gefoltert, entwürdigt.

Nach seiner Umpolung auf den Totalitätsanspruch der Partei wird Smith dem Herrschaftswillen wieder ganz verfügbar gemacht. Nun kann er nicht anders als den Big Brother zu lieben, wie alle anderen auch.

Die beklemmende Atmosphäre des Buches ist am besten durch eine Textprobe zu veranschaulichen:

Nach einer Zwei-Minuten-Hass-Sendung im Fernsehen zerrinnt plötzlich das Gesicht des Großen Bruders und statt seiner erscheinen in klaren großen Buchstaben die drei Parteiwahlslogans:

KRIEG BEDEUTET FRIEDEN + FREIHEIT IST SKLAVEREI + UNWISSENHEIT IST STÄRKE

Aber das Gesicht des Großen Bruders schien sich noch einige Sekunden auf dem Bildschirm zu behaupten, so als sei der Eindruck, den es auf der Netzhaut aller Zuschauer hervorgebracht hatte, zu lebhaft, um sogleich zu verlöschen. Die kleine aschblonde Frau hatte sich über die Lehne des vor ihr stehenden Stuhles nach vorne geworfen. Mit einem bebenden Flüstern, das wie ‚Mein Retter' klang, breitete sie die Arme dem Bildschirm entgegen. Dann barg sie ihr Gesicht in den Händen. Offensichtlich sprach sie ein Gebet. Jetzt stimmten alle Versammelten einen kraftvollen, langsamen und rhythmischen Sprechchor an: G-B!... G-B!... G-B! – wieder und immer wieder, sehr langsam, mit einer langen Pause zwischen dem G und dem folgenden B – in einem feierlichen, murmelnden, seltsam ungestüm wirkenden Ton, so dass man als Begleitung das Stampfen nackter Füße und das dumpfe Dröhnen von Tamtams zu hören glaubte. Vielleicht dreißig Sekunden lang fuhren sie damit fort. Es war ein Refrain, den man oft in Augenblicken überwältigender Erregung hörte. Zum Teil war es eine Art Hymne auf die Weisheit und Majestät des Großen Bruders, mehr aber noch ein Akt der Selbsthypnose, ein absichtliches Übertönen des Bewusstseins durch das Mittel rhythmischen Lärms. Winston fühlte eine Kälte in seinen Eingeweiden. Während der

Zwei-Minuten-Hass-Sendung konnte er nicht umhin, dem allgemeinen Delirium anheimzufallen, aber dieser menschliche Singsang G-B!... G-B!... erfüllte ihn stets mit Abscheu. Natürlich stand er den übrigen nicht nach; etwas anderes wäre unmöglich gewesen. Seine Gefühle zu verschleiern, sein Gesicht zu beherrschen, zu tun, was jeder tat, gebot schon der Instinkt. Aber es gab eine Zeitspanne von einigen Sekunden, in der ihn der Ausdruck seiner Augen in bedenklicher Weise hätte verraten können. Und genau in diesem Augenblick ereignete sich das Bedeutsame – wenn es sich wirklich ereignete... Er fing flüchtig O'Briens Blick auf. O'Brien war aufgestanden. Er hatte seine Brille abgenommen und war gerade im Begriff, sie wieder mit seiner charakteristischen Geste aufzusetzen. Aber dazwischen lag der Bruchteil einer Sekunde, währenddessen sich ihre Augen begegneten – ja, er wußte es!, dass O'Brien das gleiche dachte wie er.

Eine unmissverständliche Botschaft war zwischen ihnen ausgetauscht worden. Es war, als hätten ihre beiden Denkwelten sich aufgetan und als strömten durch ihre Augen die Gedanken von dem einen in den anderen über. ‚Ich halte es mit dir', schien O'Brien zu ihm zu sagen. ‚Ich weiß genau, was in dir vorgeht. Ich kenne deine ganze Verachtung, deinen Hass, deinen Abscheu. Aber hab' keine Angst, ich stehe auf deiner Seite!' Dann war der Blitz des Einverständnisses erloschen, und O'Briens Gesicht war ebenso undurchdringlich wie das aller anderen.

„1984" – das letzte Buch, das Orwell nach FARM DER TIERE (Animal Farm) schrieb, das heute noch in der Schule viel gelesen wird – gehört zu den ganz großen Büchern des 20. Jahrhunderts. Der lungenkranke Autor verfasste es in der bewusst gewählten Abgeschiedenheit des rauhen Klimas einer Hebriden-Insel, in der ausschließlichen Gesellschaft seines kleinen Adoptivsohnes und bei Duldung dürftigster privater Lebensumstände. Seine Botschaft ist klar: Ich warne eindringlich vor allen nicht leicht durchschaubaren Versuchen, deine Person durch politische Einflüsterungen und werblicheVerlockungen, verführerische und trügerische Parolen von vermeintlichem Glück, Erfolg und Wohlleben manipulieren zu lassen. In einem „Kleine Grammatik" betitelten Anhang klärt uns der Autor über die „Neusprache" auf, die als Amtssprache in den Staaten der Zukunft für geschickte Lenkung der Gedanken sorgen wird. Als Zeitpunkt, zu dem die „Altsprache" vergessen und die „Neusprache" endgültig angenommen sein wird, nennt Orwell das Jahr 2050. Die jüngeren Generationen sollten sich dieses Datum merken...!

Der Schriftsteller Arthur Koestler (1905 - 1983), der in Orwell seinen Lieblingsautor sah, schrieb im Nachwort zu einer von Kurt Wagenseil übersetzten Ausgabe von „1984":

„Seit GULLIVERS REISEN von Jonathan Swift (1667 - 1745) ist keine Parabel geschrieben worden, die es an Tiefe und beißendem Spott mit ANIMAL FARM aufnehmen kann; seit Franz Kafkas (1883 - 1924) IN DER STRAFKOLONIE keine Phantasie, die dem logischen Grauen von NINETEEN EIGHTY-FOUR gleichkäme. Ich glaube in der Tat, dass die künftige Literaturgeschichtsschreibung Orwell gewissermaßen als das fehlende Glied in der Kette zwischen Swift und Kafka betrachten wird. Denn es kann durchaus möglich sein, dass für die Gärten des Abendlandes die Sperrstunde geschlagen hat und dass man von nun an einen Künstler nur nach dem Echo seiner Einsamkeit, dem Maß und der Würde seiner Verzweiflung beurteilen wird. An diesem Maßstab gemessen, kann man Orwells Einsamkeit und Verzweiflung wirklich nur mit Kafka vergleichen – doch mit einem Unterschied: Orwells Verzweiflung hatte gleichsam eine konkrete, durchorganisierte Struktur und projizierte sich von der Ebene des Individuums auf die der Gesellschaft."

Ausgaben

Zu empfehlen sind die Taschenbuch-Ausgaben bei Ullstein und Diogenes.

Sir Ernst Hans Josef Gombrich (geb. 1909)
DIE GESCHICHTE DER KUNST
(Originaltitel: The Story of Art)
Erschienen 1950
(in der Folge bis zur 16. Ausgabe 1995 immer wieder erweitert und aktualisiert)

Wer heute Auskünfte über die Geschichte und das Wesen der Kunst verlangt, tut gut daran, die Bücher von Ernst H. J. Gombrich, der unbestrittenen Autorität auf diesem Gebiet, nicht zu übersehen. Vor allem nicht sein Meisterwerk DIE GESCHICHTE DER KUNST, die seit einem halben Jahrhundert vorliegt und inzwischen in 25 Sprachen weltweit mehr als sechs Millionen Käufer gefunden hat. Ein herausragender Grund für das große Interesse gerade an diesem opulenten Werk ist sicher die leicht verständliche, von hohem Ernst zu behutsamer Ironie wechselnde Sprache. Ins Deutsche hat der Autor sein Buch selbst übersetzt; Gombrich ist zwar britischer Staatsbürger, doch österreichischer Herkunft. Seit 1936 lebt der Kunsthistoriker in London. Sein Hauptgebiet ist die Kunsttheorie; und dort gilt sein Augenmerk besonders der Renaissance. Als einer der ersten Kunsthistoriker übernahm Gombrich psychoanalytische Methoden in seine Forschungstätigkeit.

Sein Buch ist ein Wälzer, wie könnte das bei einem solchen Thema auch anders sein. Doch keine Angst: Der prächtig aufgemachte Band mit seinen knapp 700 Seiten ist reich bebildert, in der besten Qualität übrigens. Nennen wir kurz einige Kapitelüberschriften, um uns einen ersten Eindruck von der Fülle interessanter Fragen zu verschaffen, auf die Gombrich meist ebenso treffende wie amüsante Antworten bereit hält:

Seltsame Anfänge / Kunst für die Ewigkeit / Welteroberer / Abendländische Kunst im Schmelztiegel / Licht und Farbe / Das

Ideal und das Leben / Der Bruch mit der Tradition / Experimente / Eine endlose Geschichte (über Moderne und Postmoderne).

Im Anhang finden sich zahlreiche fachliche Informationen zur Kunstliteratur, zu den Quellenschriften, über Kunsthistoriker, den philosophischen Hintergrund, zur Stilgeschichte, der Erforschung von Bildinhalten, zum weitläufigen Thema Geschmack und Sammeln. Chronologische Tabellen, Landkarten sowie ein Sach- und Namenregister schließen das Werk ab.

Man muss „den Gombrich" nicht in einem Durchgang lesen; er bietet sich auch als ein Buch zum Nachschlagen an. Es ist, ich wiederhole es, keine Publikation für Fachleute, die schon eine Menge über Kunst und Kunstwerke wissen. DIE GESCHICHTE DER KUNST ersetzt dem unbefangenen Leser jahrelange Studien an Ort und Stelle, in den Museen der Welt, in den Ateliers der Künstler. Oft hat man freilich das Empfinden, dass Gombrich uns zu nichts anderem als dazu auffordern möchte, möglichst viele Originale selbst aufzusuchen, um sich an ihnen zu erfreuen. Sein Buch ist eine einzige Verführung und Hinführung zu eben diesem Ziel. Genug der Vorrede, lesen wir ihn selbst:

Genaugenommen gibt es die Kunst gar nicht. Es gibt nur Künstler. Einstmals waren das Leute, die farbigen Lehm nahmen und die rohen Umrisse eines Büffels auf eine Höhlenwand malten. Heute kaufen sie ihre Farben und entwerfen Plakate für Fleischextrakt; dazwischen taten sie noch manches andere. Es schadet natürlich nichts, wenn man alle diese Tätigkeiten Kunst nennt, man darf nur nicht vergessen, dass dieses Wort in verschiedenen Ländern und zu verschiedenen Zeiten etwas ganz Verschiedenes bedeuten kann, und man muss sich vor allem merken, dass es die Kunst eigentlich nicht gibt. Sie ist zu einer Art Götze geworden, und all das Nachdenken und Reden über das Wesen der Kunst hat den Künstlern mehr geschadet als genützt. Wenn man einem Künstler sagt, seine Arbeiten seien ja in ihrer Art recht anständig, nur hätten sie mit Kunst nichts zu tun, so ist er erledigt. Und man kann jedem die Freude an einem Bild durch die Bemerkung verderben, ihm gefiele daran nicht der k ü n s t l e r i s c h e W e r t, sondern irgend etwas anderes.

Ich glaube, dass es gar nicht so wichtig ist, warum einem ein Gemälde oder eine Statue gefällt. Vielleicht hat der eine das Bild einer Landschaft gern, weil sie ihn an eine vertraute Gegend erinnert, der andere ein Porträt, weil es einem Freund ähnlich sieht. Dagegen ist nichts einzuwenden. Jeder Mensch wird an hunderterlei Dinge erinnert, wenn er ein Bild betrachtet, und sie alle beeinflussen seine gefühlsmäßige Einstellung. Solange diese Gedankenverindungen die Freude an dem, was wir sehen, verstärken, müssen wir uns nicht den Kopf darüber zerbrechen. Nur wenn eine bedeutungslose Erinnerung uns die Freude verdirbt, wenn wir uns von einem wunderbaren Gebirgsbild abgestoßen fühlen, weil wir in einer ähnlichen Gegend verregnete Ferien hatten, dann wird es Zeit, nach dem Grund zu fragen, der uns um einen Genuss bringt. Es ist wichtig zu wissen, ob man ein Kunstwerk aus einem f a l s c h e n G r u n d ablehnt.

Was es heißen könnte, ein Bild aus einem falschen Grund abzulehnen, erklärt uns der Kunsttheoretiker anhand einer Gegenüberstellung zweier grundverschiedener Bildmotive. Zum ersten Peter Paul Rubens „Bildnis seines Sohnes Nikolas“, um 1620; zum zweiten Albrecht Dürer „Bildnis seiner Mutter“, 1514. Zwischen diesen beiden Bildern, das eine mit roter, das andere mit schwarzer Kreide auf Papier gezeichnet, jedes für sich ein Meisterwerk, zieht Gombrich einen ebenso simplen wie überzeugenden Vergleich:
Die meisten Menschen sehen gern auf Bildern, was sie auch in der Wirklichkeit sehen würden. Das ist ganz natürlich. Jeder Mensch freut sich an den Schönheiten der Natur und ist den Künstlern dankbar, die sie für uns bewahrt haben. Die Künstler selbst würden uns diese Vorliebe gewiss nicht übel nehmen. Der große flämische Maler Rubens war sicher stolz auf seinen hübschen Jungen, als er ihn zeichnete, und zweifellos wollte er, dass auch wir das reizende Kind bewundern. Aber die begreifliche Vorliebe für alles, was hübsch und gefällig ist, darf uns nicht dazu verleiten, Darstellungen eines weni-

geranziehenden Gegenstandes abzulehnen. Albrecht Dürer, der große deutsche Maler, hat seine alte Mutter sicher mit derselben Liebe und Andacht gezeichnet wie Rubens sein herziges Kind. Die kompromisslose Wiedergabe einer verhärmten Greisin wirkt zunächst gewiss nicht anziehend, aber es ist der Mühe wert, gegen diese erste Regung anzukämpfen, denn gerade ihre unbedingte Ehrlichkeit macht Dürers Zeichnung zu einem großen Kunstwerk. So entdeckt man bald, dass die Schönheit eines Bildes gar nicht so sehr davon abhängt, ob es auch etwas Schönes darstellt. …

Es ist so eine Sache mit dem Begriff S c h ö n h e i t: man kann nicht viel damit anfangen, denn die Antwort auf die Frage ‚Was ist schön?' ändert sich so oft wie der Geschmack und die jeweils geltenden Maßstäbe. …

Was für die Schönheit gilt, gilt auch für den Ausdruck. Eine Gestalt auf einem Bild kann einen Ausdruck haben, der uns das ganze Werk verleidet oder umgekehrt es für uns anziehend macht. Manche Leute möchten den Ausdruck leicht verstehen können und dadurch tief berührt und erschüttert werden. Als der italienische Maler Guido Reni daranging, das Haupt des gekreuzigten Christus zu malen (Dornengekrönter Christus, um 1639/40), wollte er gewiss, dass der Beschauer in diesem Antlitz das ganze Leiden und den ganzen Triumph der Passion verkörpert fände. Jahrhunderte lang haben dann auch viele Gläubige aus dieser Darstellung des Heilands Kraft und Trost geschöpft. Die Empfindung, die darin zum Ausdruck kommt, ist so klar und leicht verständlich, dass man Kopien und Reproduktionen dieses Bildes in einsamen Bergkapellen und entlegenen Almhütten findet, wo man sich niemals über das W e s e n d e r K u n s t den Kopf zerbricht.

„Schönheit" oder „Ausdruck des Gefühls" sind für Gombrich hohe Worte, die der Künstler möglicherweise gar nicht schätzt; er sieht die Sache eher praktisch und fragt nach vollendeter Arbeit am Werk vermutlich nur, „ob alles schon so ist, wie es sein soll?" Manchmal fragt er auch nur, „ob das Bild richtig im Rahmen sitzt", oder dergleichen mehr. Unsere eigenen Erfahrungen können uns dabei helfen, schöne Dinge als schön zu erkennen und uns unbefangen an ihnen zu erfreuen. Wenn wir zum Beispiel einen Blumenstrauß „richten“, das heißt: nach Farben zu ordnen versuchen, oder einen Tisch ansehnlich zu decken, die „richtige“ Krawatte für ein Oberhemd auszuwählen usf. Wenn der Künstler sich mit seiner Schöpfung auseinander setzt, wird er sich nach Gombrich allenfalls fragen, ob er das „richtige Gleichgewicht von Farben und Formen erreicht hat“. Gibt es darüber hinaus, ja gibt es überhaupt „Kunstregeln“? Die Frage stellt der Kunsttheoretiker im Ernst, um sich und uns die Antwort zu geben:

Es hat wohl immer wieder Künstler oder Kritiker gegeben, die versuchten, gewisse Kunstregeln aufzustellen, aber es hat sich immer wieder gezeigt, dass schlechte Künstler nichts erreichten, auch wenn sie diese Regeln befolgten.

So hatte, wie Gombrich berichtet, der große englische Maler Sir Joshua Reynolds (1723 - 1792) seinen Schülern an der Akademie die Weisung erteilt, niemals ein kräftiges Blau im Vordergrund eines Bildes zu verwenden, weil diese Farbe dem Hintergrund vorbehalten sei. Reynolds' Rivale Thomas Gainsborough (1727 - 1788) fühlte sich dadurch herausgefordert und bewies, dass derlei Regeln völlig sinnlos seien, indem er seinen berühmten „Blauen Knaben“ malte, dessen strahlend blau schimmernder Seidenanzug in der Bildmitte, und zwar ganz vorn, sich triumphierend von den warmen Brauntönen des Hintergrundes abhebt.

Was auf die so genannten Kunstregeln zutrifft, wiederholt sich bei den Bezeichnungen für die einzelnen Kunststile und Epochen. Ursprünglich waren sie nur Schimpfwörter, geprägt von nachfolgenden Generationen, die gewisse Ausdrucksformen der Vergangenheit verächtlich machen wollten. Beispielsweise stammt der Ausdruck „gotisch“ aus dem Vokabular der Renaissance-Künstler, die eine frühere Kunst und Architektur als barbarisch verurteilten und sie deshalb „gotisch“ schimpften, weil sie glaubten, die Goten seien für sie verantwortlich. Für das Barock gilt

Ähnliches: Das Wort, das eigentlich nur „schiefrund“ heißt, und daher im übertragenen Sinne „absurd“ oder „grotesk“ besagt, verwendeten Kritiker für bestimmte Tendenzen des 17. Jahrhunderts.

An den Erscheinungen der modernen Kunst übt Gombrich behutsame Kritik, obwohl das ihr gewidmete Hauptkapitel immerhin „Triumph der Moderne“ überschrieben ist. Ihre Bedeutung für die Zukunft freilich wird erheblich relativiert: *Jede Generation revoltiert bis zu einem gewissen Grade gegen die Wertmaßstäbe der Väter: jedes Kunstwerk verdankt seinen Erfolg bei den Zeitgenossen nicht nur dem, was es tut, sondern auch dem, was es unterlässt.* Im Grunde nicht unempfänglich für Neuerungen in der Malerei und Skulptur, nimmt Gombrich gleichwohl mit sprachlich eleganter Nonchalance, zuweilen auch mit sanfter Ironie zu ihren Hervorbringungen Stellung. Da geschieht es dann wohl auch, dass er sich mit bestimmten Modetorheiten der Künstler (er nennt etwa Joseph Beuys [1921 - 1986]) auseinandersetzt und sarkastisch bemerkt:

Ich hoffe inständig, dass ich zu dieser Mode nicht beigetragen habe, als ich dieses Buch mit dem Satz begann: ‚Genau genommen gibt es d i e K u n s t gar nicht!‘

DIE GESCHICHTE DER KUNST will keine Chronik jeglicher Modeerscheinungen künstlerischer Betätigung sein. Am Ende bleibt Gombrich daher nur ein Bedauern darüber, dass er überhaupt daran gegangen ist, die „endlose Geschichte“ der modernen und postmodernen Kunst mit jedem Jahrzehnt, das ins Land ging, fortzusetzen. Der Leser wird es nicht bedauern; hat er doch seine Freude daran, w i e Gombrich das macht..

Ausgaben

Die 16., überarbeitete und neu gestaltete Ausgabe (London 1995) liegt in deutscher Übersetzung bei S. Fischer vor.

Vladimir Nabokov (1899 - 1977)
LOLITA
(Originaltitel: Lolita)
Erschienen 1955

Für den Roman um die Liebe eines Mannes zu einer Zwölfjährigen fand Nabokov zunächst keinen Verleger. Das Buch erschien dann zuerst 1955 in Frankreich und avancierte alsbald zum Skandalroman. Doch schon nach einigen Jahren beschäftigte sich die ernsthafte Literaturkritik mit dieser Geschichte einer einseitigen *amour passion*. 1959 kam das Buch in deutscher Übersetzung heraus. Nabokov beschreibt auf den ersten Blick die Geschichte eines Kindesmissbrauchs, schildert aber in Wahrheit einen Menschen als Gefangenen seiner Obsessionen. Der Roman besticht durch seine hinreißende, detaillierte Erzählkunst.

Das Thema des sexuellen Tabubruchs schien Nabokov schon länger beschäftigt zu haben: Bereits in den späten 30er Jahren schrieb er an einer Novelle, deren Handlung dem späteren Roman stark ähnelte. Doch das Manuskript blieb liegen und kam erst 1986 posthum unter dem Titel „The Enchanter“ („Der Zauberer“) heraus.

Doch nun zum Inhalt von LOLITA:

Der Literaturdozent Humbert Humbert ist Europäer, lebt aber in den Vereinigten Staaten. In den späten vierziger Jahren des 20. Jahrhunderts nimmt er eine Dozentenstelle an einer Universität in Neuengland an und begibt sich auf Zimmersuche. Bei der Witwe Charlotte Haze wird er fündig. Ausschlaggebend für sein Bleiben ist Charlottes Tochter, die zwölfjährige Dolores. In ihr erkennt er den Typus Mädchen wieder, den seine Kinderfreundin Annabel verkörperte: Als Zwölf- oder Dreizehnjähriger hatte er sich in Frankreich im Sommerurlaub an der Küste in die Gleichaltrige verliebt. Als es zum ersten intimen Beisammensein kommen sollte, wurden die beiden jedoch gestört:

Ich lag auf den Knien, im Begriff, meinen Liebling zu besitzen, als zwei bärtige Schwimmer … mit unflätigen Ermunterungsrufen aus dem Meer tauchten, und vier Monate später starb sie auf Korfu an Typhus.

So bleibt Annabel ihm als Typus das Frauenideal seines Lebens, dem er hinterherhastet, ohne es je zu erreichen. Bis er Dolores sieht, von ihm stets liebevoll „Lolita" genannt:

Ich ging immer noch hinter Mrs. Haze her durch das Esszimmer, als es plötzlich grün um uns her wurde. ‚Die Piazza', sang meine Geleiterin, und ohne die geringste Warnung schwoll eine blaue Meereswelle unter meinem Herzen, und auf einer Binsenmatte in einem Sonnenteich kniete halbnackt meine Rivieraliebe und sah mich über dunkle Brillengläser forschend an.

Humbert zieht also bei Mrs. Haze ein, erträgt ihre Annäherungsversuche und heiratet sie sogar, um Lolita nahe sein zu können. Als Charlotte sein Tagebuch findet und hinter Humberts unheilige Wünsche und Tagträume kommt, will sie ihn hinauswerfen: *Du wirst dieses erbärmliche Balg nie, nie wiedersehen.* Er erwägt, sie umzubringen, das Schicksal kommt ihm jedoch zuvor: Charlotte endet unter den Reifen eines Autos vor ihrer eigenen Haustür – unbemerkt von Humbert, der ihr inzwischen drinnen einen Drink mixt.

Humbert holt Lolita aus dem Sommerlager ab und macht sich mit ihr auf eine Reise durchs Land. Sie kommen in billigen Motels unter. War Humbert bisher bestrebt, die Unschuld des Mädchens zu wahren, kommt es nun bereits am zweiten Morgen zum Geschlechtsverkehr: Lolita verführt ihn, und er ist nicht der erste gewesen. Nach einem Jahr „auf Achse" wagt Humbert, sich wiederum in Neuengland in einer Kleinstadt niederzulassen, um Lolita die Schule besuchen zu lassen. Dort schließt sie sich der Theatertruppe an. Als Humbert merkt, dass er ihr damit verhilft, *sich in der Verstellung zu üben*, brechen beide ihre Zelte ab, um sich wieder auf die Wanderschaft zu begeben. Schon bald merkt Humbert, dass Lolita mit einem ominösen „Verfolger“ im Bunde ist. Sein Misstrauen ihr gegenüber wächst. Einen Krankenhausaufenthalt nutzt sie zur Flucht.

Jahre später erhält Humbert einen Brief: *Lieber Pappi! Wie geht's so? Ich bin verheiratet. Ich erwarte ein Baby...* In einer erbärmlichen Kleinstadt namens Coalmont treibt Humbert sein „Nymphchen“ schließlich auf:

Ein paar Zoll größer. Rosa Brillengestell. Neue, hochgeraffte Frisur, neue Ohren... Sie war ganz offensichtlich und gewaltig schwanger. Ihr Kopf wirkte kleiner..., ihre Sommersprossen waren verblasst, ihre Wangen eingefallen, und ihre nackten Schienbeine und Arme hatten all ihre Sonnenbräune verloren, so dass die Härchen zu sehen waren.

Lolita lehnt sein Angebot, mit ihm zu gehen, ab. Humbert entlockt ihr jedoch den Namen des Mannes, der ihr zur Flucht aus dem Krankenhaus verholfen hat: Es ist der Dramatiker Clare Quilty, der in Lolitas und Charlottes Heimatstadt Ramsdale lebt. Der impotente Quilty habe versucht, Lolita zu schlüpfrigen Filmaufnahmen anzustiften – eine Tatsache, die Humberts moralische Entrüstung hervorruft. Humbert reist nach Ramsdale und stellt Quilty. In einer skurrilen Schlussszene erschießt er den Mann.

Nabokov legt den gesamten Roman als eine Rückblende an; er lässt Humbert eine Art Lebensbeichte ablegen. Authentizität erhält die Geschichte dadurch, dass ein fiktiver „Dr. Ray“ diesen Lebensbericht Humberts, die „Bekenntnisse eines Witwers weißer Rasse“ herausgibt. Schon zu Beginn erfährt der Leser, dass Humbert in der Haft kurz vor seinem Prozess wegen Mordes an Clare Quilty an Koronarthrombose und Lolita in Alaska im Kindbett starben.

Vladimir Nabokov ist Zeit seines Lebens ein Heimatloser gewesen. Er wuchs als Sohn reicher Eltern in St. Petersburg zweisprachig (russisch und englisch) auf; die Familie floh nach der Revolution von 1917 nach England, wo Nabokov in Cambridge ein Studium absolvierte. Später zog die Familie für einige Jahre nach Berlin und hielt sich durch Mitarbeit an Emigrantenzeitungen über Wasser. Nach seiner Heirat, acht veröffentlichten Romanen (in russischer Sprache) und fast 15 Jahren in Berlin verließ Nabokov 1937 mit Frau und Sohn Deutschland über Prag und Paris in Richtung USA, wo er als Dozent arbeitete. „Meine private Tragödie ... besteht darin, dass ich mein natürliches Idiom aufgeben musste, meine ungebundene, reiche und unendlich gefügige russische Sprache, um sie gegen eine Art zweitklassiges Englisch einzutauschen", sagte er einmal. LOLITA ist sein vierter Roman in englischer Sprache. Bis an sein Lebensende fand Nabokov eigentlich kein richtiges Zuhause mehr. Die letzten Jahre verbrachte er mit seiner Frau Vera in einer Hotelsuite im schweizerischen Montreux, so provisorisch eingerichtet, dass ein Besucher, der ihn nach einiger Zeit aufsuchte, den Eindruck hatte, Nabokov sei eben erst eingezogen.

Wenn Nabokov erzählt, dann erzählt er genau. „Haltet mir die göttlichen Details in Ehren", hämmerte er seinen Studenten ein. Und so gerieten seine Vorlesungen häufig sehr kleinteilig: wenn es um James Joyces ULYSSES ging, nahm der Stadtplan Dublins einen Großteil seiner Ausführungen ein, bei ANNA KARENINA ging es um die genaue Einrichtung der Wagen des Nachtzugs Petersburg-Moskau um 1870. Denn an der Lektüre dieser Romane könne man nur Freude haben, wenn man eine genaue Vorstellung von diesen Dingen besitze. Stil und Aufbau machten das Wesen eines Buches aus – „Große Ideen sind Quatsch." Und so ist LOLITA ein fesselnd erzähltes und spannend durchstrukturiertes Buch ohne Längen, aber mit Liebe zum Detail geworden. Alles wird genau beschrieben, nicht nur Gegenstände, auch Empfindungen, Gefühle:

Ein Tropfen erlesenen Honigs aber war im Eichelbecher jenes

Donnerstags doch enthalten. Die Haze sollte sie [Lolita] früh am Morgen ins Camp fahren. Als allerlei Aufbruchsgeräusche zu mir drangen, rollte ich aus dem Bett und lehnte mich aus dem Fenster. Unter den Pappeln puckerte schon das Auto. Auf dem Bürgersteig stand Louise und beschattete die Augen mit der Hand, als führe die kleine Reisende bereits der aufsteigenden Morgensonne entgegen. Die Geste erwies sich als verfrüht. ‚Beeil dich!', schrie die Haze. Meine Lolita, die schon halb im Auto und im Begriff war, den Schlag zuzuschmettern, die Fensterscheibe herunterzukurbeln, Louise und den Pappeln zuzuwinken (die sie alle nie wiedersehen sollte), unterbrach den Lauf des Schicksals: Sie blickte herauf – und raste ins Haus zurück (die Haze rief wütend hinter ihr her). Einen Augenblick später hörte ich meinen Schatz die Treppe emporrennen. Mein Herz dehnte sich mit solcher Gewalt, dass es mich beinah auslöschte. Ich zog meine Pyjamahose hoch und riss die Tür auf: Im gleichen Augenblick kam Lolita oben an, in ihrem Sonntagskleid, stampfend, keuchend, und dann war sie in meinen Armen, ihr unschuldiger Mund schmolz unter dem wilden Druck dunkler männlicher Kiefer, mein bebender Liebling! Gleich darauf hörte ich sie – unversehrt, nicht vergewaltigt – die Treppe hinunterklappern. Das Schicksal nahm seinen Lauf wieder auf. Das blonde Bein wurde eingezogen, die Wagentür zugeschlagen – nochmals zugeschlagen –, und mit wallenden gummiroten Lippen, denen ein wütender, unhörbarer Redeschwall entfuhr, schwenkte die Chauffeuse Haze am heftigen Steuer meinen Liebling hinweg, während unbemerkt von ihnen und von Louise die kranke alte Miss Visavis schwach, aber rhythmisch von ihrer weinumrankten Veranda aus winkewinke machte.

Zur Entstehung von LOLITA soll die von Nabokov selbst überlieferte Geschichte dienen: Ein Menschenaffe hatte in den späten 30er Jahren im Pariser Zoo die erste von einem Tier hergestellte Zeichnung verfasst - er malte die Gitterstäbe seines Käfigs! Nabokov sagt, dass ihn bei der Lektüre des Artikels hierüber der erste leise Pulsschlag von „Lolita" durchlaufen habe. Denn das Thema des Romans ist nicht die Liebe. Humbert liebt Lolita nicht, nein, er ist von ihr besessen. Das Gefangensein des Menschen im Käfig seiner Leidenschaften und Obsessionen – ob das die Besessenheit von einem Mädchen ist, die Liebe zur Heimat, das Schachspiel – das ist es, worüber Nabokov schreibt. Humbert weiß, dass er gefangen ist: *Ich wusste, dass ich mich für immer in Lolita verliebt hatte; ich wusste aber auch, dass sie nicht immer Lolita wäre.* Er ist nicht in der Lage, seinen Käfig – die Jagd nach einem Ideal – zu verlassen.

Wer LOLITA in die Tradition der erotischen Literatur stellt, verkennt, dass erotische Szenen stets nur angedeutet, nie ausgeführt werden. Und überhaupt: Wo sind hier zwei Liebende? Humbert etwa, der sich Lolita mit Geldgeschenken und anderen Gefälligkeiten gefügig macht? Oder gar das Mädchen, das ewig mit schmuddeligen Söckchen und schwarzen Fingernägeln auf irgendwelchen Sofas herumlümmelt – „ein typisches Gör, das in der Nase bohrt". Was Humbert an ihr findet, vollzieht der Leser nicht nach. Und das ist gerade das Meisterliche an Nabokovs Erzählkunst: Wir müssen gar nichts wissen über den Gegenstand von Humberts Passion, können sie aber dennoch mitempfinden. Nabokov zeichnet nicht in Schwarz und Weiß. Humbert ist nicht Täter, Lolita Opfer. Die Grenzen verschwimmen. „Er ist ein Monster, aber man mag ihn", hat Jeremy Irons gesagt – er spielte den Humbert 1997 in der Verfilmung von Adrian Lyne.

Mit Lolita hingegen vermag der Leser eigentlich nicht so recht Mitleid zu haben – sie ist einfach zu habgierig und berechnend. Humbert tut sie übrigens auch nicht leid – eher beiläufig erwähnt er, dass sie auch schon mal weint, nachdem sie mit ihm zusammen war:

Die Operation war vorüber, ganz vorüber, und sie weinte in meinen Armen – ein heilsamer Ausbruch von Schluchzern nach der launenhaften Niedergeschlagenheit, die im Verlauf des sonst wunderbaren Jahres so häufig geworden war!

Über Lolita erfährt der Leser eigentlich nichts, sie ist seltsam ungerührt und schnodderig, aber auch realistisch:

Paß auf, Lo... Wir sind nicht reich, und solange wir unterwegs sind, werden wir gezwungen sein ... werden wir ziemlich eng miteinander zu tun haben. Zwei Menschen, die ein Zimmer teilen, geraten unweigerlich in eine Art von ... wie soll ich sagen ... eine Art...“ – „Das Wort lautet Inzest“, sagte Lo – und ging in die Kleiderkammer.

Über Nabokov muss man gar nicht viel wissen, über sein Werk und wie es von Kritikern aufgenommen wurde. Seine Romane, allen voran sein Lieblingsbuch LOLITA sprechen für sich. Allegorien und Symbole seien ihm ein Greuel, hat Nabokov einmal gesagt. Was ihn zu den Genialen der Weltliteratur zählen lässt, ist nicht der erhobene Zeigefinger, der Lerneffekt, den andere beim Leser auslösen wollen: Nabokov erzählt Geschichten. In einfacher Sprache und doch reich an Inhalt lässt er Welten entstehen. Marcel Reich-Ranicki war so fasziniert von LOLITA, dass er nach eigener Aussage nach der Lektüre einige Tage nicht arbeiten konnte: Er war nicht in der Lage, an etwas anderes zu denken als an Humbert Humbert, „den armen, unglücklichen Menschen, der dem Mädchen Lolita verfallen war“.

Humbert Humbert ein Psychopath? Wohl kaum. Er ist ein ganz normaler Mensch. Und wenn doch eine Lehre, dann diese: Von etwas besessen sein kann jeder. Nabokov selbst war es von der Schmetterlingsjagd. Ein Schnappschuss zeigt ihn in kurzen Hosen und mit Schmetterlingsnetz in der Rechten, er schreitet kräftig aus, und sein Gesicht ist völlig verkniffen; er ist auf der Pirsch, auf der Suche nach seiner Beute – und nichts kann ihn davon abbringen.

Ausgaben

Erhältlich bei Rowohlt, in gebundener Ausgabe wie als Taschenbuch (hrsg. von Dieter E. Zimmer).

Günther Anders (1902 - 1992)
DIE ANTIQUIERTHEIT DES MENSCHEN
Erschienen 1956
(danach kontinuierlich erweitert und ergänzt)

Mancher Autor lässt seine Leser ganz schön alt aussehen. Keinem jedoch gelingt dies so vortrefflich wie Günther Anders. Er nämlich nennt uns allesamt „antiquiert", und zwar in jeder Hinsicht: im Aussehen, was unsere Produkte betrifft oder die Arbeit, unsere Ideologien, den Konformismus, dem wir uns hingeben, der so genannten Freiheit, die uns geblieben ist, oder was noch an Geschichte, Phantasie, Ernst und Bosheit eine Rolle spielt. Kurzum: Wir sind überholt, überständig, von gestern.

Der Ausgangspunkt: Die technische Entwicklung, der moderne Staat mit seinen immer komplizierter werdenden bürokratischen Abhängigkeiten, die Welt des Konsums und der Television, der Maschinen und atomaren Vernichtungsmittel haben uns irgendwo zurück gelassen, wo wir uns nur noch unter Mühen zu orientieren vermögen, auf einer Erde, die uns vielleicht schon bald nicht mehr haben will.

Anders, Sohn des bedeutenden Psychologen William Stern, hat ein halbes Leben dem politischen Protest gegen den Rüstungswahnsinn gewidmet, bis er daran ging, seine philosophischen Einsichten einem breiteren Publikum bekannt zu machen. Mit seinem Anti-Atom-Protest und seinen Aufrufen zum „öffentlichen Widerstand" hat sich Anders selbst nach Meinung einiger seiner politischen Freunde vergriffen und zwischen alle erdenklichen Stühle gesetzt. Kaum je einer aber übersah, dass es sich bei ihm um einen grundgütigen Menschen handelte. Seine Prosa tritt dem Leser in kristallklarer Schärfe und wahrhaft unerbittlicher Logik entgegen, wenn man sich nur auf deren Autor eine Weile einlässt.

Die zweibändige Sammlung philosophischer Essays unter dem Generaltitel DIE ANTIQUIERTHEIT DES MENSCHEN (1. Über die Seele im Zeitalter der zweiten industriellen Revolution / 2. Über die Zerstörung des Lebens im Zeitalter der dritten industriellen Revolution) bleibt ein großes und bewegendes Buch, selbst wenn sich einige der darin dargestellten Probleme inzwischen erledigt haben könnten.

Band 1 enthält Beiträge zur Situation der Medien und ihrer Wirkung auf die Menschen unserer Zeit. Die Überschriften der „philosophischen Betrachtungen über Rundfunk und Fernsehen" heißen u. a. „Die ins Haus gelieferte Welt", „Das Phantom", „Die Nachricht". Der zweite Teil befasst sich mit dem Hauptthema: Die Bombe und die Wurzeln unserer Apokalypse-Blindheit (ein von Anders geprägter Begriff). Manches mag uns darin nun selbst schon überholt, oder – um mit dem Autor zu sprechen – „antiquiert" erscheinen. Als Momentaufnahmen der Frühgeschichte der Bundesrepublik Deutschland sind die Texte jedoch immer noch gut zu lesen.

Band 2 setzt sich mit dem eingangs erwähnten Phänomen unserer „Antiquiertheit" im Einzelnen auseinander. Es handelt sich hierbei, wie Anders bereits im Vorwort feststellt, um eine „philosophische Anthropologie im Zeitalter der Technokratie". Seine These: Die Technik ist nicht lediglich eine von vielen Erscheinungsformen unserer modernen Welt, sondern sie selbst ist zum Subjekt der Geschichte geworden, wir Menschen aber sind nur noch eine von vielen Nebensachen. Günther Anders spricht in diesem Zusammenhang von „mitgeschichtlich". Die Geschichte wird nämlich bereits von der Technik geschrieben. Eine beunruhigende These.

Was dabei mit der Masse Mensch, also den Konsumenten in vielfältiger Hinsicht, im Einkaufsmarkt ebenso wie bei den TV-Gewohnheiten geschieht, schildert uns Anders im Kapitel „Die Antiquiertheit der Privatheit":

Während man früher, in naiveren Zeiten, Stories mit der Versicherung attraktiv gemacht hatte, sie seien ‚true to life', stellt man nunmehr – denn Fortschritt muss sein – das ‚true life': den ungespielten Schrei, die echte Träne, die effektive Ohnmacht wirklich her, damit diese arrangierte Wirklichkeit eine Story ergebe und als solche, also in phantomisiertem Zustande, angeboten und konsumiert werde. Kurz: den Zuschauer hat man in einen Phantom-Kannibalen transformiert, der nun die Bilder seiner in die Falle der Aufnahmeapparate gelockten Mitmenschen verspeist; und der nervös wird, ja sich geradezu betrogen fühlt, wenn es einmal aus irgend einem Grunde passiert, dass sich die Mahlzeit zur gewohnten Fütterungsstunde verzögert oder gar ausfällt. Anders ausgedrückt: Die gesellschaftlichen Situationen ‚Begegnen' oder ‚Besuchen' sind in Konsumvorgänge umgewandelt, in Konsumvorgänge, in denen nun jeweils der eine Mensch als der Ausgelieferte figuriert, der andere als der Belieferte; der Eine als Konsummittel, der Andere als Konsument. Zu den Gütern, mit denen wir beliefert werden, gehören nun also auch, und sogar in erster Linie, unsere Mitmenschen: wir alle sind nun virtuell die Esser und die Speise der Anderen. Insofern ist die Situation kanibalisch. Niemand, der nicht diese beiden kannibalischen Vorgänge zugleich ins Auge fasst, kann sich ein vollständiges Bild von unserem heutigen Dasein machen.

Anmerkung: Anders hat dieses Kapitel 1958 (!) unter dem beziehungsreichen Titel „Akustische Nacktheit“ in der Hannoverschen Lessing-Gesellschaft vorgetragen; das war rund vier Jahrzehnte vor dem Beginn der Ausstrahlung von TV-Sendungen nach Art von „Big Brother“ oder „Girls Camp“!

Anders ist keineswegs auf platte Weise technikfeindlich; denn das bedeutete, dass er selbst der Antiquiertheit das Wort reden würde. Vielmehr beklagt der Philosoph den Umstand, dass der gegenwärtige wie der zukünftige Mensch gekennzeichnet sei durch die Diskrepanz zwischen der immer noch wachsenden Kapazität der Technik und dem Unvermögen der Phantasie, sich die katastrophalen

Folgen der Technik vorzustellen. Für Anders heißt dies: mit dem Eintritt in das Zeitalter der Technokratie ist die „Endzeit" angebrochen, jedenfalls die Herrschaft des Menschen, gewissermaßen stillschweigend, begraben und vergessen. Der Autor macht dies u. a. an seinen Darlegungen zur „Antiquiertheit des Materialismus" deutlich (1978):

Nicht im Zeitalter des Materialismus, wie alle Banausen klagen, leben wir, sondern im zweiten platonischen Zeitalter. Erst heute, in der Epoche der Massenindustrie, kommt dem einzelnen Objekt tatsächlich ein geringerer Seinsgrad zu als seiner ‚Idee': nämlich seinem blue print. Was taugt schon die Glühbirne der Firma Soundso und der Nummer 784 539 neben deren nicht physischem Modell? Sie ist nur eine Nachahmung der Idee, sonst nichts, damit ein Nicht-Seiendes. Nicht dadurch sind wir 1945 in das atomare Zeitalter eingetreten, dass wir drei Atombomben fertig gestellt hatten, sondern dadurch, dass wir das nicht physische Rezept für zahllose andere besaßen. Und bedroht war die Sowjetunion damals nicht durch die Existenz von wenigen physischen Objekten, sondern durch deren ‚Idee'. Und wenn damals wirklich Diebstahl stattgefunden haben sollte, dann wären nicht einige Objekte, sondern Modellzeichnungen entwendet worden.

Eine Erfindung patentieren heißt, wie jedermann weiß: eine Idee vor Nachahmung und Verwendung schützen. Dass es noch einmal Eigentum an ‚Ideen' und den Versuch geben würde, dieses Eigentum juristisch zu schützen, das hätte sich Plato nicht träumen lassen. Im Vergleich mit den wenigen Ideen in Platos Himmel ist die Zahl unserer heutigen Ideen unendlich, und unendlich wachsend: durch die Inflation der Erfindungen (die als ‚Herstellung von Ideen' bei Plato nirgends vorkommen) wächst die Zahl der Ideen täglich in Richtung ‚unendlich'. Wenn wir früher oder später (vermutlich früher) zugrunde gehen werden, dann als Opfer des Zweiten Platonismus.

Frage: Wie steht es in diesem von Anders beschriebenen Zusammenhang mit der Idee des amerikanischen Mikrobiologen Craig Venter und dessen Anspruch auf kommerzielle Nutzung des Generalpatents für seine Entschlüsselung der Gene? Der Philosoph Günther Anders war schon vor einem Vierteljahrhundert nah an den beunruhigendsten Tatsachen unserer Zeit, ohne sie danach selbst mit erleben zu können.

Stimmen zu DIE ANTIQUIERTHEIT DES MENSCHEN

„Dieses Buch von Anders ist, so meine ich, eines der wichtigsten in diesen Jahren, unerlässlich für jeden, der wissen will, in welcher Welt wir leben, und der in dieser Welt über seinen Privatbereich hinaus mitwirken, ja verändernd wirken will. Aktionen und Programme, die nicht durch das Fegefeuer der Anders´schen Beobachtungen gegangen sind, dürften sich vor dem Beginnen schon als überholt erweisen. Philosophie, die von dieser Art Philosophie sich nicht berühren lässt, dürfte sich als Luxus erweisen."
Helmut Gollwitzer (1908 - 1993)

„Dass der Autor sich gegen die Unterstellung zur Wehr setzen muss, er treibe bloß Tagesphilosophie, er werfe sich an journalistische Spezialitäten weg, lässt vernichtende Rückschläge auf die Lage der aktuellen deutschen Philosophie zu. Wo es als anrüchig gilt, sich mit den Leiden seiner eigenen Epoche zu beschäftigen, hat der Philosoph sein Recht verwirkt. Freuen wir uns, dass Anders das Scherbengericht der Lehrmeinung nicht scheut."
Hans Magnus Enzensberger (geb. 1929)

„Günther Anders liefert vielen, die ihren Widerstand gegen die atomare Bedrohung anfänglich oft nur mit Gefühlen erklären konnten, den notwendigen Sauerstoff für die Durchblutung der Gedanken. Seine Wirkung resultiert dabei aus der Mischung von drei hervorragenden Eigenschaften: absolute Offenheit, eine schöne und präzise Sprache und die Fähigkeit des Philosophen, die eigene Rolle genau zu analysieren."
Manfred E. Bissinger (geb. 1940)

„Die Vielzahl der Themen und der literarischen Formen scheint dem Philosophen Günther Anders das Erreichen eines geschlossenen Systems ... zu verwehren. Als belletristischer Philosoph kann er keiner Schule zugerechnet werden; als philosophischer Belletrist aber unterliegt er nicht dem Wechsel literarischer Moden; seine Stilformen sind bewusst antimodernistisch und damit ebenso wenig rasch überholbar wie ihre Inhalte. Gerade der für einen Philosophen unübliche Wechsel der Formen erlaubt es dem Schriftsteller Anders, sein Thema der Zerstörung des Menschen durch seine Produkte vielseitig und den Anlässen adäquat durchzuführen."
Werner Fuld

Ausgaben

Lieferbar ist die zweibändige Ausgabe bei C.H. Beck (Beck´sche Reihe, Nachdruck der 4., unveränderten Auflage der Originalausgabe).

Golo Mann (1909 - 1994)
DEUTSCHE GESCHICHTE DES 19. UND 20. JAHRHUNDERTS
Erschienen 1958

„Die Geschichte ist Erzählung", sagt uns der Autor 1992 im Vorwort zu einer neuerlichen Sonderausgabe seines überaus erfolgreichen Buches, das auf dem Höhepunkt der Ära Adenauer auf den Markt gekommen war; und so erzählt er sie uns, wie man eben Geschichten erzählt: anteilnehmend, genau beobachtend, gelegentlich hinter die Kulissen blickend, Zusammenhänge aufhellend. Was wir auch von der politischen, kulturellen und wirtschaftlichen Entwicklung Deutschlands bis zurück in die Tage unserer Vorväter wissen müssen, ist auf den über tausend Seiten des Golo-Mann-Buches nachzulesen. Der bedeutende Geschichte-„Erzähler" belehrt uns auf eine Weise, die uns keine Mühe abverlangt; er ist ein großer Stilist, der uns ohne Fußnoten und Anmerkungsapparat angenehm über die Leserunden bringt.

Den letzten Absatz, eingedenk der unterdessen erreichten Einheit Deutschlands im Jahre 1990 nachgeschoben, widmete Mann einem seiner Lieblingsthemen, der Sprache:

Wir hoffen, das, was die Nation von anderen Nationen immer unterschied und unterscheiden wird ..., unsere schöne Sprache, werde nicht dürr und gemein werden, sondern ihren Adel erneuern; und mit ihr alles, was im Wort seinen Ausdruck findet. Geschähe es nicht, was würde alle wiedergewonnene Großmacht und Scheinmacht uns denn helfen?

Dieses Geschichtsbuch ersetzt mindestens ein Dutzend andere; die schon fast ein halbes Jahrhundert dauernde, und sich offenbar noch verstärkende Akzeptanz beweist es. Es ist Geschichtsschreibung aus einem eher subjektiven Betrachtungswinkel, frei von jeglicher Rechthaberei, doch von hohem Urteilsvermögen geprägt. Mann lässt uns an einem Geschehen teilhaben, das uns noch gegenwärtig zu sein scheint. Er schildert Vorgänge und Figuren der Geschichte, die aus den voluminösen Folianten der Historiker früherer Generationen herausgetreten sind, und neben uns Platz genommen haben. Die Hauptakteure der Geschichte sind bei ihm niemals Helden, aber auch keine Pappkameraden. Er führt sie uns vor wie die Protagonisten auf dem Theater, in ihrer oft bezwingenden Dämonie, zugleich in ihrer ganzen Lächerlichkeit und angemaßten Kompetenz – wie Adolf Hitler. In den Passagen zur „Machtergreifung" und zur Herrschaft der Nationalsozialisten nennt er den so genannten Führer beinahe durchgängig nur bei seinen Initialen A. H., am Ende nur noch H. Das Kapitel über die NS-Außenpolitik beginnt mit dem Satz: *H. lebte mit wenigen einfachen Ideen...* Das Subjektive in Golo Manns Erzählweise erweist sich dabei keineswegs als Hindernis für geschichtliche Einsichten und Erkenntnisse von bleibendem Wert. Da es letztgültige Wahrheiten aber nicht geben kann, wird der Leser, je weiter er im Buche vordringt, von der Unbefangenheit seines Autors regelrecht betört werden. Auch die subtile Parteilichkeit für seinen Gegenstand, die deutsche Geschichte, macht uns den Historiker Mann, der sein halbes Leben im Ausland verbrachte, womöglich noch sympathischer.

Die DEUTSCHE GESCHICHTE DES 19. UND 20. JAHRHUNDERTS setzt bei Golo Mann mit den „fünfundzwanzig unruhigen Jahren" seit der Französischen Revolution 1789, die ihre Auswirkungen auf die deutschen Lande hatte, und dem Beginn der Restauration (1815) ein. Sie endet mit einem Kapitel, das der Autor „Das vielfältige Deutschland" betitelte, was Mann veranlasste, nun doch mit den Deutschen ins Gericht zu gehen. Er zitiert Österreichs Klassiker Franz Grillparzer (1791 - 1872), der angesichts der Zersplitterung Deutschlands in viele Einzelstaaten und den seit Mitte des 19. Jahrhunderts zunehmenden Anstrengungen, die Einheit herzustellen, wohl gar zu erzwingen, gedichtet hatte: „Oh Herr, lass dich herbei und mach die Deutschen frei, dass endlich das Geschrei hernach zu Ende sei." Mann kommentiert dies wie folgt:

Dass sie [die Deutschen] *mehr als hundert Jahre später wieder und noch einmal nach Freiheit schreien und schreien müssen, wäre nicht möglich gewesen ohne gewaltige historische Taktlosigkeiten im eigenen Lager. Die deutsche Energie war im späten 19., im 20. Jahrhundert sehr stark. Sie hätte zur Bewahrung der Einheit und Freiheit ausgereicht, wäre sie vernünftig gebraucht worden.*

Golo Manns Meisterwerk bestätigt die altbewährte Regel, wonach eine gute Schreibe praktisch jeden Gegenstand interessant erscheinen lassen wird. Zudem bringt es der Autor fertig, in den komplexen Inhalt Porträts richtungsweisender Persönlichkeiten der Geistesgeschichte aufzunehmen; die gelungensten erscheinen mir jene von Arthur Schopenhauer und Friedrich Nietzsche, die es ihm offenbar, wie schon seinem Vater, Thomas Mann, angetan haben. Der Preußenverherrlicher Hegel dagegen findet bei Mann keine Gnade. Er zitiert aber bereits im Vorwort Schopenhauer mit dem schönen Satz über Heine: „Als wirklicher Humorist tritt Heinrich Heine auf in seinem ‚Romanzero'; hinter allen seinen Scherzen und Possen merken wir einen tiefen Ernst, der sich schämt, unverschleiert hervorzutreten." Hier nun fällt mir auf, dass drei Autoren von Büchern aus dem vorliegenden Literatur-Kanon sich um dieses Zitat versammeln: Zum ersten Schopenhauer, von dem es stammt, zum zweiten Heine, auf den es gemünzt ist, und schließlich Golo Mann, der es in seiner DEUTSCHEN GESCHICHTE verwendet.

Schwer genug wird es einem Leser von Golo Manns Buch gemacht, der eine nur flüchtige Passage als „charakteristischen" Auszug aus dessen Werk benennen soll. Zu vieles ist charakteristisch im Sinne der Wiedererkennbarkeit seines

Stils. Das Dritte Reich und der Weg dorthin stehen bei vielen Lesern von Schriften zur neueren Geschichte gewissermaßen im Interesse obenan; folgen wir diesem Beispiel. Und da scheint mir die von Mann vorgetragene Analyse der wirtschaftlichen Verhältnisse in der Frühphase des Nationalsozialismus das geeignete Paradestück zeitgeschichtlicher Prosa zu sein:

H. interessierte sich nicht für Wirtschaftsfragen, er interessierte sich für Macht. Wer die Macht über das Ganze besaß, der würde, von oben her, auch die Industrie beherrschen, konnte aber das langweilige Detail ruhig den Spezialisten überlassen. Quacksalberische Doktrinäre, denen er vor 1933 freies Redespiel gewährt hatte, schickte er jetzt nach Hause. Statt dessen hielt er sich an Könner. Ein solcher war unbestreitbar Hjalmar Schacht, der nun wieder an die Spitze der Reichsbank, bald auch des Wirtschaftsministeriums trat. Er besaß das Vertrauen der deutschen Industrie und der internationalen Finanz, welcher er eine gemäßigte, wenn auch nicht orthodoxe Führung der deutschen Wirtschaft zu garantieren schien. Keine orthodoxe Führung. Im Politischen opportunistisch, schlau und dreist, aber ein Mensch von Vitalität und Phantasie, hatte Schacht begriffen, was die konservativen Theoretiker der Zeit noch immer nicht begriffen hatten: dass Geld kein absoluter Wert sei, vielmehr ein Symbol und Mittel; ein Instrument zur Verteilung wirklicher Güter. Wo es nicht in genügendem Maß vorhanden war, da konnte man es sehr wohl schaffen; und handelte seinem Zweck nur dann zuwider, verursachte ‚Inflation' nur dann, wenn man mehr davon umlaufen ließ, als der Produktion entsprach. Schacht, in den ersten Jahren seiner Amtswaltung, verursachte keine Inflation, obwohl er Geld machte. Wie, war sein technisches Geheimnis, jedenfalls gelang es. Das Geld ging in Haus- und Maschinenreparaturen, in großartige Straßenbauten, in neue Wohnungen; auch in militärische Rüstungen, aber zunächst noch nicht hauptsächlich in diese. Es setzte sich um in Nahrung, Kleider, Lebensfreude. Arbeiter, Angestellte lebten nicht besser als 1926, aber bald viel besser als 1932. Lange Zeit hatte das Volk in seiner Gesamtheit das, was es selber besaß, machen, ernten konnte, nicht genießen dürfen. Dieser widernatürliche Skan-

dal hörte nun auf, nicht von einem Tag auf den anderen, aber binnen zwei Jahren; die eigentlich bestechende, ja überwältigende Leistung des ,Regimes' in seiner Frühzeit.

Es war kein Wunder dahinter. Auch Hitlers Vorgänger hätten sie vollbringen können. Nur hatten sie es nicht getan und so die einfache Lösung, durch welche brachliegende Arbeitskraft und notwendige Arbeit zusammenzufügen waren, dem Diktator überlassen. Ein wenig gesunder Menschenverstand gehörte dazu, den besaß er, es war eine Seite seines Wesens. Ein wenig finanztechnisches Können und Phantasie gehörten dazu, die besaß der neue Reichsbankpräsident. Es wird nichts helfen, seine Methoden der Geldbeschaffung als ,zweifelhafte Manöver' zu bezeichnen, wie dies so lange geschehen ist. Es wird auch nichts helfen, das Verdienst der Naziregierung am Wieder-in-Gang-Setzen des wirtschaftlichen Apparates zu verkleinern. Sie tat damals im wesentlichen nichts anderes, als was gleichzeitig Franklin Roosevelt in den Vereinigten Staaten tat; tat es erfolgreicher und schneller, weil sie sich mit mit keinem auf veraltete Paragraphen pochenden Obersten Gerichtshof herumzuschlagen hatte; tat es auch richtiger, weil sie sich von vornherein nur auf Erweiterung und nicht auf künstliche Beschränkung der Produktion konzentrierte. In all dem war kein Wunder, wir wiederholen es. Kein Wunder aber auch, dass Millionen von ihrer Qual erlöster Menschen trotzdem ein Wunder darin sahen und ihm, der es vollbracht hatte, von nun an blindlings zu vertrauen geneigt waren.

Stimmen zum Buch

„Das Werk ist höchsten Lobes wert. Es enthält zahlreiche tiefe, glänzend formulierte Gedanken. Viele Passagen besitzen eine Unbefangenheit und Frische der Anschauung, die hohes Vergnügen bereiten. Beifällig verzeichnet sei auch das Vermögen Golo Manns, auf wenigen Seiten komplizierte historische Sachverhalte verständlich darzustellen. Das Werk wird in Kürze zu den meistgelesenen Darstellungen der jüngeren Deutschen Geschichte gehören."
Joachim Fest (Hitler-Biograph, geb. 1926)

(Anmerkung: Fest hatte Recht mit seiner Prophetie. Das Werk ist in vielen Auflagen verbreitet und findet unablässig neue Leser.)

„In diesem prachtvoll balancierten Buch unternimmt es Golo Mann, die deutsche Geschichte seit der Französischen Revolution zu erzählen und zu analysieren. Dieser Versuch, den Wurzeln der deutschen Gegenwart nachzugraben, mutet mit seinen über tausend Seiten, nicht nur äußerlich, imposant an. Er ist ein kühnes, geglücktes Unterfangen, dem der große Atem der Historie so wenig abgeht, wie das sorgsame Bemühen um die rechte Distanz. Selbst in der Geschichte des Dritten Reiches bewährt sich noch der angespannte Wille zu ‚objektivem', das heißt der Sache gerechtem Urteil."
Fritz René Allemann (schweiz. Publizist, geb. 1910)

Ausgaben

Zu empfehlen ist die 1992 bei S. Fischer erschienene Sonderausgabe.

Konrad Lorenz (1903 - 1989)
DAS SOGENANNTE BÖSE
Zur Naturgeschichte der Aggression
Erschienen 1963

Das Böse ist in uns, und das ist gut so. Wessen Gedanken in diese Richtung weisen – und die von Nobelpreisträger Konrad Lorenz taten dies spätestens vom Jahre 1963 an –, erregt notwendig Aufsehen. Natürlich hat er den o. a. Satz nicht einfach so dahin gesagt. Aber seine Auffassungen zum Thema „Aggression" laufen daraufhinaus. Sie gelten natürlich (!) für Mensch und Tier gleichermaßen. Auf diese Weise erklärt sich auch der provokante Titel seines außerordentlich erfolgreichen Buches. Innerhalb vierzehn Jahren rückte allein die Taschenbuchauflage an die Zahl von 300.000 Exemplaren heran. Sensationell, wenn man bedenkt, dass es sich um ein streng wissenschaftliches Werk handelt. Doch Konrad Lorenz, Tierfreund und Menschenkenner, weiß nicht nur zu forschen; er schreibt über seine Beobachtungen auf eine Weise, die jeder versteht und die alle angeht.

Berühmt geworden ist der geborene Wiener als Begründer der vergleichenden Verhaltenskunde, der so genannten Ethologie. 1973 wurde Lorenz, gemeinsam mit zwei weiteren Forschern, der Nobelpreis für Medizin und Physiologie verliehen. Vor allem die Graugänse und ihr Verhalten in der Gesellschaft von Artgenossen hatten es dem genialen Ethologen angetan. Zu seiner weltweit bekannt gewordenen Wirkungsstätte wurde in den sechziger Jahren des 20. Jahrhunderts das Max-Planck-Institut für Verhaltenspsychologie in Seewiesen bei Starnberg in Bayern. Sein Buch, das hier behandelt werden soll, löste eine Flut von Veröffentlichungen zum gleichen Thema aus.

Wie alles im Leben hat auch die Aggression, besser vielleicht: die dem Menschen wie dem Tier (für den Verhaltensforscher fast kein Unterschied) innewohnende Aggressivität, ihre Geschichte. Und da Aggressivität etwas ganz Natürliches ist, handelt es sich eben um die „Naturgeschichte der Aggression". So einfach ist das, aber nicht leicht herauszufinden war es für Lorenz, was im Einzelnen dahintersteckt. Ihm ist es als erstem Forscher gelungen, den allen Lebewesen eigenen, auf den Artgenossen gerichteten Kampftrieb zu entschlüsseln und seine Wirkungsweise darzustellen. Sehr bald kam Lorenz darauf, dass die Annahme des Begründers der Psychoanalyse, Sigmund Freud, wonach nämlich allen lebenserhaltenden Instinkten ein „Todestrieb" unversöhnlich gegenüberstehe, auf die Biologie nicht zutreffen könne. Diese Auffassung, und damit fängt die Sache erst an, hält Lorenz nicht nur für überflüssig, sondern ganz einfach für falsch. Er räumt zwar ein, dass sie als „Arbeitshypothese" in mancher Hinsicht brauchbar sein könne; für ihn als Biologen ergebe sie aber keinen Sinn. Deshalb setzt der Freund der Graugänse seinen Lehrsatz dagegen:

Die Aggression, deren Auswirkungen häufig mit denen des Todestriebes gleichgesetzt werden, ist ein Instinkt wie jeder andere und unter natürlichen Bedingungen auch ebenso lebens- und arterhaltend.

Eine These, die – je nach dem Standpunkt des Betrachters – an Klarheit nichts zu wünschen oder zu befürchten übrig lässt. In einem Punkte darf man Lorenz energisch widersprechen: dass seine „schriftstellerischen Fähigkeiten" von der Aufgabe, die er sich gestellte habe, überfordert würden. Das ist pure Koketterie. Der Naturforscher und der Autor halten sich in Parallelstellung; sie sind beide überragend. Nur wird Lorenz selbst bei seiner knallharten Idee von der lebensnotwendigen Aggression zuweilen bange. Und dann kommen ihm wieder die Beobachtungstatsachen zu Hilfe. Er ist Forscher und stellt befriedigt fest: Jede dieser Tatsachen ist für sich interessant – etwa die Revierkämpfe der Korallenfische, die er unter natürlichen Bedingungen in Florida überprüfen konnte, nachdem er sie zuvor im Aquarium beobachtet hatte. Und er wünscht sich, dass die *moralähnlichen Triebe und Hemmungen sozialer Tiere, das lieblose Ehe- und Gesellschaftsleben der Nachtreiher, die blutrünstigen Massenkämpfe der Wanderratten und viele andere merkwürdige Verhaltensweisen der Tiere den Leser so lange zu fesseln vermögen, bis er zum Verständnis der tieferen Zusammenhänge gelangt ist.*

Mich hat er überzeugt, und offenbar Hunderttausende, vielleicht Millionen Leser in aller Welt. Das war ja alles nicht völlig unbekannt mit der Aggression in der Tier- und Menschenwelt, weiß Gott nicht. Doch hat der große alte Mann am Starnberger See System in die Sache gebracht. Es wurde auch Zeit. Zu viele Missverständnisse hätten sonst noch länger am Wege zur Erkenntnis offenkundiger Naturdinge gelauert, die manche Leute in naivem Glauben an dunkle Mächte immer noch für ein Werk des Satans halten. Da alles mit allem zusammenhängt, fällt es dem Forscher naturgemäß schwer, dem Laien das Ganze verständlich zu machen, von dem er zuvor keine oder doch nur eine blasse Ahnung hatte. Genau das aber gelingt Lorenz auf fast mühelose Art. Er zitiert dort, wo andere Tabellen hervor holen würden, den Altmeister aller Klassiker, Goethe; man weiß, er liebte ihn, und urteilte bei passender Gelegenheit im Fernsehen über den FAUST, „dieses Drama allein, die Engländer mögen mir verzeihen, ersetzt den ganzen Shakespeare." Eine Übertreibung fürwahr, vielleicht nur eine „ganz natürlich aggressive"? Niemals ist er langweilig, erst recht nicht, wenn er seine vielfältigen, vor allem an Gänsen gemachten Beobachtungen vorträgt. Die Tiere in seinem kleinen Experimental-Zoo nannte er bei ihren Namen, und schrieb über sie con amore, wenn es denn zutraf, dass diese oder jene sich „persönlich" kannten. Dazu passt es, dass seine Mitarbeiterin Helga Fischer (wie in seinem Buch berichtet wird) über das eher seltene Vorkommen ehelicher Treue bei Gänsen und Gantern – was bei Lorenz Verwunderung auslöste – die entwaffnende Bemerkung machte: „Gänse sind schließlich auch nur Menschen…“ Auf diesen Passus folgen einige Absätze über gleichgeschlechtliches Verhalten von Wildgänsen, die ich hier zitieren möchte:

Von der Norm des ehelichen und sozialen Verhaltens gibt es bei den Wildgänsen, und zwar nachweislich auch bei den freilebenden, sehr weit gehende Abweichungen. Eine sehr häufig vorkommende unter ihnen ist deshalb besonders interessant, weil sie, obwohl in manchen menschlichen Kulturen streng verpönt, bei den Gänsen überraschenderweise arterhaltend, nicht schädlich ist: ich meine die Bindung zwischen zwei Männern. Weder in ihrem Äußeren noch in ihrem Verhalten zeigen die beiden Geschlechter bei den Gänsen grobe, qualitative Abweichungen voneinander. Die einzige Zeremonie der Paarbildung, der so genannte Winkelhals, die nach Geschlechtern wesentlich verschieden ist, hat zur Voraussetzung, dass sich die künftigen Partner vor der Anpaarung nicht kennen und daher etwas Angst voreinander haben. Wenn dieser Ritus übersprungen wird, ist die Möglichkeit nicht eingeschränkt, dass ein Ganter (also das männliche Tier) seinen Triumphgeschrei-Antrag an ein anderes Männchen statt an ein Weibchen richtet. … Wenn ein solcher junger Ganter sein Triumphgeschrei einem anderen Männchen anträgt und dieses darauf eingeht, so findet jeder der beiden, was diesen einen Funktionskreis anlangt, einen weit besseren Partner und Kumpan, als er in einem Weibchen fände. Da die … Aggression in einem Ganter weit stärker ist als in der Gans, ist es auch die Neigung zum Triumphgeschrei, und die beiden Freunde regen einander zu den kühnen Taten an. Da kein ungleich geschlechtliches Paar ihnen die Stirne bieten kann, erringen solche Ganterpaare stets ganz hohe, wenn nicht die höchsten Stellen in der Rangordnung der betreffenden Gänsesiedlung. Sie halten mindestens ebenso getreu lebenslänglich zusammen, wie ein verschieden geschlechtliches Paar es tut. Als wir unser ältestes Ganterpaar, Max und Kopfschlitz, trennten und ersteren in unsere Tochter-Grauganskolonie auf dem Amper-Stausee bei Fürstenfeldbruck verbannten, verpaarten sich beide nach einem Jahr der Trauer mit Gänseweibchen, und beide Paare brüteten erfolgreich.

Als wir Max – ohne Gattin und Kinder, die wir nicht einzufangen vermochten – auf den Ess-See zurückholten, verließ Kopfschlitz augenblicklich Frau und Kinder und kehrte zu Max zurück. Kopfschlitz' Gattin und Söhne schienen die Situation merkwürdiger Weise genau zu erfassen und versuchten, Max in wütenden Angriffen zu vertreiben, was ihnen aber nicht gelang. Heute halten die beiden Ganter wie eh und je zusammen, und Kopfschlitz' verlassene Gattin zottelt traurig in gemessenem Abstand hinter den beiden her.

Wo und wie zeigt sich nun der „arterhaltende“ Aggressionstrieb, der das so genannte Böse so viel gefälliger erscheinen lässt? Er zeigt sich etwa bei der geschlechtlichen Zuchtwahl. Und da fügt es sich, was auch unter Menschen nicht ganz unbekannt sein soll, dass ein Weibchen das stärkste Männchen beim Kampf um die Gunst bevorzugen würde. Die Folge: Der Sieger bei Revierstreitigkeiten hat die besten Aussichten, sich fortzupflanzen.

Ganz schlecht ist es, wenn es an Anlässen fehlt, die Aggressionen abzureagieren. Dann staut sich die ganze Sucht nach Lustbefriedigung auf und droht zur Unzeit zu explodieren. Die Hemmschwelle sinkt und der Kampf auch mit ungleichen Partnern wird gesucht, oft ohne den geringsten Anlass.

Zu den vier großen Triebarten zählt Lorenz: Nahrungsaufnahme, Fortpflanzung (Sex), Furcht und Aggression. Bei den Menschen, vor allem in der Entwicklungsphase, sei zu beobachten, dass sie – sofern man etwa Kindern alles erlaubt – neurotisch und damit über-aggressiv werden können. In den 60er und 70er Jahren ließ sich dies beim Experiment mit antiautoritärer Erziehung beobachten (typische Kinderfrage: „M ü s s e n wir heute wieder all' das tun, was wir w o l l e n?“).

In jedem Gemeinschaftstypus der Tier(und Menschen-)welt, ob Zufallsansammlung, vorübergehende Zusammenschlüsse, Großfamilien oder persönliche Bekanntschaften/Freundschaften, erscheint nach Konrad Lorenz die

Aggression gleichermaßen unentbehrlich. Je stärker die grundsätzliche Bereitschaft zur Aggression ausgeprägt ist, desto enger wird die Bindung von Partnern sein. Hat beispielsweise eine Graugans ihren Partner verloren, überwindet der neuerliche Bindungstrieb *alle ‚tierischen' Triebe wie Hunger, Sexualität und Furcht. Das sprichwörtlich angriffsstärkste Säugetier ... wird zum treuesten aller Tiere.*

Lorenz' Moral lautet nach so viel Angriffslust: Überschüssige Aggressivität in friedliche Bahnen zu lenken, bleibe dem Menschen angesichts seiner natürlichen Anlagen stets aufgegeben. Seine Erfahrung:

Der Mensch ist gar nicht so böse von Jugend auf, er ist nur nicht gut genug für die Anforderungen des Lebens in der modernen Gesellschaft. ... Weit davon entfernt, im Menschen das unübertreffliche Ebenbild Gottes zu suchen, behaupte ich bescheidener und in größerer Ehrfurcht vor der Schöpfung ...: Das lang gesuchte Zwischenglied zwischen den Tieren und dem wahrhaft humanen Menschen – sind wir!

Der Süddeutsche Rundfunk kommentierte nach dem Erscheinen des Buches:

„Auch der Mensch ist ein natürlich gewordenes Lebewesen, dem viele Verhaltensweisen von der Natur im Laufe seiner Entwicklungsgeschichte anverwandelt worden sind, die man aber kennen muss, um von ihnen nicht überrascht zu werden. Die Erkenntnisse, die Konrad Lorenz in seinem Buch DAS SOGENANNTE BÖSE vorträgt, sind geeignet, uns allen Hoffnung zu machen auf eine bessere Zukunft, die dann besser wäre, weil wir auf Grund der Einsicht in die Triebe und Instinkte der menschlichen Natur unser Verhalten nach den höheren Gesetzen der Vernunft leiten könnten."

Ausgaben

Zu empfehlen ist die Taschenbuchausgabe bei dtv.

Marshall McLuhan (1911-1980)
THE GLOBAL VILLAGE. Der Weg der Mediengesellschaft in das 21. Jahrhundert
(Originaltitel: The Global Village)
Erschienen 1989

In vielen elektronischen Briefkästen traf unaufgefordert diese Mail ein: „Wenn die Welt ein Dorf mit 100 Einwohnern wäre, dann lebten dort 57 Asiaten, 21 Europäer, 14 Amerikaner, 8 Afrikaner. ... Wenn du Essen im Kühlschrank, Kleider am Leib und einen Platz zum Schlafen hast, bist du reicher als 75 Prozent der Menschen dieser Erde." Unterzeichnet war der Aufruf zum Denken und Danken mit „Die Sonne". Wie sich später herausstellte, hatte ein Mitarbeiter der UNO diese Berechnungen angestellt und – wie für eine Weltorganisation angemessen – www-weit verbreitet.

Ob sich Marshall McLuhan über die Initiative „Unser globales Dorf soll schöner werden" freuen könnte? Auf der Benutzeroberfläche betrachtet, kann der kanadische Literatur- und Medienwissenschaftler mit seinem posthumen Ruhm zufrieden sein. Kein anderer seiner Zunft lieferte einen vergleichbaren terminologischen Dauerbrenner wie jener Formulierungskünstler, der am 31. Dezember 1980 in Toronto an den Folgen eines Schlaganfalls starb. Bruce R. Powers, Mitautor und Vollender von THE GLOBAL VILLAGE, erreichte nicht annähernd den gleichen Bekanntheitsgrad. Das Werk entstand größtenteils in der zweiten Hälfte der siebziger Jahre, und wurde 1989 in den USA veröffentlicht. Sechs Jahre später erschien es in Deutschland.

Die Karriere des relativ alten Werks ist ohne die Karriere eines neuen Massenmediums, des Internet, in den Jahren 1995ff. nicht erklärbar. McLuhan, so scheint es, hat die vernetzten Computer, die riesigen, weltweit abrufbaren

Datenbanken vorhergesehen. Und wer sich auf McLuhan beruft, darf nachher alles vorher gewusst haben. THE GLOBAL VILLAGE gehört darob ebenso in den Zettelkasten von Gutmenschen, die sich wie die oben genannte „Sonne" vielleicht ehrenamtlich im Dritte-Welt-Laden engagieren, wie in die Zitatdatenbank der E-Business-Dynamiker.

Wer sich indes vom Schlagwort aus eine Ebene tiefer, in den Originaltext, klickt, dem kommen Zweifel an McLuhans posthumer Freude über die Zitierfrequenz. Der Titel machte Karriere, der Inhalt hielt nicht Schritt. Der Grund: Das Buch ist mitnichten jener Dorfladen, in dem sich ein Rhetoriker zum Thema „Informationsgesellschaft – Chancen und Risiken" nach Gusto bedienen kann. Genau besehen, hat McLuhan ein irritierendes Sortiment aus Hirnforschung, Kulturgeschichte, Medienpsychologie und -ökonomie arrangiert.

Wer sich noch eine Ebene tiefer leiten lässt, wird geneigt sein, für die Erkundung des Neulandes mindestens zwei weitere Werke McLuhans mit ins Marschgepäck zu nehmen: „Krieg und Frieden im globalen Dorf" (1968, deutsch 1971) und „Die magischen Kanäle" (1964, deutsch 1968).

Überlebenswichtig für den Spaziergang durchs globale Dorf sind – anders als es der erste Titel nahe legt – vor allem die MAGISCHEN KANÄLE, der Vorläufer von THE GLOBAL VILLAGE. Zum Klassiker avancierte daraus vor allem: „Das Medium ist die Message", ein Satz, den sein gewitzter Erfinder später zu „Das Medium ist Massage" ironisierte. Um für THE GLOBAL VILLAGE gerüstet zu sein, ist jedoch eine andere These wichtiger: Medien, so lautet McLuhans Arbeitsgrundlage, sind Extensionen (Ausdehnungen) unserer Sinne, nicht Manipulationsinstrument in der Hand der Herrschenden.

Wegweiser durch das GLOBAL VILLAGE: Was steht drin?

1. Rechts und links

Wer eine Idylle erwartet, wird enttäuscht: Das globale Dorf ist für den westlichen Menschen zunächst einmal ungemütlich, denn er muss umdenken. Oder präziser: Er muss seine Gehirnhälften anders belasten. Von östlichen Kulturen lernen – eine einst in Zeiten des Kalten Krieges durchaus unbequeme Ansicht – heißt in diesem Falle wachsam wahrnehmen lernen. Trainiert wurde bisher im sich überlegen wähnenden Abendland vor allem die linke Gehirnhälfte. Sie ist fürs Lineare, Sequenzielle, Logische, Wiederholbare zuständig. Im elektronische Zeitalter ist dieses Denken in Ursache-Wirkung-Zusammenhängen zu wenig.

Die rechte Gehirnhälfte kann Geschehnisse und Prozesse in gleichzeitige Beziehungen setzen. Sie muss entdeckt und hinzugeschaltet werden. *Die linke ist mit einem realistischen Gemälde oder eine Photographie zu vergleichen, die aus der richtigen Perspektive aufgenommen wurde. Suchen wir einen Vergleich für die rechte Hemisphäre, entspricht ihre Form der Wahrnehmungsverarbeitung am ehesten dem Eintauchen in die Klangwelt einer Symphonie.* Die Linke erschließt den „Sehraum", das Visuelle, die Rechte den „Hörraum", das Mündlich-Auditive.

Doch Vorsicht! McLuhans so anschaulich wirkender Vergleich hat Tücken, sobald der übliche Sprachgebrauch ins intellektuelle Spiel kommt: Das Fernsehen etwa, im Alltag als Bildmedium bezeichnet, hat wesentlich mehr mit einer Symphonie zu tun als mit einem Gemälde. Es gilt McLuhan nicht als visuelles, sondern als „taktiles" (tastendes) Medium, bei dessen Wahrnehmung alle Sinne zusammenwirken.

Nebenbei schmeichelt McLuhan dem Selbstbewusstsein der analogen Zweibeiner: Der Mensch muss es sich nicht gefallen lassen, dass Artgenossen das Gehirn mit einem Computer vergleichen. Er kann, was sein digitales

Geschöpf nicht kann: die Gleichzeitigkeit des Gleichzeitigen wahrnehmen. Das Wort, das McLuhan für diese menschliche Fähigkeit findet, eine geistige Präsenz an vielen Orten gleichzeitig herzustellen, ist allerdings wenig schmeichelhaft: Robotismus.

2. Eins-zwei-drei-vier; A, B, C, D

Um Veränderungen, die etwa eine technische Erfindung auslöst, überhaupt beschreiben zu können, entwickelt McLuhan ein ganzheitliches, oder besser: ganzhirnliches Modell der Prozessmustererkennung: die „Tetrade" (aus vier Einheiten bestehendes Ganzes).

Dieses intuitives Werkzeug umreisst die Wirkung eines „Artefakts" (Kunstgebildes) mit vier Fragen:

1. Was wird von jedem Artefakt erweitert, gesteigert oder erhoben?
2. Was wird von ihm erodiert oder veraltet?
3. Was wird von ihm wiedergewonnen, was früher veraltet war?
4. Was wird von ihm umgekehrt oder verändert, wenn es bis zu den Grenzen seiner Möglichkeiten getrieben wird?

Durchgespielt für das Artefakt Fernsehen ergibt sich folgende Tetrade:

A. Das Fernsehen ermöglicht den gleichzeitigen Zugang zum gesamten Planeten – zu Jedermann: „Auf Sendung bist du überall".
B. Es veraltet Verbindungen, Kabel und physikalische Körper.
C. Es gewinnt die stammesgeschichtliche ökologische Umwelt zurück: Echo, Trauma, Paranoia, und es bringt auch die Vorherrschaft des Räumlichen, Musischen und Akustischen zurück.
D. Es kippt in ein „Welt Dorf Theater". (In Orson Welles' „Invasion vom Mars" gab es keine Zuhörer, nur Spieler.)

Der in seiner linkshemisphärischen Kultur verhaftete Leser könnte sich nun dazu verleitet fühlen, aus den Ziffern 1, 2, 3, 4 und den Buchstaben A, B, C, D eine Reihen- oder Rangfolge herauszulesen. Spätestens da heißt es: umdenken, rechte Hirnhälfte einschalten und folgenden kryptischen Satz genießen:

Da tanzen, kreisen und schwirren spiralförmige Wiederholungen und Wiederaufführungen, sowohl Input wie Feedback gebend-nehmend, interface und interlace Verflechtung und Zwischenfläche aufbauend und vergehend.

Vom Fernsehen für Jedermann zum Weltdorftheater mit Jedermann führen verschlungene Pfade. Kein Kreis, kein gerader Weg, keine Treppe verbindet A mit D, oder um in McLuhans Diktion zu bleiben, Figur und Grund.

Der Grundgedanke der Tetrade, alles mit allem in eine Beziehungsschleife zu setzen, wird in THE GLOBAL VILLAGE nicht nur erklärt, McLuhan lebt diese Kunst in seinem Buch vor: Die Leserichtung von links nach rechts bleibt zwar im Fließtext erhalten, wie sich der Besucher jedoch das Dorf erschließt, wie er die Kapitel arrangiert, bleibt ihm überlassen. McLuhans Schleifenbildung sorgt schon dafür, dass auch der selektive Leser das Wichtigste mitbekommt.

3. Stop and go, vor und zurück

Keine Angst, die Ausführungen bleiben nicht so lebensfremd, wie es das Wortungetüm „Prozessmustererkennung" befürchten lässt. Im Gegenteil: Was im zweiten Teil unter dem ungelenken Titel „Die globalen Wirkungen videoverwandter Technologien" zu lesen steht, kommt der Lebenswelt des 21. Jahrhunderts prophetisch nahe. Multimedia, Dienstleistungsgesellschaft, Vernetzung, Interaktivität, Informationszeitalter, Dezentralisierung, flache Hierarchien: McLuhan legt in den beiden Kapiteln zum

„Globalen Robotismus“ der Info-Elite ihre Lieblingslyrik in den Mund. Mehr noch: Er erzeugt jene „Hüter des Tempels“ – also jene kleine Gruppe, die weiß, auf welche Informationen es ankommt –, indem er sie ankündigt.

McLuhan beschreibt in den beiden Kapiteln detailliert den Umschwung von der Schwerindustrie zur schwerelosen Industrie, vom Kaufladen zum E-Business: Digitalcomputer und Hochgeschwindigkeitsnetze fusionieren, der Mensch arbeitet an vernetzten PCs, und seine Existenz wird mit vernetzten Computern verarbeitet. Er zahlt bargeldlos und bezahlt dafür mit dem Verlust seiner privaten Identität. Am Einzelnen interessieren Kreditwürdigkeit und Benutzerprofil. Er existiert als Kunde, nicht als Person. Doch er wird es nicht merken: Seine Kundenwünsche werden von Unternehmen besser bedient als zuvor, seine maßgeschneiderten Daten, PINs und Passwörter gaukeln ihm Unaustauschbarkeit und Unterscheidbarkeit vor. Wettbewerbsfähig sind Unternehmen, die die Illusion einer wohldefinierten Identität herzustellen vermögen.

En passant prophezeit McLuhan die Auflösung der repräsentativen Demokratie, die Entpolitisierung des Politischen, die Heimregierung per elektronischer Volksbefragung. Kurzum: High-Tech bringt alles ins Wanken, was hochentwickelte Kulturen als Gradmesser ihres Entwicklungsstandes herausgebildet haben: Regierungssyteme, Nationalstaatlichkeit, Hierarchien, Spezialisierung. Der Blick zurück nach vorn gibt eine Stammesgesellschaft frei, in der zwar jeder jeden kennt, aber nur deshalb, weil Jeder ein Niemand ist.

Vom „globalen Dorf“, der Wohnstatt dieses Stammesmenschen, spricht McLuhan übrigens selten. Um so wichtiger ist freilich jene Stelle, an der das Schlagwort fällt:

Nach einem 3000 Jahre währenden Zeitraum der Explosion treten wir nun in das Zeitalter der Implosion. Das elektronische Zeitalter der Simultaneität verbindet jeden einzelnen mit jedem anderen. Alle Individuen mit ihren Bedürfnissen und ihrem Bestreben nach

Befriedigung existieren im Zeitalter der Kommunikation zur gleichen Zeit. Jedoch löst die Vernetzung der Computer das menschliche Imago [unterbewusstes Bild eines anderen Wesens] *auf. Wenn sich die meisten Datenbanken über offene Netze untereinander austauschen werden, ist der Punkt erreicht, an dem unsere gesamte abendländische Kultur hilflos wie ein Käfer auf dem Rücke strampeln wird. Stellen Sie sich eine Amphibie vor, die ihre Schale innen und ihre Organe an der Außenseite trägt. Der elektronische Mensch trägt sein Gehirn außerhalb seines Schädels und sein Nervensystem auf der Oberfläche seiner Haut. Ein solches Lebewesen ist übel gelaunt, und es scheut offene Gewalt. Es gleicht einer Spinne, die aus ihrem Versteck gelockt nun im erschütterten Netz lauert, welches gemeinsam mit allen anderen schwingt. Aber das Wesen ist nicht aus Fleisch und Blut; es ist ein Speicherplatz in einer Datenbank, ephemer* [vorübergehend] *und leicht zu vergessen – ob dieser Tatsache ist es voller Groll und Ärger.*

Die Erde wird im nächsten Jahrhundert ein kollektives Bewusstsein erlangen, welches in einer alles umfassenden, elektronischen Symphonie von der Oberfläche des Planeten abheben wird, auf dem alle Nationen – wenn sie noch als unabhängige Einheiten existieren – in einem Nest spontaner Synästhesien zusammenleben, schmerzhaft der Triumphe und Wunden der jeweils anderen bewusst. […]

In einem Zustand sozialer Implosion, der von den mit Lichtgeschwindigkeit sich bewegenden Informationen ausgelöst wird, werden diejenigen diese Veränderungen nicht für bedrohlich halten, die für die Informationsmonopole arbeiten, wie ein Analytiker der Wechselkurse in einer Bank oder ein Lektor in einem Buchverlag. Wenn aber gewöhnliche Menschen nicht wissen, wer sie sind, werden sie unruhig und gewalttätig. Im letzten Jahrhundert [hier: dem 19.] *gingen viele Männer in die freie Natur, um sich selbst unter Beweis zu stellen. In einer Grenzstadt des amerikanischen Westens war jeder gleich: Er war ein Niemand. Eine Identität konnte er sich nur schaffen, indem er sich einem Risiko aussetzte, oder einfach durch Mut. Das Pioniergebiet war eine eisenharte Gesellschaft, die es Männern und Frauen erlaubte, sich durch den Aufbau des Landes zu definieren.*

Die elektronische Gesellschaft gibt diese Chance nicht. Sie hat weder feste Ziele und Sprachregelungen noch eine persönliche Identität. In einer solchen Gesellschaft verändert der Mensch den Boden nicht, sondern er verwandelt sich selbst zum Vorteil der anderen in abstrakte Informationen. Er kann ohne Einschränkungen grenzen- und ziellos werden, während er in das Dunkel des Geistes und in die Welt der vorzeitlichen Intuition fällt. Der Verlust der Individualität führt ihn in die Geborgenheit des Stammeslebens zurück.

Die Mc-Luhan-Falle: Die Onlinewelt ist kein Dorf, eher schon eine vor sich hin wuchernde Metropole. Doch darauf kommt es, so merkwürdig das klingen mag, bei der Bewertung von THE GLOBAL VILLAGE nicht an. Wer sich auf McLuhan einlässt, braucht Freude am intellektuellen Spiel, an verrückten Ideen, an funkelnden Formulierungen.

Der McLuhan-Leser darf zudem keine Angst davor haben, zum Schluss im Regen zu stehen. McLuhan benennt etwaige Schuldige nicht, er teilt die Welt zwar, aber nicht in Gut und Böse, sondern in Wahrnehmende und Stumpfsinnige. Gewiss mag es Neurophysiologen leicht fallen, seine Ausführungen zur Hirnforschung zu demontieren, oder Verschlüsselungstechnikern erlauben, seine Visionen vom bargeldlosen Zahlungsverkehr als Panikmache abzutun.

Wahrnehmungstechnisch fallen jedoch alle – ob Fans oder Kritiker – auf den Provokateur herein. McLuhan hat das 21. Jahrhundert zur Sprache gebracht, mit seiner Sprache hat er die Wahrnehmung und mit der Wahrnehmung die Wirklichkeit vorgegeben. Auch wer nicht an die Rückkehr zum Stammesleben oder an das Pfingstwunder weltweiter Verständigung glaubt, hat es sich in der digitalen Heimeligkeit aus „homepage", elektronischem Postkasten und virtueller Klatschecke gemütlich gemacht.

An der Rundmail der „Sonne" hätte McLuhan seine diebische Freude. Sie macht das globale Dorf nicht schöner, aber wahrer.

Ausgaben

Marshall McLuhan/Bruce R. Powers: The Global Village. Der Weg der Mediengesellschaft in das 21. Jahrhundert. Junfermann Verlag Paderborn,1995.

Zum Weiterlesen empfohlen sei Martin Baltes/Fritz Böhler/Rainer Höltschl/Jürgen Reuß (Hrsg.): Medien verstehen. Der McLuhan-Reader. Bollmann Verlag Mannheim, 1997.

Glossar / Worterklärungen

Abbreviatur
Abkürzung häufig verwendeter Wortverbindungen.
Académie Française
Ein auf 40 Mitglieder begrenzter Kreis von ausgezeichneten Persönlichkeiten aus Kultur und Wissenschaft; sie gehören der Akademie auf Lebenszeit an. Man nennt sie auch die „Unsterblichen". Von Kardinal Richelieu, dem mächtigsten Manne unter Ludwig XIII., im Jahre 1635 gegründet.
Adaption
Aufnahme und Verwandlung eines literarischen Stoffes in eine jeweils andere literarische Darstellungsform, also etwa die Verfilmung eines Romans oder dessen Bearbeitung für die Bühne.
Ästhetik/Ästhetizismus
Ästhetik bezeichnet die sinnlich-geistige Wahrnehmung und Pflege des Schönen in jeglicher Form, vor allem in Kunst und Literatur. Ästhetizismus bedeutet ein Leben nach den ungeschriebenen Gesetzen der schönen Künste jenseits materieller Zwänge oder gesellschaftlicher Einschränkungen; zuweilen Ausdruck von Weltflucht und Resignation. Beispiele: Wagner, Schopenhauer, Nietzsche, George und viele andere.
Anekdote
Merkwürdige Begebenheit, die – auch scherzhaft vorgetragen – bestimmte Situationen oder auffällige Persönlichkeiten charakterisiert (von griech.: an-ekdoton = nicht herausgegeben, aus Gründen der Verschwiegenheit).

Antike
Kulturwelt des griechisch-römischen Altertums.

Aphorismus
Prägnant, mit Anspruch auf Originalität vorgetragener Gedanke; Werturteil, pointierte Bemerkung. Beispiel: die „Aphorismen“ von Georg Christoph Lichtenberg (1742 - 1799), oder die „Aphorismen zur Lebensweisheit“ von Arthur Schopenhauer (1788 - 1860).

Apollinisch
Auf Form und Ordnung gerichtetes Schaffen und Denken, im Gegensatz zum „Dionysischen“ = rauschhaft-sinnlichen Schöpfungsdrang. Der Begriff ist auf den griechischen Gott Apollon gemünzt. Siehe: Dionysisch.

Aufklärung
Literarische und philosophische Bewegung, die Toleranz und ein Weltbürgertum herbei sehnt, das sich entschieden für ein Leben in gegenseitiger Achtung der Menschenwürde einsetzt. Die Wurzeln der Aufklärung sind im 16. Jahrhundert zu suchen; verstärkt setzt sich dieses Geisteshaltung im 18. Jahrhundert durch. Die berühmteste Definition der Aufklärung lautet: „Ausgang des Menschen aus selbstverschuldeter Unmündigkeit“ (Kant).

Barock
Kunst- und Architekturstil, beginnend im 17. Jahrhundert, bis etwa in die Mitte des 18. Jh. reichend (von portug. barroco = schiefrund, unregelmäßig).

Bibliothek
Sammelplatz von Büchern unterschiedlichster Genres und Fachrichtungen (von griech. biblos = Buch, und theke = Behältnis oder Aufbewahrungsort). Manchmal genügt ein Buch, um eine ganze Bibliothek zu ersetzen...

Bildungsroman
Sonderform des Entwicklungsromans; im Grunde eine deutsche Eigentümlichkeit. Es gab eine Zeit, da man das Wort BILDUNG tatsächlich groß schrieb, und dabei nicht nur die Bildung aus Büchern meinte, wie sich etwa an Goe-

the („Wilhelm Meister“), Novalis („Heinrich von Ofterdingen“), Th. Mann („Der Zauberberg“) oder Hesse („Das Glasperlenspiel“) nachweisen ließe.

Biographie

Lebensbeschreibung herausragender Persönlichkeiten; in oft unzulässiger Weise gleichgesetzt mit dem Lebenslauf oder dem Leben schlechthin, das (noch) nicht beschrieben wurde. So erzählt man sich jetzt gern in Fernsehdiskussionen untereinander die „eigene Biographie“, statt aus seinem Leben zu berichten.

Dialektik

Kunst der Beweisführung, Klärung in Streit stehender Begriffe im Gespräch.

Dionysisch

Meint ein rauschhaft-sinnliches Welterlebnis; Wortbildung nach dem griechischen Gott Dionysos. Steht im Gegensatz zur Vernunft gebenden, heiteren Gelöstheit des Apollinischen.

Divan / Diwan

Eigentl.: Schreibzimmer, (An-)Sammlung von Papier und Dokumenten.

In Anlehnung an die persische Kulturwelt nannte Goethe seine lyrische Altersdichtung „West-Östlicher Divan“ (1819).

Dualismus

Einander widerstreitende Prinzipien stoßen unversöhnlich aufeinander; zum Beispiel: Ideal und Wirklichkeit, Gut und Böse, Himmel und Hölle usf.

Enzyklopädie

Zusammenfassung und Ordnung des universalen Wissens in Büchern, heute auch in digitalisierter Form (Internet). Von griech. encyklios = Kreis, und paideia = Bildung. Enzyklopädie bezeichnete im Altertum das, was ein Jüngling an Bildung sich angeeignet haben musste, bevor er es wagte, einen Beruf zu wählen und darin ausgebildet zu werden.

Epigramm
Geistvoller Spruch oder Inschrift, in würdigender Absicht verfasst, in meist ausgeprägter künstlerischer Formgebung. Siehe u. a. Johann Wolfgang Goethe: „Epigrammatisches".
Ethologie
Verhaltensforschung. Also das Erforschen der Charakterbildung bei Mensch und Tier. Konrad Lorenz' „Das sogenannte Böse" ist ein inzwischen klassisches Buch der Ethologie.
Euphemismus
Beschönigender oder nur abschwächender sprachl. Ausdruck, aus Schamgefühl oder Rücksichtnahme auf mögliche Empfindlichkeiten anderer. Oft verbunden mit dem Gebrauch eines Fremdworts; z. B. „transpirieren" statt „schwitzen".
Fragment
Bruchstück, Teil eines unvollendeten Ganzen, das mit Absicht oder aus natürlichen Ursachen (Tod des Urhebers) unvollständig überliefert wurde.
Hedonismus
Philosophische Richtung, entstanden in der griechischen Antike, die den reinen Lebensgenuss postuliert.
Heilige Schriften
Kanon religiöser Offenbarung, Lehre und Überlieferung. Dazu gehören u. a. das Alte Testament (AT), der Talmud, das Neue Testament (NT), der Koran.
Humanismus
Geistesbewegung, die sich am antiken Ideal des freien, selbst bestimmten Menschen mit Bildung und Persönlichkeit orientiert.
Hymne
Lobgesang aus religiöser oder profaner Motivation; zu ihnen zählen neben anderen Die Psalmen in althebräischer Tradition. Siehe auch Novalis „Hymnen an die Nacht".
Idealismus
Umgangssprachlich: jedes uneigennützige Handeln.

Erkenntnistheoretisch: Standpunkt, der die Dinge als Komplexe von Vorstellungen auffasst, das Sein nur als Bewusstsein gelten lässt (Schopenhauer „Die Welt als Wille und Vorstellung").

Illusion

Einbildung, Selbsttäuschung, Schein, nicht Wirklichkeit. Desillusioniert würde demnach bedeuten, sich aller möglichen Täuschungen entledigt zu haben und auf dem Boden der Tatsachen angelangt zu sein.

Inspiration

Psychologischer Begriff, mit dem die so genannte Eingebung umschrieben wird; sie beruht zumeist auf rational nicht begründbaren Anregungen (von lat. inspirare = einatmen, einhauchen).

Intermezzo

Zwischenspiel in einem Bühnenwerk oder in der Musik, z. B. die Zwischenaktmusik.

Intuition

Nicht durch Nachdenken, sondern durch unbewusste Einflüsse empfangene (schöpferische) Eingebung.

Ironie

Verstellung tatsächlich gemeinter Gedanken; Maskierung eigentlicher Aussagen, oder: unter dem Schein der Ernsthaftigkeit Spott und womöglich Verachtung zum Ausdruck bringen. Stilmittel in allen Literaturepochen, vor allem aber in der Romantik. Christian Dietrich Grabbe schrieb hierzu das beinahe programmatische Schauspiel: „Scherz, Satire, Ironie und tiefere Bedeutung".

Kanon

Historisch bedingte Liste vorbildlicher, anerkannter Schriften in Religionsfragen, schöngeistiger Literatur, Philosophie und Wissenschaft. Der Kanon wechselt nach Epochen literarischer Vorlieben, vorherrschender philosophischer und wissenschaftlicher Richtungen. Bedarf daher ständiger Überprüfung und ggf. der Neubestimmung.

Kitsch
Scheinkunst. Gottfried Benn pflegte zu sagen: „Der Gegensatz von Kunst ist nicht Kitsch, sondern gut gemeint." Das Wort ist, in entstellter Form, aus dem Englischen übernommen: sketch = Kitsch, gemeint sind billige Bilder („Skizzen"), die man im späten 19. Jahrhundert vornehmlich amerikanischen Reisenden in München verkaufte.

Klassik
Allgemein: die Werke mustergültiger Autoren; inzwischen aber auch Epochenbegriff, etwa für die Goethezeit, oder die klassische Antike.
Gemeint waren Schriftsteller 1. Klasse (von lat. classicus = zur 1. Steuerklasse zählend). Vom 2. Jahrhundert nach Christus ist die Bezeichnung Scriptor C. bekannt, also „klassischer Schriftsteller".

Konstitutionalismus
Herrschaftsform auf der Grundlage des Rechts und einer geschriebenen Verfassung, die für alle gleich verbindlich ist. Historisches Erbe des Liberalismus.

Kritik
Kunst der Unterscheidung und Beurteilung von Werken der Literatur, Musik und bildenden Künste.

Kritischer Rationalismus
Von Karl Raimund Popper in der zweiten Hälfte des 20. Jahrhunderts entwickelte philosophische Richtung, die weithin Zustimmung gefunden und in gewisser Hinsicht die Diskussion um den Bestand kritischen Denkens in der Neuzeit zu einem Höhepunkt geführt hat. Popper plädiert dafür, alle vermeintlichen Gewissheiten immer wieder auf ihren Grund und ihre Bedingungen hin zu befragen, d. h. eigentlich nichts für absolut sicher und unangreifbar zu halten.

Legende
Eigentlich: das zu Lesende, Heiligengeschichten bzw. deren Vorlesung. Heutzutage üblicherweise Bezeichnung für Bildunterschriften in der Presse.

Lehrgedicht
Epische Dichtung in gebundener Sprache (Versen), die sich der Darstellung eines Wissensgebietes widmet. Der Begriff tauchte in der Mitte des 17. Jahrhunderts auf, und gilt seither auch für die Epen der griechisch-römischen Antike

Leitfaden
Kurz gefasste akademische Einleitung in ein beliebiges Wissensgebiet; seit dem 18. Jahrhundert üblich.

Magazin
Ursprünglich: Warenlager (von arab. machazin). Als Zeitschriftentitel erst seit dem 18. Jahrhundert geläufig; v. a. in England als „Magazine". Im 19. Jahrhundert war der Gebrauch dieser Bezeichnung als Presseorgan weniger geläufig. Ab den 20er Jahren des 20. Jahrhunderts wiederum oft abwertend gebraucht für pornografische Druckerzeugnisse. Nach dem Zweiten Weltkrieg Aufwertung des Begriffs als Nachrichten-Magazin.

Magie
Wirkung auf Menschen, ohne natürliche Hilfsmittel anzuwenden (von griech. mageia = Zauberei). In der romantischen Literatur (vor allem Novalis) mit dem Projekt eines „Magischen Idealismus" verbunden. Man spricht bei großen Stilisten auch von der „Magie des Wortes".

Makrokosmos
Kosmos im astronomischen Sinne, also die ganze Welt, das Weltall.

Marginalie
Randbemerkung, kritische Stellungnahme in aller Kürze.

Maxime
Lebensregel, Grundsatz, Vorsatz. Berühmtes literarisches Beispiel sind Goethes „Maximen und Reflexionen".

Metapher
Sprachliches Bild, das zur Verdeutlichung abstrakter, nicht greifbarer Vorstellungen führen soll. Zu verstehen vielleicht als ein verkürzter Vergleich. Klassisches Beispiel: „Achill kämpft wie ein Löwe in der Schlacht."

Mikrokosmos
Die „kleine" Welt, im Gegensatz zum Makrokosmos; dazu gehören der Mensch und andere „Teile des Ganzen". Psychologisch auch für Innenwelt.

Mimesis
Nachahmung, in der klassischen Antike Nachbildung des Schönen, aber auch der Natur im Sinne der erfahrbaren Welt. Grundbegriff der Ästhetik.

Moralprinzip
Man kann Grundsätze aufstellen, wie das Leben unter „gesitteten Menschen" vonstatten gehen soll. Die meisten Menschen benötigen diese Prinzipien der Moral nicht. Sie leben – unausgesprochen – nach ihnen. Das ist das Beste.

Morphologie
Philosophischer Begriff: Gestaltlehre, mit der man die Lebewesen in ihrer wechselnden Erscheinungsform zu deuten sucht. Von Goethe erstmals auf nicht physische Strukturen angewandt. Oswald Spengler („Der Untergang des Abendlandes") nannte seine Anfang des 20. Jahrhunderts Aufsehen erregenden historischen Untersuchungen „Umrisse einer Morphologie der Weltgeschichte".

Mythologie
Abgeleitet von griech. mythos = Erzählung, meist von Urerlebnissen. Der Mythos bindet demnach Erinnerungen an die Urbilder der Menschheitsgeschichte. Die Mythologie ist die Wissenschaft, die sich mit diesen Mythen systematisch auseinandersetzt.

Nachdichtung
Nicht auf Worttreue achtendes Verfahren bei der Übertragung einer Dichtung in eine andere Sprache. Ist der Übersetzer selbst ein Meister seines Fachs, gelingt im günstigsten Falle ein „kongeniales" Werk. Als Nachdichtungen werden auch Übersetzungen „aus zweiter Hand" bezeichnet, wenn das Original nicht mehr vorliegt oder nicht zugänglich ist.

Naturalismus
Literarische Stilrichtung, die, unter weitgehender Vernachlässigung seelischer Faktoren, naturwissenschaftlichen Erkenntnissen folgt (Darwin!); wichtiger Vertreter dieser Richtung ist Emile Zola im letzten Drittel des 19. Jahrhunderts. Auch der Mensch wird auf diese Weise lediglich als Produkt der Faktoren von Erbe (Rasse), Milieu und geschichtlicher Situation verstanden.
Nihilismus
Von lat. nihil = nichts. Leugnung aller verbindlichen Werte; oft nur vertreten als philosophischer Standpunkt, alles und jedes grundsätzlich anzweifeln zu müssen. Erstmals 1799 in F. H. Jacobis „Sendschreiben an Fichte" verwendet. F. Nietzsche vertritt einen Nihilismus moralischer Vorstellungen, ist aber für die Anerkennung von Kunstschöpfungen als Richtschnur des ästhetischen Daseins offen.
Nirwana
Sanskrit = erloschen oder das Erlöschen. Ein von Buddhisten ersehnter Zustand vollkommener und endgültiger Erlösung, der eine Wiedergeburt unmöglich macht. Das heißt, im Nirwana sind alle Daseinsfaktoren, die ein Individuum ins Leben riefen und darin festhielten, in nicht beschreibbarer Seligkeit aufgehoben.
Optimismus
Unerschütterliche Zuversicht und fester Glaube an die Weltordnung und deren Unzerstörbarkeit, und dass sich alles jeweils zum Guten fügt. Auch: Fortschrittsgläubigkeit im Gegensatz zu einem systematischen Pessimismus, der einer Entwicklung der Menschheit zum Vorteil aller eine schroffe Absage erteilt. In seinem Roman „Candide oder der Optimismus" übergießt der französische Schriftsteller und Philosoph Voltaire die These des deutschen Philosophen Leibniz von der „besten aller möglichen Welten" mit ätzendem Spott.
Parabel
Gleichnishafte Erzählung, in Prosa oder Versen. Berühmt

ist die „Ring-Parabel“ in Lessings „Nathan der Weise“, ein bedeutendes Lehrstück der Toleranz und Menschenliebe.

Paranoia

Verfolgungswahn; unheilbare Geisteskrankheit, allenfalls in ihren Begleiterscheinungen zu mildern. Neben vielen anderen bedeutenden Autoren und Künstlern finden wir paranoides Verhalten bei J. J. Rousseau.

Parodie

In Literatur und Kabarett die verzerrende, verspottende, übertreibende Nachahmung ernst gemeinter Dichtungen, auch entsprechender Stile, Gattungen und Gewohnheiten. Die schönsten literarischen Parodien hat vermutlich der deutsche Autor Robert Neumann (1897 - 1975) verfasst („Mit fremden Federn“).

Pantheismus

Naturgläubigkeit: Gott verwirklicht sich in den Erscheinungen des Natürlichen. Arthur Schopenhauer pflegte zu sagen: „Der Pantheismus ist die vornehme Variante des Atheismus.“

Pluralismus

Prinzip der Bildung von Mehrheitsverhältnissen in der Demokratie, also Herrschaft auf der Grundlage des Mehrheitswillens. Danach ist u. a. ein Parlament ohne Opposition undenkbar.

Psalmendichtung

Nachdem die biblischen Psalmen des Alten Testaments vom 9. nachchristlichen Jahrhundert an in alle europäischen Volkssprachen Eingang gefunden hatten, beflügelten sie die Entstehung nationaler Literaturen. Schönster Beweis für die alle Zeiten übergreifenden Motivationen großer Dichtung, die sowohl darauf gerichtet sind, eigenständige Ausdrucksformen als auch „Weltliteratur“ zu begünstigen.

Psychoanalyse

Die vom Wiener Nervenarzt Sigmund Freud entwickelte Lehre von den beherrschenden Einflüssen des Unbewussten auf die geistig-seelische Entwicklung des Menschen.

Die Psychoanalyse brachte neben vielen anderen Erkenntnissen, etwa über die „Psychopathologie des Alltagslebens", das epochemachende Werk zur „Traumdeutung" hervor.

Renaissance

Aus dem Französischen: Wiedergeburt (ital.: Rinascimento). Ein Versuch der Wiederbelebung antiker Kunst- und Architekturstile an der Wende vom Mittelalter zur Neuzeit (von ca. 1350 - 1600), von Italien ausgehend bald in ganz Europa.

Reprint

Neudruck einer bewährten Schrift nach originalen Vorlagen, im Faksimileverfahren; inzwischen technisch perfektioniert. Beliebt v. a. sind Neudrucke klassischer Zeitschriftensammlungen.

Roman

Eine der bis heute beliebtesten Erzählformen, in Varianten vom Abenteuer-, Liebes- und Kriminalroman bis zum Schelmen- und Schlüsselroman, um nur die am häufigsten auftretenden Spezialformen zu nennen. Entstanden im 12. Jahrhundert, wo man jedes in der Volkssprache verfasste Prosawerk als „romanz" bezeichnete. Man unterschied noch zwischen der lingua romana und der lingua latina; letztere wurde ausschließlich von den Gelehrten der Zeit gesprochen und geschrieben.

Romantik

Aus dem Englischen (romantic) von Novalis und dessen Freund Friedrich Schlegel eingedeutschter Begriff, mit dem die beiden Dichter bzw. Kritiker ihre Kunst- und Weltanschauung belegten. Man sah in der Romantik auch eine „Bewegung" oder „Schule" der Literatur und der bildenden Künste, die für Deutschland wie für kein anderes Land überragende Bedeutung erlangte.

Als Ideal der Romantik schuf Novalis (eigentl. Friedrich von Hardenberg) die Metapher von der „Blauen Blume", Sinnbild gesteigerter, ja äußerster Seinserfahrung. Von der Romantik geht der Versuch aus, die getrennten Künste wieder zu vereinigen. Von daher auch der Begriff „Gesamtkunstwerk“.

Satire

Vermutlich von etrusk. satir = reden. Literarische Ausdrucksform in allen Gattungen von Prosa und Poesie, die das Ziel verfolgt, Dummheiten, Übelstände, Missgriffe des Geschmacks und der guten Sitten durch Übertreibung der Lächerlichkeit preiszugeben. Oft in der Wahl ihrer Mittel umstritten. Kurt Tucholsky (1890 - 1935) wurde gefragt, was Satire darf? Worauf er kurz und bündig antwortete: „Alles!“

Schelmenroman

Sonderform des Abenteuerromans. In jüngerer Zeit ein gelungenes Beispiel ist „Die Blechtrommel“ von Günter Grass.

Schlüsselroman

Reale Verhältnisse und Zusammenhänge werden in erzählerisch-fiktiver Gestalt geboten, die nur der als Wirklichkeit erkennt („entschlüsselt“), der mit ihr vertraut ist. Beispiel: Rolf Hochhuths „Juristen“.

Skeptizismus

Der Zweifel als methodisches Prinzip des Denkens und Argumentierens. Gegen jeglichen Dogmatismus, also die Verteidigung so genannter unerschütterlicher Wahrheiten, gerichtet.

Sonett

Gedicht in liedhafter, gleichwohl oft kunstvoller Form. Als unerreicht gelten William Shakespeares 154 Sonette.

Stream of consciousness

Wörtlich: Strom des Bewusstseins; gemeint ist die assoziative Erzähltechnik, die von keinem chronologischen Schema ausgeht, sondern die Geschehnisse diskontinuierlich wiedergibt. Kombiniert werden eher Sprachbilder als zeitliche Abläufe, so wie sich dies in der häufig bunt durcheinander gehenden Wahrnehmung und den dadurch bedingten sprunghaft aufeinander folgenden Gedankengängen im täglichen Leben erweisen mag. Zur höchsten Stufe und Steigerung erhob diese Methode der irische Schriftsteller James Joyce in seinem Roman „Ulysses". Anfänge davon zeigen sich aber bereits zur Mitte des 18. Jahrhunderts in Laurence Sternes Roman „Tristram Shandy".

Streitschrift

Beliebtes literarisches Mittel zur öffentlichen Auseinandersetzung über religiöse, philosophische oder politische Streitfragen. Gelangte im 18. Jahrhundert zu ihrer schönsten Blüte, v. a. in Frankreich.

Sublimierung

Nach Sigmund Freud die Umwandlung eines verdrängten Triebs oder einer (verbotenen) Wunscherfüllung in eine fiktive Ersatzhandlung, in geistige oder religiöse Betätigung, zur Ablenkung auch von kaum erreichbaren sexuellen Zielen. In diesem künstlich herbeigeführten „Verzicht" auf Triebbefriedigung sieht Freud eine wesentliche Kulturleistung des neuzeitlichen Menschen.

Toleranz

Prinzip der Duldung Andersdenkender auf allen Gebieten des Lebens, v. a. in Religionsfragen. Bedeutende Beispiele zur Toleranz in Leben und Wirken boten Moses Mendelssohn (1729 - 1786) und dessen Freund Gotthold Ephraim Lessing (1729 - 1781); siehe u.a. die Ring-Parabel im Theaterstück „Nathan der Weise".

Totalitarismus

Das Gegenteil von Pluralismus, also Diktatur. Der Nationalsozialismus in Deutschland zwischen 1933 - 1945 war die schlimmste Form des Totalitarismus; die SED-Herrschaft von 1949 - 1990 bemühte sich, dem NS-Beispiel unter kommunistischen Vorzeichen mit erkennbarem Erfolg nachzueifern.

Trivialliteratur

Seichte Unterhaltungsromane oder Erzählungen, bis zum regelrechten Schund; oft sind die Übergänge fließend. Das betrifft zuweilen sogar einige schwer abzugrenzenden Werke der ernst zu nehmenden Literatur und der Trivialliteratur.

Utopie

Von griech. u = nichts, und topos = Ort, folglich: Nirgendsland. Erstmals umfassend erörtert von dem englischen Denker und Staatsmann Thomas Morus in seiner „Utopia" (1516), nach dem antiken Vorbild von Platos „Staat". Utopien sind theoretische Entwürfe wünschbarer Gemeinwesen, die sich nicht verwirklichen lassen, doch Antrieb zur Verbesserung unvollkommener Verhältnisse sein können.

Vorurteil

Sozialpsychologisches Phänomen von weittragender Bedeutung für den gesellschaftlichen Frieden. Es geht dabei um die so genannten stereotypen Vorstellungen von Menschen, die sich den Tatsachen des Lebens nicht gerne stellen. Wer Vorurteile pflegt, möchte sich offenbar ein Urteil auf der Grundlage eigener Anschauungen und Erfahrungen ersparen. Vorurteile treten v. a. dort auf, wo die zu beurteilenden Objekte der Erfahrung sehr weit vom betrachtenden Subjekt entfernt sind. Die Regel lautet: Je weiter weg die Sache ist, desto fester ist das (Vor-)Urteil, das bekanntlich dem Urteil voraus geht, folglich ohne Prüfung der Tatsachen.

Weltanschauung

Begriff von unterschiedlichem Wirklichkeitsbezug, je nachdem, wie ein Individuum seine Auffassung vom Dasein und seiner Mitwelt zu bündeln versucht. Die meisten Menschen kommen ohne ausdrücklich formulierte Weltanschauung aus, weil sie darunter entweder ihre jeweilige Religionszugehörigkeit zählen oder den generellen Verzicht auf eine solche, oder weil sie jegliche spirituelle Bindung an eine Idee, die sich womöglich in einer „Bewegung" manifestiert, prinzipiell ablehnen.

Weltgeist

Unter diesem Begriff fasst der Philosoph Georg Wilhelm Friedrich Hegel (1770 - 1831) seine Gedanken zur Philosophie der Geschichte zusammen. Für den Philosophen ist die geschichtliche Wirklichkeit der Prozess des Weltgeistes, der sich in seiner Entfaltung durch alle Stufen der Natur und Geschichte hindurch „zu dem macht, was er an sich ist…" Etwas undurchsichtig, dieser Weltgeist. Es war wohl Heinrich Heine, der über Hegel spottete, wenn das stimme, was er schreibe, dann sei „Napoleon der Weltgeist zu Pferde". Das wird er wohl gewesen sein, mindestens. Auch Goethe und Herder verwendeten den Begriff, aber bei ihnen kommt er nur vor im Sinne einer „allbelebenden Weltseele".

Weltliteratur

Tragender Begriff in Goethes Literatur- und Weltverständnis, von Christoph Martin Wieland (1733 - 1813) übernommen, nicht eigens geprägt, wie oft angenommen wird, doch seit 1827 ausführlich in Rezensionen, Aufsätzen und Briefen erörtert und weiter entwickelt. Auch Johann Gottfried Herder (1744 - 1803) hat sich mit Weltliteratur als Sammler der Märchen und Lieder der Völker umfassend forschend und sichtend ein Leben lang beschäftigt. Seit den späten Tagen der deutschen Klassik sind Wort und Begriff fester Bestandteil unserer Sprache und unseres Denkens.

Weltschmerz

Der deutschen Begriffswelt eigentümliches Wort, von Jean Paul (1763 - 1825) in seinem Werk „Selina" geprägt. Steht für eine Mischung aus Weltekel, Überdruss, Pessimismus, der meist hervorgegangen ist aus einem gesteigerten Subjektivismus, für den ganze Generationen von Künstlern des frühen 19. Jahrhunderts standen. Auch in anderen europäischen Ländern finden sich vergleichbare (und eben deshalb unübersetzbare Begriffe), in Portugal etwa das schwermütig klingende „saudade".

Witz

Bis zur Mitte des 18. Jahrhunderts gleichbedeutend mit Geist, Verstand, wohl gar Eloquenz. Manche unterhaltende und belehrende Zeitschrift verriet dies noch im Titel, etwa „Neues aus dem Reiche des Witzes" (also Geistes).

Zeitgeist
Temporär begrenzte Geltung von Geistesströmungen und vorherrschenden Meinungen. Über den Zeitgeist lässt Goethe seinen Faust spotten: „Was ihr den Geist der Zeiten heißt, das ist im Grund der Herren eigner Geist, in dem die Zeiten sich bespiegeln."

Hinweise auf weiterführende Lektüre

Die folgende kleine Literaturliste möchte zu weiterführenden Studien der Dichtkunst, Philosophie und anderer Gebiete der Geisteswissenschaften einladen.

Standardwerke der Literaturwissenschaft

Reallexikon der deutschen Literaturgeschichte
Hrsg. v. Paul Merker und Wolfgang Stammler (Universität Greifswald). 3 Bde. und 1 Ergänzungsbd. Berlin 1925/26

Kindlers Literaturlexikon
Auf der Grundlage des „Dizionario delle Opere di tutti i Tempi e di tutti de Litterature"(hrsg. v. Valentino Bompiani). Deutsche Ausgabe begründet v. Wolfgang von Einsiedel. München 1958ff.

Lexikon der Weltliteratur
Hrsg. v. Gero von Wilpert unter Mitarbeit zahlreicher Fachgelehrter. Stuttgart 1983; Taschenbuchausgabe in 4 Bd. bei dtv 1997

Der Literatur Brockhaus
3 Bde., hrsg. v. Werner Habicht, Wolf-Dieter Lange und der Brockhaus-Redaktion. Wiesbaden 1988

Metzler Literatur Lexikon. Begriffe und Definitionen
Hrsg. von Günther und Irmgard Schweikle. Stuttgart 1990

Metzler Autoren Lexikon. Deutschsprachige Dichter und Schriftsteller vom Mittelalter bis zur Gegenwart
Hrsg. v. Bernd Lutz. Stuttgart 1986

Metzler Literatur Chronik. Werke deutschsprachiger Autoren
Hrsg. v. Volker Meid. Stuttgart 1993

Handbücher, Wörterbücher

Hermes-Handlexikon
Günther Fetzer: Die Klassiker der deutschen Literatur. Die 50 großen Autoren von der Aufklärung bis zum Realismus. 1983

Reclams Romanlexikon
Deutschsprachige erzählende Literatur vom Mittelalter bis zur Gegenwart
Hrsg. v. Frank Rainer Max und Christine Ruhrberg. 1983

Gero von Wilpert: Sachwörterbuch der Literatur. 7. Aufl. 1989

Philosophisches Wörterbuch
Begründet von H. Schmidt, neu bearb. v. Georgi Schischkoff. 21. Aufl. 1982

Sammelwerke zur Literatur und Philosophie, Betrachtungen, Essays

Norbert Hoerster (Hrsg.): Klassische Texte der Staatsphilosophie. 1976

Norbert Hoerster (Hsrg.): Klassiker des philosophischen Denkens. 2 Bde. 1982

Volker Spierling (Hrsg.): Die Philosophie des 20. Jahrhunderts. Ein Lesebuch. 1997

Deutscher Geist. Ein Lesebuch aus zwei Jahrhunderten. 2 Bde. 1982

Fritz J. Raddatz (Hrsg.): Die „Zeit"-Bibliothek der 100 Bücher. 1980

Gerhard Hay (Hrsg.): Deutsche Abschiede. Mit einem Essay von Fritz J. Raddatz. 1984

Jürgen Möller (Hrsg.): Deutsche Augenblicke. Briefe des 19. und 20. Jahrhunderts. 1991

Jacob Burckhardt: Die Kultur der Renaissance in Italien. 1860

Frank Borkenau: Ende und Anfang. Von den Generationen der Hochkulturen und von der Entstehung des Abendlandes. Hrsg. v. Richard Löwenthal. 1984

Hans Joachim Störig: Kleine Weltgeschichte der Philosophie. 1988

Arnold J. Toynbee: Der Gang des Weltgeschichte. 1952

Marcel Proust: Tage des Lesens. Drei Essays. 2001

Stefan Zweig: Begegnung mit Büchern. Aufsätze. 1985

Kurt Tucholsky: Literaturkritik. Mit einer Vorbemerkung von Fritz J. Raddatz. 1985

Marcel Reich-Ranicki: Die Anwälte der Literatur. 1994

Dietrich Schwanitz: Bildung. Alles, was man wissen muss (darin das Kapitel „Bücher, die die Welt verändert haben"). 1999

Handbuch Lesen. Im Auftrag der Stiftung Lesen und der Deutschen Literaturkonferenz hrsg. v. Bodo Franzmann u. a. 1999

Zur englisch-amerikanischen und französischen Literatur

Harold Bloom: Shakespeare und die Erfindung des Menschlichen. 2000

The Norton Anthology of American Literature. 4. Aufl. 1979

The Cambridge Guide to English Literature. Hrsg. v. Michael Stapleton. 1983

Französische Dichtung. Zweisprachige Ausgabe in 4 Bdn. Hrsg. v. Friedhelm Kemp u. Werner von Koppenfels. 1990

Autorenliste der Gastbeiträge Danksagung

Zehn Beiträge im Kapitel „Die 44 Bücher" entstammen „geliehenen" Federn: einesteils, weil hier und dort Spezialwissen vonnöten war, aber auch deshalb, weil mir eine Generationen übergreifende Beteiligung an einem Projekt dieser Art wünschenswert erschien.

Es haben geschrieben:

– die Literaturhistorikerinnen *Vera Glaeseker*, Steinhude (Nabokov „Lolita", Wilde „Das Bildnis des Dorian Gray") und *Ursula Schmitten*, Bonn (Sterne „Tristram Shandy", Proust „Auf der Suche nach der verlorenen Zeit", Carroll „Alice im Wunderland", Hesse „Das Glasperlenspiel");

– die Politologin und Journalistin *Dr. Christiane Florin*, Bonn, Trägerin des Ernst Robert Curtius-Förderpreises 2001 (McLuhan „The Global Village");

– der Rhetoriker *Dr. Guido M. Pruys*, Köln (Die Evangelien des NT, Seneca „Vom glücklichen Leben");

– der Journalist *Oliver B. Pruys*, Bonn (Popper „Die offene Gesellschaft").

Ihnen allen gilt mein ausdrücklicher Dank.

Danke möchte ich auch einigen Freunden und Lesern meiner früheren Bücher sagen: Sie alle haben mich immer wieder ermuntert, an diesem Buch weiter zu arbeiten, gelegentlichen Ermattungszuständen zum Trotz.

Vor allem aber danke ich meiner Frau Christa, die mich ausdrücklich darin bestärkt hat, der schönen Utopie der Kanonbildung unverdrossen nachzujagen, während sie sich regelmäßig für das einzig Richtige (auch das Wahre?) entschied, in der Lektüre eines süffigen Kriminalromans zu schwelgen. Etliche jener Bücher aber, die nun den vorliegenden Kanon schmücken, habe ich in der Bibliothek meiner Frau wiedergefunden. Mir selbst waren sie abhanden gekommen.

Unter meinen Freunden ist mir namentlich Heinz Schulte mit seinen zahllosen Anregungen eine unentbehrliche Stütze gewesen. Der erprobte und vielseitige Journalist, der u. a. in Oxford studierte, verblüfft mich stets von Neuem mit seinem geschmeidigen Englisch, nach dem man sich selbst im Londoner Athenaeum-Club respektvoll umdrehen würde. H. S. ist Mitglied der hoch angesehenen Sherlock Holmes Society, und überhaupt ein Stilist von bemerkenswerter Eleganz. Leider konnte er sich bisher nicht dazu entschließen, selbst ein Buch zu schreiben. Vermutlich nervt er mich deshalb unablässig damit, „etwas für die Kultur zu tun", weil die seit je den Märkten vorangegangen sei. Eine schöne Idee. Wann beginnen wir damit, aus ihr etwas zu machen?

Bonn, im Sommer 2001 Karl Hugo Pruys

Namenverzeichnis